"혹시, 삶 그 자체가 복음이 된 사람을 만나본 적 있으신가요?" 저는 피터 패티슨 선교사님을 떠올릴 때마다 이 질문이 가장 먼저 생각납니다. 1966년 겨울, 한 영국인 의사가 조용히 한국 땅을 밟아 가난과 결핵으로 고통받는 아이들 곁으로 다가갔습니다. 그는 단순히 병을 고치는 데 머물지 않고, 사랑으로 아이들을 품고 복음의 씨앗을 심었습니다. 그의 손끝을 따라 주님의 사랑이 흘러갔습니다. 그의 헌신은 한국성서유니온 설립과 의료선교 개척으로 이어졌고, 젊은 의료인들에게 소외된 이들을 향한 길을 보여주었습니다. 결과를 재촉하지 않고 하나님의 시간에 맡기며 깊은 변화를 만들어갔습니다. 그 결실로, 가난한 이들을 환대하는 병원이 곳곳에 세워지고, 말씀을 묵상하는 이들이 늘었으며, 한국의 선교사들이 세계로 나아가기 시작했습니다. 오늘, 그는 우리에게 이렇게 묻는 듯합니다. "진정한 사랑은 어디서 시작되는가?" 그의 답은 분명합니다. 가장 낮은 곳, 가장 작은 이를 향한 걸음입니다. 이 책을 통해 많은 이들이 그 따뜻하고 힘 있는 사랑의 발자취를 함께 걷게 될 소망합니다.

공베드로 한국 OMF 대표

유튜브에서 쇼츠나 요약본으로 본 영화라도 처음부터 끝까지 제대로 보면 감동의 깊이가 전혀 다릅니다. 이 책을 읽으며 받은 감동도 그러했습니다. 그동안 한국성서유니온 설립과 관련된 몇몇 단편적인 이야기만 들었는데, 이 책을 통해 배도선 선교사님의 젊은 시절부터 한국에 오기까지의 여정, 마산 소아결핵병동에서 펼쳐진 의료 사역의 전 과정을 따라가며 깊은 감동을 받았습니다. 그의 삶을 따라가다 보면, 말씀과 만남을 통해 일하시는 하나님의 놀라운 손길을 느낄 수 있습니다. 이 아름다운 이야기가 더 많은 이들에게 알려지게 되어 기쁩니다. 배도선 선교사님의 헌신으로 시작된 한국성서유니온은 53년이 지난 지금, 70명의 간사들이 「매일성경」 출간과 묵상 훈련, 어린이·청소년 캠프, LTC 등을 통해 말씀 운동을 이어가고, 한국을 넘어 디아스포라 교회와 선교지 교회까지 섬기고 있습니다. 선교사님의 헌신에 빚진 한 사람으로서 이 책을 감사한 마음으로 추천합니다.

김대로 목사, 한국성서유니온선교회 대표

패티슨 선교사는 한국 사역을 마친 후, 세계기독의사 및 치과의사회(ICMDA) 사무총장을 2년간 맡았고, 이후에도 수 년 동안 무보수로 지역 사무총장직에 헌신했습니다. 그가 한국에 오게 된 계기는 1966년 ICMDA 옥스퍼드 대회에서, 멘토였던 웹 펩플로 박사가 한국에 필요한 의사로 그를 추천한 일이었습니다. 그러나 하나님은 그보다 훨씬 이전부터 그의 삶을 준비하고 계셨습니다. 한국전쟁에 대한 관심, 스위스에서 김진경과 나눈 기도 교제, 짐바브웨에서의 척추결핵 진료 경험까지 모든 여정이 하나로 이어졌고, 그는 수수께끼를 풀 듯 믿음으로 그 부르심에 응답했습니다. 그의 삶은 기도 가운데 응답하시는 주님의 은혜와 사랑을 증언합니다. 우리도 그처럼 자신의 삶을 온전히 주님께 맡기며 믿음의 길을 걸길 소망합니다.

김윤환 전주 예수병원 영상의학과

1981년 고려대학교 의과대학 재학 중 기독학생회 멤버로 누가회에 참여했습니다. 1982년, 배도선 선교사님이 한국을 떠나실 때 세브란스 병원 루스 채플에서 함께 드린 마지막 예배가 지금도 기억에 생생합니다. 누가회는 배도선 선교사님이 함께한 OMF 선교회를 통해 말씀묵상과 개인경건 훈련에 많은 도움을 받았습니다. 선교사님의 기도대로 작은 기독 의대생 모임이 이제는 전국 모든 의과대학에 CMF 모임을 두고, 1만 명이 넘는 졸업생과 40여 가정의 선교사를 파송하는 단체로 성장했습니다. 배도선·오드리 선교사님의 헌신은 의료계 복음화를 넘어 세계 선교에 동참하는 누가회의 소중한 밑거름이 되었습니다. 원고를 받아 든 순간부터 시간 가는 줄 모르고 밤새워 읽었습니다. 이 책을 통해 한 의료선교사 가정의 아름다운 헌신 안에서 살아 역사하시는 주님의 따스한 손길을 느끼게 될 것입니다.

김창환 한국누가회 선교부 이사장, 인하대학교 의과대학 교수

이 책에서 드러나듯, 피터 패티슨 선교사의 삶은 그리스도의 참된 제자됨의 의미를 선명하게 보여줍니다. 신앙으로 인한 내면의 고뇌와 선교 현장에서 마주한 수많은 역경 속에서도, 그는 하나님 안에서 누리는 기쁨을 잃지 않았습니다. 그의 삶은 오늘날 한국 교회 성도들, 특히 기독 의료인들에게 크고 또렷한 빛이 되어줄 것입니다. 앞으로 또 다른 '피터 패티슨'들이 일어나, 열방에서 가난하고 소외된 이웃을 섬기는 의료선교사로 헌신하게 되기를 기대합니다.

박준범 선교사, 의료선교협회장, 새숨병원장

1990년 OMF 선교사가 된 저는 그때 처음 패티슨 선교사님에 대해 들었습니다. 약 10년 전 OMF 사무실에서 그를 직접 만났을 때, 한국을 떠난 지 30년이 지났음에도 여전히 유창한 한국어를 구사하는 모습이 인상 깊었습니다. 그는 OMF 소속으로 한국에 첫발을 디딘 선교사였을 뿐만 아니라, 험지에서 소아결핵 환자들을 돌보았고, 한국성서유니온과 한국누가회(CMF)를 세우는 데도 깊이 관여했습니다. 이 책을 통해 그 사역의 면면을 더욱 생생하게 만날 수 있습니다. 예수를 믿고 선교사의 길을 택했다는 이유로 가족에게 배척받으면서도, 하나님을 향한 사랑과 헌신을 지켜온 이 믿음의 거인 이야기는 오늘날 한국 교회와 성도들에게 큰 도전과 감동을 줄 것입니다. 목회자, 선교사, 선교 헌신자는 물론 모든 성도에게 이 책을 자신 있게 추천합니다.

손창남 조이선교회 대표, 전 OMF 선교사

배도선 선교사님과의 인연은 45년 전, 1980년에 시작되어 이후 영국과 알바니아에서 귀한 교제를 이어왔습니다. 선교사님의 삶과 사역을 담아낸 이 책을 읽으며, 짧은 만남으로는 다 알 수 없었던 철저한 헌신의 여정에 깊은 감동을 받았습니다. 그 여정을 따라가며 저 역시 선교사로 지내온 지난 삶을 되돌아보게 되었습니다. 의료 전문인 선교사로서 진료와 선교, 두 길을 끝까지 충실히 걸어온 그의 삶이 이 책을 읽는 모든 이에게 새로운 영감을 주리라 확신합니다.

심재두 한국누가회 이사장, 전 알바니아 선교사

배도선 선교사님은 1967년부터 1982년까지 한국에서 세 가지 핵심 사역을 감당했습니다. 첫째, 성서유니온 한국 지부의 설립을 주도했습니다. 기도에는 열심이었지만 말씀묵상과 삶의 적용에는 다소 미흡한 면이 있던 당시 한국 교회에 말씀 중심의 경건 훈련을 도입하고, 1972년 한국성서유니온 창립의 기초를 놓았습니다. 둘째, 한국 교회에 해외 선교의 비전을 제시하고 그 기반을 마련했습니다. 1980년, 한국 교회가 해외 선교 경험이 거의 없던 시기에 OMF 한국 지부를 설립하고, 한국인 선교사의 파송을 지원했습니다. 이는 한국 최초의 국제 선교단체 지부였으며, 이후 세계 선교 참여를 이끄는 디딤돌이 되었습니다. 셋째, 의학계열 기독청년 운동의 개척자로서 1980년대 한국누가회 창립에 깊이 관여했고, 첫 수련회의 주 강사로서 수많은 젊은 의료인에게 신앙적 롤모델이 되었습니다. 이 세 가지 사역은 한국 복음주의의 성숙과 확장에 결정적으로 기여했으며, 그 중심에는 언제나 '하나님의 사람' 배도선 선교사님이 있었습니다. 이 책은 단순한 전기가 아닙니다. 한 선교사의 헌신적인 생애, 한국에서 만난 이들과의 따뜻한 동역 이야기, 그리고 그 만남을 통해 변화된 이들의 신앙 여정을 담고 있습니다. 의료선교사로서 환자를 돌보는 데 그치지 않고, 전인적 복음을 삶으로 살아낸 그는 한국 교회 성장기의 한복판에 깊은 발자취를 남겼습니다. 그 이야기는 오늘날 변화와 갱신이 절실한 한국 교회와 독자들에게 깊은 울림과 도전을 전해줄 것입니다.

안동일 전 WHO 캄보디아 및 라오스 대표, 국제보건연구소 '살림과 세움' 소장

패티슨 선교사는 예수님의 마음을 따라 가난하고 소외된 이들에게 친절과 환대를 베풀었습니다. 서울과 마산을 오가며 열차 안에서 복음을 전하고, 병원에서 성경읽기를 시작했으며, OMF 선교사로서 '새 시대를 위한 새로운 비전'을 품고 헌신했습니다. 덕분에 한국은 이제 선교사를 받는 나라가 아니라 보내는 나라가 되었습니다. 그는 미래를 내다보는 혜안으로 한국 교회에 무엇보다 성경 말씀 교육이 필요함을 인식하고 성경읽기 카드와 한국성서유니온을 통해 말씀묵상 운동을 일으켜 교회의 질적 성장에 기여했습니다. 또한 영국의 CMF처럼 한국에도 기독 의료인 공동체가 세워지기를 기도했고, 전국 의과대학의 기독 의료인들이 한국누가회(CMF)로 모이는 데 중요한 역할을 했습니다. 신앙 때문에 부모에게 학비 지원을 받지 못하고 선교사가 되어 아버지와 관계가 단절되는 아픔에도 불구하고, 그는 방향을 잃지 않았고, 가난한 이웃을 향한 돌봄을 멈추지 않았습니다. 지금도 매일 새벽 다섯 시, 말씀으로 하루를 열며 한길을 걷는 순례자의 모습에서 하나님께서 진정 원하시는 그리스도인의 삶을 보게 됩니다.

임영국 미래한국병원 원장

닥터 패티슨의 특별한 처방전

결핵 환자에게 사랑을, 기독 의료인에게 소명을 일깨운 의사

닥터 패티슨의 특별한 처방전

이기섭 지음

차례

한국의 독자들에게 _배도선　012

1. 천사를 본 소년　015
　천사를 본 소년　019
　죽은 사람은 다시 살아나지 않아　024
　당신이 나를 만들고 나를 위해 죽으셨다면　028
　네가 미쳤구나!　032

2. 한국은 당신이 꼭 필요합니다　037
　더 이상 학비는 대줄 수 없다　042
　내 부모는 나를 버렸으나　045
　한국은 당신이 꼭 필요합니다　050
　스코틀랜드에서 온 오드리　055
　이토록 아름답고 슬픈 결혼식　059

3. 가난하고 병든 사람이 환대받는 병원　065
　사명의 땅으로　069
　굿모닝, 아버지!　074
　우리 아이 낫게만 해주신다면　080
　가난하고 병든 사람이 환대받는 병원　085

4. 회개할 것이 있습니다　091

　OMF 선교사가 되다　096
　네가 물 가운데로 지날 때　099
　믿는 사람은 서두르지 않는다　103
　모든 성경은 유익하다　108
　회개할 것이 있습니다　113

5. 이 가여운 아이들을 치료할 의사는 어디 있나요?　119

　낮은 곳으로 오신 예수 그리스도　124
　당신들에게 기도의 짐을 지웁니다　130
　어여쁜 자야, 일어나서 함께 가자　135
　한국성서유니온을 세우다　141
　못자리　147
　이 가여운 아이들을 치료할 의사는 어디 있나요?　152

6. 부드러운 사랑의 보살핌　157

　하나님은 실패하지 않으신다　161
　조용한 치유　165
　갈등　170
　자비를 베푸소서　176
　아주 많은 양의 부드러운 사랑의 치료　182
　기도하며 끝까지 기다립니다　190

7. 청년 의사들의 한국누가회   197
     청진기와 전화기, 그리고 살아 있는 토끼   202
     아버지의 두 번째 거절   207
     깨닫지 못하는 위기   213
     첫 번째 한국누가회 수련회   219
     한국 OMF 이사회 결성   226
     익투스, 작은 칠보공예 작업장   231
     마산의 암소를 기억하나요?   236

8. 하나님의 길은 완전하시도다   241
     안녕, 아름다운 마을 가포   246
     우리 주님의 소유, 가난한 사람들   254
     하나님의 길은 완전하시도다   258
     마지막 선교 편지   262
     평안히 아버지의 집으로 돌아오다   266

9. 나의 기쁨이신 하나님께로 가리라   273
     우리 삶에 불꽃이 늘 타오르기를   278
     나의 기쁨이신 하나님께로 가리라   283
     주의 말씀은 세세토록 있도다   289

에필로그   294
감사의 글 _이기섭   300
연표   303
인명 찾아보기   305
미주   307
참고문헌   311

한국의 독자들에게

하나님께서 1970년대에 우리 가운데 행하신 일들을 기록해준 이기섭 작가에게 깊은 감사를 드립니다. 이 기획을 후원하고 지원해준 한국누가회와 심재두 이사장, 성서유니온선교회, 한국 OMF 관계자들에게도 감사드립니다. 마산 가포에서 열정과 기쁨으로 밤낮없이 함께 일해준 동료들에게 경의를 표합니다.

1966년 한국에 도착했을 때, 우리는 배워야 할 것이 많은 젊은이들이었습니다. 그 후 15년 동안 하나님은 특히 두 가지 영역에서 우리를 가르치셨습니다. 첫째, 우리는 사람들의 삶을 변화시키는 하나님 말씀의 온전한 진리와 성령의 능력을 경험했습니다. 둘째, 우리는 세상 모든 나라에 소외되고 가난한 이들이 있다는 것과 그들을 사랑하시는 하나님의 마음을 깨달았습니다. 이 두 가지 진리는 우리가 함께 예수님의 생애에 관한 복음을 읽고 이를 실천하고자 노력하는 과정에서 더욱 선명하게 다가왔습니다.

이 책이 새로운 세대로 하여금 하나님의 말씀을 깊이 묵상하며 읽고, 사랑하고 순종하며 나누도록 격려하고, 주님의 명령을 따라 세상에서 가장 도움이 필요한 곳에서 예수님을 섬기도록 이끈다면, 이 책을 위한 우리의 노력은 결코 헛되지 않을 것입니다.

"오직 주의 말씀은 세세토록 있도다"
1 Pe. 1. 25.

Peter R M Patterson   배도선

1

천사를 본 소년

"이 아는 올해 몬 넘긴다. 곧 죽을 아다."

용하다는 점쟁이가 딱하다는 듯 말했다. 마을 노래자랑대회에 나갈 만큼 노래를 잘 부르고, 건강해서 훌라후프도 잘 돌리던 어린 지연이가 척추결핵에 걸린 것은 다섯 살 때였다.

"니 걷는 기 와 그렇노?"

엄마 손을 잡고 시장 가는 길에 지연이가 절룩거리며 걷는 것을 본 엄마는 깜짝 놀랐다. 바로 병원으로 가 엑스레이를 찍었다. 의사는 큰 병원으로 가라고 했다.

"퍼뜩 수술 안 하모 평생 꼽추로 살아야 합니더." [1]

부산의 큰 병원에서 수술했지만, 전신마비가 와버렸다. 엄마는 매일 아침 누워만 있는 지연이의 허벅지와 손등을 꼬집었다. 혹시 밤새 기적이 일어나 감각이 돌아오길 기대했지만, 지연이는 여전히 아무것도 느끼지 못했다.

"야야, 제발 아프다꼬 쫌 해봐라."

엄마는 딸을 붙들고 하염없이 울었다. 어차피 사람답게 못 살 거면 엄마랑 같이 죽자고 했다. 하지만 어린 지연은 살고 싶었다.

누군가 여수 애양병원에 소아마비를 고치는 유명한 미국 의사가 있다고 해서 여수까지 갔다. 그 의사는 꼼꼼하게 살펴보더니 마산에 있는 소아결핵병동 닥터 패티슨을 소개했다.

"이 병은 거기 의사가 젤 잘 봅니다."

엄마는 지연을 업고 마산 가포 골짜기에 있는 병원으로 갔다. 자갈이 넓게 깔린 병원 마당을 지나 갈색 머리에 파란 눈의 의사를 만났다. 그 역시 고개를 저었다. 마지막 희망까지 사라진 엄마는 지연을 병원에 버리다시피 놔두고 갔다.

"인자 오데 가볼 데도 없습니더. 어차피 죽을 아면 여서 직이든 살리든 알아서 하이소."

그 병원에는 그렇게 들어온 아이들이 50명쯤 있었다.

"지연아, 오늘 어떤가 선생님이 함 보까?"

아침마다 회진하는 의사 선생님은 아이들의 이름을 부르며 진찰했다. 다섯 살 척추결핵 환자 지연이는 전신마비라 아무 감각도 없는데 선생님은 품 안에서 따뜻하게 덥힌 손으로 다리와 발바닥을 만져주었다. 이곳은 그동안 지연이 다녔던 다른 병원과 달랐다. 의사 선생님은 다정하고, 간호사 언니는 밥도 먹여주고 링거줄로 장미꽃 반지를 만들어 끼워주었다. 같은 병실 언니 오빠들은 지연이에게 한글과 구구단을 가르쳐주고 성경을 읽었다.

지연이 병원에 입원한 지 몇 달이 지났다. 처음엔 손가락이 조금씩 움직이고, 그다음엔 발가락이 움직였다. 드디어 침대를 붙들고 일어설 수 있게 되자 지연이는 무거운 자갈이 든 주머니를 차고 한 걸음 한 걸음 걸었다. 감각이 돌아온 발바닥은 디딜 때마다 바늘로 찌르듯 아팠다.

병원 물리치료사인 이종섭 선생은 매달 엄마에게 지연의 상태를 엽서에 써서 보내주었다. 이 선생도 소년 시절 척추결핵을 앓아 키가 작고 등 뒤가 솟아 있었다.

"이제 지연이는 마비가 풀리고 다시 걷게 되었습니다."

엽서를 받은 엄마는 하얀 실내화를 사 들고 병원으로 한걸음에 달려왔다. 기적 같은 일이었다. 업혀서 병동에 들어온 지연이는 거의 2년 만에 두 발로 걸어 퇴원했다. 병원비는 무료였다.

죽을 줄 알았던 아이가 살아왔다고 동네가 떠들썩했다. 퇴원 후에도 지연이는 정기적으로 패티슨에게 진찰을 받았다. 건강해져 초등학교에 들어간 지연이는 피아노를 잘 쳐 콩쿠르에도 나갔고 배구선수로도 뛰었다. 툭하면 점보고 굿하던 엄마는 더 이상 미신에 마음을 두지 않았다. 교회에 가본 적도 없는 엄마는 지연에게 이렇게 말했다.

"니 병은 예수님이 나사주신 기다."

천사를 본 소년

"울지 마라… 울지 마라… 선생님이 한번 더 말한데이… 울지 마라."

아침 회진 시간이면 아이들이 울음부터 터뜨렸다. 결핵균이 척추뼈나 관절에 침범해 뼈 조직이 파괴된 아이들이었다.

"가만 가만…… 자, 쬠만 참아보자."

닥터 패티슨은 짐짓 엄하게 말했지만, 얼굴은 연민으로 가득했다. 그는 양손을 문질러 온기를 더한 다음 아이들의 배와 등, 다리와 발목, 발을 차례로 만져보았다. 영양실조에 결핵까지 걸려 갈비뼈가 드러난 아이, 하반신이 마비되어 누워만 있는 아이, 그중 몇몇은 척추 주위에 염증이 심해 옆구리로 고름을 빼야 했다. 큰 주사기를 본 아이는 자지러지게 울었다.

척추결핵은 폐결핵보다 치료 기간이 길고 치료가 어려웠다. 잘못하면 하반신이 마비되거나 다리를 절고 등뼈가 굽어 척추장애인이 되었다. 아동기나 사춘기에 많이 생기는 병이지만, 당시 한국에서 아동 척추결핵을 전문으로 치료하는 병원은 여기가 유일했다.

마산 가포에는 일본 강점기인 1941년부터 상이군인들을 위한 요양소가 있었다. 도심으로부터 떨어지고 산과 바다가 있어 공기가 좋은 최적의 요양지였기 때문이다. 1946년, 국립마산결핵요양원이 200병상으로 재개원된 후, 영국 아동구호기금(SCF: Save the Children Fund)

의 원조로 1955년 8월, 100병상의 부설 소아결핵병동이 준공되었다.[2] 한국전쟁이 끝난 뒤 결핵이 무섭게 창궐하던 시기였다. 1965년 자료에 의하면, 당시 한국의 폐결핵 감염자는 124만 명, 발병자는 80만 명, 연간 사망자가 4만 명이었다.[3] 소아결핵병동의 책임은 영국인 의사가 맡았다. 전임 닥터 웨델과 닥터 해처에 이어 닥터 패티슨이 소아병동의 세 번째 책임자였다. 이곳은 치료비가 무료였다.

날이 좋았다. 바람이 없고 볕이 따사로웠다. 패티슨은 직원들과 함께 병실 침상을 바깥 베란다로 꺼내 아이들을 눕혔다. 햇빛은 천연 항생제였다. 욕창을 치료하고 고름을 배출하는 데 도움이 되었다. 아이들은 엄마 손처럼 보드라운 햇살 아래서 혼곤히 잠이 들었다.

갓 서른 살 된 젊은 의사 피터 패티슨은 병든 아이들 곁에 가만히 서 있었다. 하나님의 부르심으로 먼 땅 영국에서 자신을 이 땅으로 오게 한 이 아이들 옆에도 천사들이 있었다. 언젠가 그가 어렸을 때 본 것처럼. 평안하고 따뜻하고 아름다웠다. 마산 가포의 봄날은 눈부셨다.

피터 R. M. 패티슨(Peter R. M. Pattisson, 한국명 배도선)은 1937년 3월 19일 런던 중심부 매릴번의 한 병원에서 태어났다. 그날은 마침 어머니의 서른 번째 생일이었다. 피터는 완벽한 생일선물이었다.[4] 피터는 집 근처 작은 시골 교회에서 세례를 받았다.

피터의 아버지 리차드와 어머니 페기는 인도에서 만났다. 아버지는 콜카타(옛 지명 캘커타)에 있는 세계적 석유회사 쉘(Royal Dutch

Shell)의 직원이었다. 그는 테니스를 잘 치고, 경비행기를 조종해 콜카타에서 파키스탄 카라치까지 비행하는 모험을 즐기는 청년이었다. 피터의 증조부는 뉴질랜드 크라이스트처치 동쪽에 위치한 남태평양 채텀 제도에서 양을 방목했다. 할아버지 월터 메리먼 패티슨은 런던 금융계에서 주식중개인으로 일했다. 메리먼은 증조모의 성으로 피터의 중간 이름 M이기도 하다. 할아버지가 51세 나이로 일찍 돌아가시는 바람에 아버지 리차드는 대학에 진학하지 않고 셸에 들어갔다. 아버지에게는 파멜라라는 여동생이 한 명 있었다.

피터의 어머니 페기는 노스 켄트의 메드웨이 지역에서 태어났다. 일찍 부모님이 돌아가셔서 이모 밑에서 자랐다. 어머니가 어떻게 인도로 가게 되었는지는 확실치 않다. 어머니는 한 번 결혼해 아들 하나를 둔 이혼녀였다. 아버지와 어머니 두 사람은 인도에서 결혼하고 피터가 태어나기 몇 달 전 영국으로 돌아왔다. 1930년대 영국 사회에서 이혼녀와의 결혼은 환영받지 못하는 일이었다. 하지만 피터의 할머니는 며느리 페기와 그녀가 데려온 다섯 살짜리 아들 팻을 가족으로 따뜻이 맞아주었다.

피터가 두 살 되던 해인 1939년 9월, 제2차 세계대전이 터졌다. 전쟁이 시작되자 그의 가족은 영국 남동부 서리 지역으로 집을 옮겼다. 석유회사에 다니는 아버지는 전쟁 시 필수 인력인 '연료 보급책'이라 전장에 소집되지 않았다. 그는 매일 아침 자전거를 타고 역으로 출근했다. 식량 사정이 좋지 않아 테니스 코트에서 암탉을 길렀다. 달걀은 빈약한 전시 식단에 훌륭한 단백질 공급원이었다.

1943년, 왼쪽부터 형 팻,
친구, 피터(6세)

어린 피터가 기억하는 것은 독일의 V2 로켓이 날아오는 엔진 소리였다. 공습경보가 울리면 가족들은 계단 밑으로 피했다. 로켓은 서서히 낮게 날아왔다. 엔진 소리가 들리다 그치면 주위 어딘가에 떨어진다는 신호였다. 그의 집에서 불과 1-2킬로미터밖에 안 되는 곳에 로켓이 떨어지기도 했다.

"피터, 저 사람들과 말해서는 안 된다."

집 근처에서 도랑 파는 이탈리아 전쟁포로들을 본 엄마는 어린 피터에게 엄하게 말하곤 했다.

형 팻은 노샘프턴셔 주 브랙클리에 있는 윈체스터 하우스 스쿨

1. 천사를 본 소년

(WHS)로 떠났다. 이 학교는 1875년에 설립된 남학생 예비 기숙학교였다. 영국에서는 예비 학교에 보통 8세 무렵 입학하며, 이후 명문 중등학교로 진학하는 경우가 많았다. 전쟁 중에도 가족은 팻이 머물던 기숙학교를 종종 방문했다. 어느 날, 형과 함께 잠을 자던 중 공습경보가 요란하게 울렸다. 그날 독일군은 학교에서 약 60킬로미터 떨어진 코번트리를 맹폭격했다. 코번트리는 군수물자를 생산하는 공장이 많은 도시였다. 그날 수백 명이 목숨을 잃었고, 도시는 잿더미가 되었다.

피터는 집 근처 유치원에 다녔다. 그곳에서는 매일 기도로 하루를 시작했다. 어린 그는 속으로 중얼거렸다.

'내가 커서 선생님이 되면 기도는 절대 하지 않을 거야!'

그의 부모님은 신앙이 전혀 없었다.

1945년, 전쟁이 끝났다. 아버지는 영국 동부 빌러리케이 외곽으로 이사했다. 새로운 집은 전쟁 중에 장교 숙소로 쓰이던 방 다섯 개짜리 큰 저택이었다. 피터의 부모님은 황폐해진 이 집을 오랫동안 수리했다. 정원은 넓었고, 건초가 쌓인 헛간이 있었으며, 돼지와 암탉도 키웠다. 이곳에서 어린 시절을 보낸 피터는 이 집을 '여우들'이라고 부르며 좋아했다. 전쟁 전, 이 집은 술과 음식을 팔던 펍이었다.

여덟 살이 되자, 피터는 형이 다니고 있는 기숙학교에 입학했다. 영국 사립 기숙학교의 학비는 비쌌지만, 아버지와 어머니는 아들들을 사랑했고, 좋은 삶을 마련해주기 위해 최선을 다했다.

열 살 생일 즈음이었다. 기숙사에서 집으로 돌아와 지내던 어느 날 밤, 피터는 천사를 보았다. 잠에서 깨어난 순간, 침대 발치에 천사가 서 있었다. 정확히 설명할 수는 없지만, 그 존재가 천사라는 걸 확실히 알았다. 무섭지 않았다. 오히려 평화롭고 경외감이 들었다. 아주 짧은 순간이었다. 그러나 천사가 전해준 무언의 느낌은 오래도록 마음에 남았다. 이 경험은 앞으로 그에게 다가올 일의 전조였는지도 모른다. 열 살 소년에게 그 일은 가장 소중한 보물을 숨겨둔 마음 속 비밀 상자와 같았다. 언제든 상자를 열면, 천사가 남긴 메시지를 들을 수 있었다.

'내가 너를 지켜보고 있단다.'

죽은 사람은 다시 살아나지 않아

기숙학교 생활은 모험과 도전으로 가득했다. 지평선까지 펼쳐진 맑은 하늘처럼 매일이 행복한 날들이었다. WHS는 좋은 학교였다. 공부뿐만 아니라 스포츠도 큰 비중을 차지했다. 피터는 운동을 즐겼고 뛰어난 실력을 보였다. 어느 해 여름, 그는 운동회에서 우승해 받은 은잔들과 최고 수훈 선수에게 주는 빅터 루도룸 컵을 두 팔 가득 안고 집으로 돌아왔다.

7학년이 되던 해, 피터는 학교 예배당에서 예수님의 소년 시절 이야기를 들었다. 누가복음 2장 41-52절 말씀이었다. 피터처럼 예수가 열두 살 때였다. 유월절을 맞아 예루살렘 성전을 방문했던 예수의 가족이 나사렛으로 돌아가다 예수가 없어졌다는 사실을 하루가 지나서야 알게 되었다. 깜짝 놀란 부모는 예루살렘으로 돌아와 예수를 찾으러 다녔다. 그러다 성전에서 선생들과 함께 앉아 듣고 묻고 있는 예수를 발견했다. 어머니 마리아는 질책했다.

"애야, 이게 무슨 일이냐? 네 아버지와 내가 너를 찾느라고 얼마나 애를 태웠는지 모른다."

예수가 대답했다.

"어찌하여 나를 찾으셨습니까? 내가 내 아버지의 집에 있어야 할 줄을 알지 못하셨습니까?"

이 대목에서 피터는 문득 이런 생각이 들었다.

'내가 예수 그리스도를 믿고 옳은 일을 하겠다고 말하면 우리 집에 난리가 나겠구나.'

왜 그런 생각이 들었는지는 알지 못한다. 아마도 그 말씀이 무의식 속에 숨어 있던 어떤 감정을 건드리며 자신조차 인식하지 못했던 생각을 끌어올린 것인지도 모른다.

기숙학교에서 보내는 마지막 해였다. 1950년, 피터는 열세 살이었다. 학교에서는 학생들에게 엄청난 압박을 가했다. 일주일 수업의 절반은 라틴어와 그리스어였다. 동급생의 대부분은 퍼블릭 스쿨 입학을 위한 장학금 시험을 치러야 했다. 영국의 퍼블릭 스쿨은 명문 사립 중·고등학교를 뜻한다. 피터는 럭비 스쿨(Rugby School)에서 주는 큰 장학금을 받았다. 럭비 스쿨은 1567년에 세워진 영국의 전통 명문으로, 럭비의 발상지로도 유명하다. 그가 받은 장학금은 럭비 스쿨에 입학하는 동시에 처음 2년 과정을 건너뛰고 15세 학급에 배정된다는 것을 의미했다.

피터는 그 즈음 일어난 한국전쟁에 관심이 많았다. 그는 북한군의 침공과 유엔군의 반격이 어떻게 전개되는지 한국 지도를 그려가며 연구했다. 당시에는 전혀 알지 못했다. 10여 년 후, 그가 그 땅으로 가게 될 줄은!

피터는 WHS를 졸업하고 럭비 스쿨로 진학했다. 남학생 학교였다. 기숙사는 11개의 집으로 나뉘어 럭비 타운 외곽 약 1-2킬로미터 면적에 흩어져 있었다. 그는 한 세대 전 아버지가 지냈던 튜더 하우스에 들어갔고, 지금은 형 팻이 그곳에 있었다.

럭비 스쿨에서 피터는 학업 성적이 우수했다. 특히 과학에 흥미를 느꼈다. 16세 때 3학년으로 A레벨의 과학을 들었으며, 그 다음해에는 수학과 고급수학, 동물학과 식물학을 수강했다. 럭비 스쿨의 교사들은 그에게 화학과 생물학, 자연사에 대한 큰 사랑을 심어주었다. 그는 자유로운 오후 시간이면 나비와 곤충을 채집하곤 했다. 서인도 제도에서 온 바나나 상자 속에서 타란튤라 거미를 발견했을 때의 흥분을 그는 잊지 못했다. 그 거미는 이후 자연사 교실에서 꽤 오랫동안 살아 있었다.

피터는 밤에 다른 학생들에게 방해가 되지 않도록 이불 아래서 손전등을 켜고 책을 읽었다. 친구 한 명은 그에게 경고했다.

"너 그렇게 공부만 하면 젊은 나이에 죽는다."

그렇다고 피터가 꽉 막힌 공부벌레는 아니었다. 어느 날 오후, 자유시간이었다. 그는 친구 네 명과 함께 교장실을 노크했다. 교장실은 보통 큰 문제가 있을 때 불려가는 곳이었다. 피터는 용기를 내 교장에게 말했다.

"교장 선생님, 저희는 영화관에 가고 싶습니다."

교장은 어이가 없다는 듯 그들을 위아래로 훑어보았다. 그리고 잠시 후, 종이 한 장을 꺼내 네 명의 이름을 적고 마지막 줄에 이렇게 썼다.

"용기 있게 요청했기에 영화 관람을 허락함. 그러나 이 약은 반복 금지."

이 방법은 두 번 다시 통하지 않는다는 경고였다. 어쨌든 그들은 영화관에 갔다.

1954년 12월, 피터는 펨브로크 칼리지의 장학금 시험을 보기 위해 케임브리지에 갔다. 펨브로크 칼리지는 케임브리지 대학교의 31개 단과대학 중 하나였다. 그는 이 대학에서 큰 장학금을 받는 영광을 누렸다. 케임브리지의 아름다운 녹지 공간 파커스 피스 잔디밭에 하얗게 내린 서리의 반짝임은 오래도록 기억에 남았다.

피터는 이미 학업에서 최상위에 도달했기 때문에 럭비 스쿨에서의 마지막 두 학기는 시험 없이 보낼 수 있었다. 그는 기숙사 사감이 되었고, 크로스컨트리팀 주장을 맡았다. 럭비 외곽 마을 크릭에서 시작되어 매년 11마일(약 18킬로미터)을 달리는 크릭런 대회에서는 2등을 했다.

럭비 스쿨에서는 정기적으로 예배를 드렸다. 매일 아침 짧은 집회가 있었고, 일요일에는 전체 예배가 열렸다. 피터는 사도신경을 외울 때, "장사한 지 사흘 만에 죽은 자 가운데서 다시 살아나시며"에서 입을 다물었다.

'죽은 사람은 다시 살아나지 않아.'

생물학을 공부하는 피터는 자신이 믿을 수 없는 것을 고백할 수 없었다. 그는 솔직한 사람이었다.

럭비 스쿨에서의 행복한 시간도 끝나가고 있었다.

당신이 나를 만들고 나를 위해 죽으셨다면

피터가 고등학교를 졸업한 1955년에는 군복무가 의무였다. 대학 입학이 확정된 학생은 군복무를 미룰 수 있었다. 그는 이미 케임브리지에 합격했지만, 국가에 대한 봉사를 먼저 하고 싶었다. .

그는 처음으로 어머니와 큰 갈등을 겪었다. 어머니는 군대에 강한 거부감을 가지고 있었다. 확실치는 않지만, 외할아버지가 제1차 세계대전 중에 사망하신 것은 아닌가 피터는 추측했다. 그러나 어머니는 친정 이야기는 일절 하지 않았다. 피터는 끝까지 부모님을 설득해 입대했다.

그는 왕립 포병대에 배치되어 웨일스 국경에 있는 오스웨스트리에서 기초 훈련을 받았다. 각지에서 모인 다양한 배경의 젊은이들과 함께 지내는 것이 그에게는 큰 충격이었다. 귀족적인 기숙학교에서 상류층 아이들 가운데서만 자란 피터에게는 인생의 또 다른 세계를 접하는 기회였다. 어쨌거나 그들 모두는 군대식으로 머리를 짧게 깎았다.

피터는 장교훈련을 받기 위해 올더숏 기지로 옮겼다. 훈련 과정 중 하나로, 각자가 선택한 주제를 발표해야 했다. 그는 "아노펠레스 모기와 말라리아 기생충의 생활사"에 대해 이야기했다. 말라리아는 감염된 암컷 아노펠레스 모기에 의해 전염된다. 군사적 관점에서 썩 좋은 주제는 아니었다.

장교 훈련을 마친 후, 그는 독일로 파견되었다. 제2차 세계대전은 끝났지만, 여전히 많은 영국군이 독일에 주둔하고 있었다. 그가 배속된 곳은 나폴레옹 전쟁 당시 전투에서 이름을 딴 알크마르 부대 제1왕립기마포병대로, 영국군 전체에서 가장 고위 연대였다. 기마포병대에서 그들의 '말'은 35밀리 자주포와 비슷한 전차였고, 큰 총을 장착했다.

피터는 독일 하노버 북쪽에 있는 악명 높은 나치 강제수용소 중 하나인 베르겐-벨젠으로 갔다. 이곳은 나치가 세운 독일 수용소 중 가장 비참한 곳으로, 제2차 세계대전 당시 3만 7천여 명에 달하는 수감자들이 굶주림과 과로, 질병으로 죽어갔다. 집단 매장된 거대한 흙무덤을 보는 것도 괴로운데, 1945년 4월 15일 영국군에 의해 처음으로 수용소가 열렸을 때 찍은 영상은 믿을 수 없을 만큼 참혹했다. 일기를 통해 세계적으로 알려진 유대인 소녀 안네 프랑크도 이곳에서 죽었다. 인간이 인간에게 저지른 최악의 잔혹함이었다. 열아홉 살 피터에게 그것은 잊지 못할 충격이었다.

부대에 배치된 어느 날 밤이었다. 그와 동료들이 지붕을 접을 수 있는 자동차를 타고 시내에서 부대로 돌아오는 길이었다. 운전자가 막사 쪽으로 가는 도로로 빠르고 급하게 방향을 튼 순간, 차는 왼쪽 두 바퀴 쪽으로 완전히 기울어져 전복될 위기를 맞았다.
'우린 죽었구나!'
그 순간, 피터의 기억 속에 숨어 있던 어릴 적 사건이 번쩍 떠올랐다. 유치원에 다녔을 때였다. 한 친구가 언덕에서 자전거를 타다가 대형 트럭이 질주하는 큰 도로로 빠르게 굴러 내려갔다. 가속이 붙은 자전거는 순식간에 큰 트럭 앞으로 돌진했다. 그 아이의 엄마는 공포에 질려 외마디 소리를 질렀다.
"오, 하나님!"
모두 그 아이가 죽었다고 생각했다. 트럭이 지나간 자리에 피투성이 되어 있을 아이를 생각하며 진저리를 쳤다. 그러나 잠시 후, 아이는 길가에서 몸을 일으켰다.
"엄마, 엄마도 천사가 트럭 바퀴를 들어 올리는 걸 봤어?"
그 친구는 충격을 받았지만 다치지 않았고, 자기 발로 언덕을 걸어 올라왔다.

불가사의한 일이었다. 피터가 부대원들과 함께 탄 자동차 역시 이해할 수 없는 힘으로 다시 네 바퀴로 섰다. 지붕이 없는 차였기에 전복되었으면 그들은 모두 죽었을 것이다. 피터는 그날 밤도 천사가 자신들이 탄 자동차 바퀴를 제자리로 돌려놨다고 확신했다.

그렇다고 하나님을 믿은 것은 아니었다. 군복무 중 럭비 스쿨 친구인 톰 키트우드가 그에게 여러 번 편지를 보내왔다. 그는 솔즈베리 평원에서 군복무 중이었다. 편지의 내용은 예수 그리스도를 믿으라는 것이었다. 피터는 무시했다.

1957년 7월, 피터는 2년간의 군복무를 마치고 집으로 돌아왔다. 그가 군대에 있는 동안, 부모님은 오랫동안 정들었던 '여우들' 집을 팔고 런던 중심가에서 가까운 사우스 켄싱턴의 타운하우스로 이사했다. 3개월 후, 피터는 케임브리지 대학에 입학했다. 그는 동물학을 공부하고 곤충학을 전공하고 싶었다. 인생에서 최고의 것을 찾기로 결심했지만, 실제로 어디서 찾아야 할지 몰랐다.

케임브리지 대학생이 된 지 한 달이 채 안 된 11월 첫째 일요일, 그는 홀리 트리니티 교회의 저녁 예배에 참석했다. 그날 설교자는 데이비드 스튜어트 셰퍼드 남작이었다. 그는 케임브리지 대학에서 역사를 공부한 영국 크리켓 대표선수이자 주장이었다. 그는 후에 리버풀의 주교가 되었다. 피터는 그날의 설교 내용을 기억하지는 못한다. 다만 많은 생각에 잠겨 기숙사로 돌아왔다. 평소처럼 무선 라디오를 켜고 즐겨 듣던 팝 뮤직을 들었지만, 그날은 이상하게도 마음이 다른 것을 요구했다. 그는 라디오를 껐다. 그리고 무릎을 꿇었다.

"만약 하나님이 나를 만드셨다면, 그리고 예수님이 나를 위해 죽으셨다면, 이 두 가지 이유로 내 삶은 내 것이 아니라 하나님께 속한 것임을 깨달았습니다. 그런데도 계속 나 자신을 위해 산다면, 나는 하나님께 속한 것을 훔치고 있는 것입니다."

그 자리에서 그는 자신의 삶을 예수 그리스도께 맡겼다. 그가 내린 최고의 결정이었다.

네가 미쳤구나!

"이 모든 것이 정말 좋아 사실일 수 없는데…… 그런데 사실이란 말이지."

그는 성경을 읽으며 중얼거렸다. 신기하게도, 도저히 믿을 수 없었던 예수님의 부활이 그대로 믿어졌다. 예수 그리스도를 영접한 다음 날, 그는 자신에게 여러 번 편지를 보내 예수님을 전했던 친구 톰 키트우드를 만났다. 톰도 군복무를 마치고 케임브리지 킹스 칼리지에서 공부하고 있었다. 피터의 회심 소식을 들은 톰은 진심으로 기뻐했다.

"지금부터 성경을 매일 읽어야 해."

톰은 몇 주 동안 피터에게 기독교 복음을 집중적으로 소개하며 성경읽기의 중요성을 강조했다. 이후로 피터는 하루도 거르지 않고 성경을 읽었다. 그는 살아 계신 그리스도를 만났기에, 럭비 스쿨 시절에는 거부했던 사도신경의 "장사한 지 사흘 만에 죽은 자 가운데서 다시 살아나시며"를 확신 있게 고백할 수 있었다. 매일 아침 성경으로 하루를 여는 습관은 그의 인생에 든든한 닻이 되었다.

첫 번째 의미 있는 크리스마스 방학을 맞았다. 그는 영국 남서부 도싯 주의 어느 작은 퍼블릭 스쿨에서 열린 크리스천 가정 모임에 참석했다. 물론 부모님께는 알리지 않았다. 그곳에서 주일 아침 예배를 드리는 동안, 그는 마음 깊은 곳에서 집요하게 떠오르는 생각을 떨칠 수 없었다.

'곤충학자가 아닌 의사가 되어야겠어.'

그는 이것이 옳은 길이라는 증거를 하나하나 찾기 시작했다. 최근에 읽은 책에서 존 웨슬리가 쓴 글을 기억해냈다.

"하나님은 일반적으로 특정한 행동 방침에 대한 이유를 내 마음에 제시하심으로 나를 인도하신다."

예배가 끝난 후, 그는 통찰력 있는 신앙 지도자와 진지하게 이야기를 나누었다.

"당신에게 말씀하신 이가 하나님이신 것 같습니다."

그의 의견도 같았다. 피터는 의사가 되기로 결심했다.

집으로 돌아온 피터는 부모님께 의학으로 전공을 바꾸고 싶다고 말했다. 하나님께서 그 방향으로 인도하신다는 말은 차마 할 수 없었다. 아들이 곤충학자가 되는 것에 만족하지 못했던 어머니는 열광적으로 이 결정을 반겼다. 피터는 케임브리지 대학에서도 상위 2-3퍼센트 안에 드는 수재였다. 그는 다음 학기부터 의학을 공부할 수 있게 되었다.

그러나 부활절을 맞아 집에 온 그가 크리스천이 되었다고 고백했을 때, 부모님은 분노했다.

"종교는 위험해. 잘못된 신념이 네 인생을 망칠 거다."

아버지는 무섭게 화를 냈다.

"네가 미쳤구나!"

어머니는 피터에게 당장 정신과 의사를 만나러 가자고 했다. 일찍 고아가 되어 이모 밑에서 자랐고, 이혼과 재혼으로 받은 상처가 있는 어머니는 공부 잘하는 아들에게 건 기대가 컸다. 어머니의 야망은 꺾였다.

부모님과의 극심한 갈등은 피터에게 큰 고통을 안겨주었다. 그가 중학교 때 소년 예수의 이야기를 듣고 막연히 들었던 생각, '내가 예수 그리스도를 믿고 옳은 일을 하겠다고 말하면 우리 집에 난리가 나겠구나'는 현실이 되었다. 부모님은 기대했던 아들이 크리스천이 된 것에 화가 났고, 피터는 부모님의 뜻을 따를 수 없음을 잘 알기에 마음이 아팠다.

한밤중, 그는 집에서 몰래 빠져나왔다. 집은 거대한 냉동고 같았다. 사우스 켄싱턴 거리를 정처 없이 걷는 그는 혼란스러웠고 슬펐

1. 천사를 본 소년

다. 그는 길가 난간 옆에 무릎을 꿇고 앉았다. 눈물이 흘렀다. 아무 말도 할 수 없었다. 하지만 하나님께서 택하신 길 위에 있다는 확신이 들었다. 그 길에는 눈물 속에도 평화와 기쁨이 있었다. 말로 표현할 수 없는 평온이 밀려와 어느새 그의 눈물을 닦아주었다.

1958년 여름이 되었다. 1년 동안 부모님과의 갈등은 더욱 격화되었다. 부모님은 그에게 한 가지를 약속하게 했다.

"케임브리지에서 두 학기 동안 일요일을 제외하고 모든 기독교 활동을 중단해라."

부모님은 그가 기독교의 영향력에서 멀어지면 정신을 차릴 것이라고 생각했다.

"그렇게 하겠습니다."

믿음의 친구들은 현명한 결정이 아니라고 만류했지만, 피터는 부모님의 제의를 받아들였다. 그는 아버지와 어머니를 존경하고 사랑했다. 일요일에는 예배를 드리고 기독교 활동을 했지만, 주중에는 혼자 지냈다. 그는 철저히 약속을 지켰다. 크리스마스 땐, 그날이 일요일이 아니었기에 모두가 모여 있는 장소의 옆방에서 홀로 예배를 드렸다. 6개월 동안 기독교 활동과 거리를 둔 시간은 부모님의 바람과는 전혀 다른 결과를 낳았다. 그는 혼자서도 주님과의 깊은 친밀함을 누릴 수 있었고, 자신이 올바른 길로 가고 있음을 더욱 확신하게 되었다.

그즈음, 그는 하나님께서 자신에게 주셨다고 느껴지는 특별한 성경 구절을 읽었다. 모세가 약속의 땅으로 들어가는 문턱에서 이스라엘 백성에게 선포한 신명기 8장 2절 말씀이었다.
 "네 하나님 여호와께서 이 사십 년 동안에 네게 광야 길을 걷게 하신 것을 기억하라. 이는 너를 낮추시며 너를 시험하사 네 마음이 어떠한지 그 명령을 지키는지 지키지 않는지 알려 하심이라."
 그에게 고난의 광야 길은 이제 막 시작되고 있었다.

2

한국은 당신이
꼭 필요합니다

"피터, 당신은 영국이나 유럽에선 필요 없는 사람입니다. 병들고 가난한 사람들이 있는 곳으로 가야 합니다. 한국에는 전쟁 후 제대로 치료받지 못하는 환자들이 많습니다."

자그마한 키의 한국인 청년이 피터 패티슨을 붙들고 열변을 토했다. 서툰 영어였지만 그가 전하는 메시지는 확신에 가득 차 있었다. 피터는 자신도 모르게 빠져들었다. 프랜시스 쉐퍼 박사가 청년 사역을 위해 1955년 스위스 산골짜기에 세운 라브리(L'Abri, 쉼터) 공동체에서였다.

청년의 이름은 김진경, 당시 25세였다. 그는 클리프턴 신학교(현 트리니티 대학교)에 입학하기 전, 쉐퍼 박사 밑에서 공부하고 있었다. 피터는 케임브리지에서 3년을 보낸 후 방학을 맞아 친구와 함께 라브리를 방문한 참이었다. 방학이 끝난 후에는 의대로 진학할 예정이었다. 그는 신앙과 부모님과의 갈등, 끊긴 학비, 불투명한 미래 등 고민이 많았다. 그런 그에게 남루한 차림의 한국인 청년은 밝게 웃으며 빛나는 눈으로 말을 걸었다. 피터가 뉴스로만 접했던 참혹한 한국전쟁에서 살아남았다는 진경의 말은 진솔하고 뜨거웠다.

"나는 한국전쟁에 참전한 최연소 학도병이었습니다. 중학교 3학년, 열다섯 살 때 자원 입대했습니다. 어머니가 알면 못 가게 하실까 봐 아무에게도 알리지 않고 떠났습니다. 학도병들은 M1 소총과 실탄 열 발만 가지고 최전방에 배치되었습니다. 잘 훈련된 북한군 앞에서 실탄 한 발 쏴보지도 못하고 무참히 쓰러져갔지요. 동료들이 죽어나갈 때마다 나는 너무 무서워 바지에 오줌을 지렸습니다. 살고 싶었습니다."

김진경은 참호 속에 웅크려 앉아 군목이 나눠 준 쪽 복음서를 읽었다.

"하나님이 세상을 이처럼 사랑하사 독생자를 주셨으니 이는 그를 믿는 자마다 멸망하지 않고 영생을 얻게 하려 하심이라."

요한복음 3장 16절 말씀이었다. 그는 어머니를 따라 어릴 때부터 교회에 다녔지만, 참호 안에서 두려움에 떨며 진심으로 예수님을 영접했다.

"나는 그 말씀을 붙들고 하나님께 서원했습니다. '하나님, 정말 이 세상을 사랑해 독생자를 주셨다면 저를 이 전쟁터에서 살려주세요. 그러면 지금 서로 죽고 죽이는 북한과 중국 사람들에게 당신의 사랑을 전하겠습니다'라고요."

하나님은 그의 서원을 들어주셨다. 발에 파편을 맞아 부상당한 그는 군 병원으로 후송되었다. 전쟁은 멈췄다. 그와 함께 떠났던 800명의 학도병 중 살아남은 사람은 겨우 17명뿐이었다.[1]

제대 후, 김진경은 고등학교를 졸업하고 대학에 들어가 철학을 전공했다. 키에르케고르의 실존주의에 공감하며, 삶과 죽음의 경계를 넘어 새 생명을 얻은 자답게 매순간을 '신 앞에 선 단독자'로 살기로 결심했다. 대학 졸업 후에는 고등학교 교사가 되었다. 평범하고 안정된 길이 눈앞에 있었다. 그러나 그는 전쟁터에서 하나님께 서원한 것을 지키고 싶었다. 중국과 북한을 이해하려면 다양한 이념이 공존하는 유럽으로 가야 했다. 그는 돈이 없었다. 대학 다닐 때도, 교사로 근무할 때도 그는 자비를 털어 야학을 운영했다. 동대문시장 인근의 창신동에 '새학교'를 세우고, 공장에서 일하는 아이들에게 공부를 가르쳤다.[2]

그는 영국국교회 목사를 양성하는 클리프턴 신학교로 가기로 결심했다. 한경직 목사의 후원으로 받은 돈은 여비를 제하고 20달러가 남았다. 한국에서 유럽으로 가는 직항 비행기가 없던 시절이었다. 그는 홍콩에서 화물선을 타고 프랑스 마르세유까지 65일 동안 항해했다. 갈아입을 옷도, 내의도 없이 여기저기 구멍이 숭숭 뚫린 차림은 영락없는 거지꼴이었다. 그러나 그는 개의치 않았다.

마르세유 항에 도착해서야 그는 프랜시스 쉐퍼 박사가 보낸 초대 편지와 라브리로 가는 기차표를 받았다.

"우리 학원에 당신을 초청합니다. 가난한 동방의 은둔국, 코리아에서 온 학생이라고 들었습니다. 환영합니다."

그는 한국인 최초로 프랜시스 쉐퍼 박사에게 8개월 동안 가르침을 받았다. 훌륭한 스승 밑에서 문학가, 예술가, 철학가 등 여러 분야의 사람들과 토론하며 깊은 지식과 기독교 사상의 다양함을 경험했다.[3]

피터는 낯선 한국인 청년의 뜨거운 신앙에 전율을 느꼈다. 그의 이야기는 라브리에 짙어지고 올라온 고민 중 하나의 문을 열어주었다. 해외 봉사 대상지로 한국이 떠올랐다.

김진경 역시 예수를 믿는다는 이유로 부유한 가정에서 쫓겨난 영국 청년 피터의 믿음에 감동했다. 그는 당장 한국에 있는 신앙의 친구들에게 편지를 썼다.

"이 훌륭한 미래의 의사가 한국 선교사로 갈 수 있도록 세게 기도해 주세요."

며칠 후, 피터는 의학 공부를 위해 런던으로 떠났고, 김진경은 클리프턴 신학교가 있는 브리스톨로 향했다. 한국과 영국, 서로 다른 배경을 가진 두 명의 이십 대 청년이 라브리에서 만난 시간은 짧지만 강렬했다. 1960년 여름이었다.

더 이상 학비는 댈 수 없다

새벽 네 시, 피터는 대학 뒷문으로 나가 해가 뜰 때까지 캠 강을 따라 걸었다. 케임브리지의 풍경은 형언할 수 없을 만큼 아름다웠다. 그보다 훨씬 더 좋은 것은 에스겔서 말씀을 읽으면서 사랑하는 주님과 친밀한 시간을 보내는 것이었다. 산책을 마치고 학교로 돌아올 때는 정문으로 지나갔다. 문지기가 지키는 그 문은 천국의 문처럼 활짝 열려 있었다.

그는 다시 운동부에 들어가 옥스퍼드 대학과의 시합을 준비하는 케임브리지 신입생팀의 일원이 되었다. 그의 종목은 달리기였다. 옥스퍼드 대학의 이플리 로드 트랙에서 뛰었다. 몇 년 전, 이곳에서 영국의 육상선수 로저 베니스터가 '인간은 1마일을 4분 이내로 달릴 수 없다'는 통념을 깨고 3분 59초 4의 기록을 세웠다. 피터는 의미 있는 그 트랙에서 달릴 수 있다는 사실이 영광스러웠다.

케임브리지에서 3년을 보내는 동안, 그는 자신이 어떤 의사가 되어야 할지 깊이 고민했다. 이 질문을 하나님 앞에 내어놓을 때마다 응답은 '해외 봉사로의 부르심'이었다. 하지만 그는 확신이 필요했다. 그때 한 크리스천 친구가 말했다.

"피터, 하나님께 질문하는 것을 두려워하지 마. 너는 선한 마음을 가지고 있고, 반드시 만족할 만한 답을 주님께서 주실 거야. 그러니 계속 묻고, 계속 묵상해."

케임브리지 외곽에는 옛 로마 도로가 있었다. 지금은 길고 곧은 결혼식장으로 쓰이는 길이었다. 어느 날, 그는 약리학 책을 챙겨 들고 그 도로를 따라 긴 산책에 나섰다. 산책이 끝나갈 무렵, 그는 나무 아래에 앉아 해외 봉사의 장단점을 적어 내려갔다. 목록은 점점 길어졌다. 그러나 단점은 거의 없었다. 오직 하나, 부모님이 뭐라고 하실까 하는 염려만 빼고.

그는 두 가지를 결심하면서 산책길에서 돌아왔다. 첫째, 해외 봉사를 준비하겠다는 것, 둘째, 부활절 휴가 때 집에 가서 부모님께 솔직히 말씀드리겠다는 것이었다.

"우린 네가 이럴 줄 알았다. 그게 언제일지 기다리고 있었다."

부활절 방학, 집에 온 그는 해외로 의료 봉사를 가겠다고 부모님께 말씀드렸다. 부모님의 반응은 분노를 넘어 얼음보다 더 차가웠다.

"저도 이 일을 결심한 지 3주밖에 되지 않았어요."

솔직한 대답에도 아버지는 냉정하고 단호했다. 아버지는 자기 뜻에 반대하는 것을 용납하는 사람이 아니었다.

"네가 하고 싶은 게 고작 그것이면 우린 너를 지원할 수 없다. 이번 학기까지만 학비를 줄 테니 이후부터는 스스로 해결해라."

이 말은 그가 의학을 더 이상 공부할 수 없음을 의미했다. 학생 보조금이나 학자금 대출이 없던 시절이었다.

다음날 그는 런던 시내를 헤매다 올 소울즈 교회(All Souls Church)로 가는 길로 들어섰다. 교회 문은 열려 있었다. 그는 홀로 기도하기 위해 발코니의 조용한 구석에 자리를 잡았다.

'주님, 이제 저는 무엇을 해야 하나요? 호주에 가서 양을 치면서 학비를 벌어야 할까요?'

그는 성경을 펼쳤다. 창세기 28장이었다. 자신을 죽이려는 형 에서를 피해 집에서 도망 나온 야곱은 하란으로 가는 광야 길에 있었다. 밤이 되어 딱딱한 돌베개를 베고 잠든 야곱에게 하나님께서 나타나 말씀하셨다.

"내가 너와 함께 있어 네가 어디로 가든지 너를 지키며 너를 이끌어 이 땅으로 돌아오게 할지라. 내가 네게 허락한 것을 다 이루기까지 너를 떠나지 아니하리라"(창 28:15).

야곱은 놀랐다. 욕망에 가득 찬, 보잘것없는 자신에게 하나님께서 나타나 약속을 주시다니. 그는 돌베개에 기름을 붓고 서원했다.

"하나님이 나와 함께 계셔서 내가 가는 이 길에서 나를 지키시고 먹을 떡과 입을 옷을 주시어 내가 평안히 아버지 집으로 돌아가게 하시오면 여호와께서 나의 하나님이 되실 것이요"(창 28:20-21).

예수를 믿고 선교 의사가 되려 한다는 이유로 집에서 쫓겨난 피터는, 하나님께서 야곱에게 주신 말씀과 그의 서원을 자신의 것으로 받아들였다. 하나님께서 허락하신 일을 이룰 때까지 함께해주신다면, 언젠가 자신도 평안히 아버지의 집으로 돌아가리라 믿었다. 세계적인 부자 도시 런던 한복판은 또 다른 광야의 캄캄한 밤이었다.

내 부모는 나를 버렸으나

새벽 네 시, 기차가 도착하기 전이라 런던 브리지 역은 한산했다. 크리스마스를 2주 앞둔 쌀쌀한 날씨에 피터는 몸을 움츠린 채 텅 빈 기차역에서 손님을 기다리고 있었다. 케임브리지에서 보내는 마지막 학기, 그는 돈이 필요했다. 자정부터 새벽 다섯 시까지 기차역에서 짐꾼으로 일하는 것은 체력적으로 할 만했다. 손님이 없을 땐 곧게 뻗은 철길을 바라보며 묵상했다. 그의 손에는 책 한 권이 들려 있었다. 존 폴락이 쓴 『케임브리지 7인(Cambridge Seven)』이었다.

그는 예수님께 절대 복종하는 문제로 씨름하고 있었다. 케임브리지 대학 첫 학기, 하나님을 믿은 후 그의 삶은 완전히 바뀌었다. 주님의 뜻에 따라 의사가 되어 가난한 나라로 가려 했지만, 부모님의 냉소와 반대에 부딪혔다. 주님만 믿고 온전히 순종해야 한다는 것을 알았지만, 현실적으로 학비를 마련할 방법이 없었다. 이 사실이 그를 의기소침하게 만들었다.

『케임브리지 7인』은 1885년, 복음을 위해 중국 선교사로 나선 일곱 명의 영국 청년들에 대한 이야기였다. 그들은 케임브리지에서 열린 미국인 부흥사 D. L. 무디의 집회에서 깊은 감동을 받고, 허드슨 테일러가 개척한 중국내지선교회(CIM: 현재 OMF)에 지원해 중국으로 떠났다. 찰스 토머스 스터드, 몬태규 해리 보샴, 스탠리 페리긴 스미스, 윌리엄 워튼 캐셀, 세실 폴힐 터너와 아서 폴힐 터너 형제, 딕슨 에드워드 호스트. 일곱 명 중 여섯 명이 케임브리지 출신이었으며, 그들의 부모는 백만장자, 남작, 외과 의사, 사업가 등 영국 사회의 최고 명문가였다. 그러나 그들은 가문과 명예, 탄탄대로의 미래를 버리고 주님의 길을 택했다.

피터는 플랫폼 한구석에서 책을 읽으며 생각했다.

'그들도 이 길을 확신하지 못했을 거야. 주위의 반대에 부딪히고 망설이고 회의에 빠지지 않았을까? 그중 한 명이라도 선교를 포기하지 않았을까?'

그들 역시 확신이 없어 고민했고, 어머니의 반대에 부딪혔으며, 상속자 명단에서 제외하겠다는 협박도 받았다. 그러나 결국 그들 중 누구도 선교사의 길을 포기하지 않았다.[4]

피터는 부끄러웠다. 그는 차디찬 역사 바닥에 무릎을 꿇고 눈물을 흘리며 기도했다.

"주여, 저를 복종의 자리로 인도하소서."

닥터 머레이 웹 펩플로와 그의 아내 오다가 베푸는 일요일 저녁 식탁은 풍성하고 따뜻했다. 어떤 말도, 어떤 부족함도 허용되고 감싸는 포근함이 있었다. 닥터 웹 펩플로는 남인도에서 선교사로 사역하다 돌아와 리밍턴에서 일반의로 일하고 있었다. 부부는 의대생들을 위한 기독교 주말 하우스 모임에서 부모 같은 역할을 해주었다. 피터는 부모님과 불화를 겪은 후, 웹 펩플로 부부의 초대를 받았다. 빅토리아 시대 풍의 엄격한 가정환경과 제한된 사랑 속에서 억눌려 살아온 피터는 부모님과의 갈등과 자신이 처한 상황을 그들 부부에게 솔직히 털어놓았다.

"우리가 가는 길이 주님의 뜻이라면, 반드시 인도하심이 있을걸세."

닥터 웹 펩플로의 위로에도 불구하고 피터는 막막한 심정이었다.

저녁 식사 도중, 갑작스럽게 전화벨이 울렸다. 닥터 웹 펩플로는 전화기를 들고 서재로 가 조용히 통화를 했다. 잠시 후, 식탁으로 돌아온 그는 상기된 표정으로 놀라운 소식을 전했다.

"피터, 주님께서 자네의 기도를 들으셨네."

1932년경이었다. 남인도에서 선교사로 사역하던 닥터 웹 펩플로는 휴가를 얻어 영국 동부 노퍽 주의 크로머 해변에서 전도 활동을 하고 있었다. 성서유니온 회원들은 창시자 조시아 스파이어스를 따라 휴가 때면 해변에서 전도를 했다. 그곳에서 그는 버밍엄에서 온 한 가족을 알게 되었다. 그 가족에게는 열한 살짜리 딸이 있었다. 다음 전도 지역인 북웨일스 해변으로 떠나기 전, 그는 왠지 모르게 버밍엄에서 온 그 가족을 다시 한번 만나야겠다는 마음이 강하게 들었다. 그 집의 초인종을 눌렀을 때, 아이 엄마가 안도의 한숨을 쉬며 그를 맞았다.

"선생님, 지금 제 딸이 너무 아파요. 남편은 버밍엄에 있고, 저는 이곳에 아는 사람이 하나도 없어요. 어떻게 해야 할지 모르겠어요."

닥터 웹 펩플로가 소녀를 진찰해보니 급성 맹장염이었다. 항생제

1980년, 패티슨 선교사의 영적 부모 닥터 웹 펩플로 부부

2. 한국은 당신이 꼭 필요합니다

가 없던 시절에는 치명적인 질환이었다. 그는 곧바로 소녀를 차에 태워 버밍엄의 병원으로 갔다. 소녀는 긴급수술을 받았고, 덕분에 목숨을 건졌다. 뒤늦게 병원으로 달려온 소녀의 아버지는 닥터 웹 펩플로에게 전후 사정을 들었다. 그는 그 자리에서 예수님을 영접했다.

피터가 닥터 웹 펩플로의 집에 초대되었던 날, 저녁 식사 도중에 걸려온 전화는 결혼하고 중년이 된 그 소녀의 것이었다. 그녀는 웹 펩플로 박사를 아버지라고 불렀다.

"아버지, 제가 얼마간의 돈을 맡기고 싶어요. 특별히 어려운 크리스천들을 위해 써주세요."

닥터 웹 펩플로 부부는 이것을 하나님의 선한 인도하심으로 받아들였다. 피터의 어려운 상황을 듣는 자리에서 걸려온 전화. 이 놀라운 타이밍을 무엇으로 설명할 수 있을까? 그 기금은 피터의 장학금이 되었다.

다음날 아침, 닥터 웹 펩플로 부부는 성서유니온에서 발행한 「데일리 라이트」로 경건의 시간(QT: Quiet Time)을 가졌다. 그날 읽은 말씀은 시편 27편이었다.

"내 부모는 나를 버렸으나 여호와는 나를 영접하시리이다"(시 27:10).

더 이상의 확증은 필요치 않았다. 부부는 학교로 돌아가는 피터에게 말했다.

"갈 곳이 없으면 언제라도 우리 집으로 오게. 이 집은 자네 집이고, 우리는 언제나 자네를 환영하네."

피터는 그 짧은 시간에 휘몰아친 사건들과 그것을 치밀한 방법으로 해결하시는 하나님에 대해 다시 한번 생각했다. 닥터 웹 펨플로가 한 소녀의 생명을 살린 것은 자신이 태어나기 5년 전의 일이었다. 30여 년의 세월이 흐른 뒤, 그 일이 곤경에 처한 그를 구해주었다. 그는 이렇게 기도할 수밖에 없었다.

"주님, 당신은 제가 태어나기 전부터 모든 것을 계획하셨습니다. 당신의 보살핌이 이토록 완벽하다면, 앞으로 어떤 일이 일어나든 당신을 신뢰하겠습니다."

또 한 가지 다행스런 소식이 기다리고 있었다. 더 이상 학비를 지원하지 않겠다던 피터의 아버지에게, 그가 9월부터 다닐 세인트 조지 병원 의대 학장이 직접 항의한 것이다. 결국 아버지는 마지못해 한 달에 27파운드의 용돈을 주는 데 동의했다. 간신히 살아갈 최소한의 금액이었다. 피터는 아주 적은 돈으로 앞으로 3년간 생존하는 법을 배워야 했다.

한국은 당신이 꼭 필요합니다

1960년 여름이었다. 케임브리지에서 기초 학문을 마친 그는 가을부터 세인트 조지 의과대학에서 본격적인 의학 수업을 받을 예정이었다. 당시에는 케임브리지 대학에서 3년을 수학한 후, 런던에 있는 의과대학에서 3년간 실습하며 공부를 해야 했다. (세인트 조지 의과대학은 1733년에 설립되었고 1751년부터 의대생 훈련을 위한 공식기관이 되었다.) 그 사이에 긴 휴가가 있었다. 그는 케임브리지에서 친하게 지내던 친구의 초대를 받아 스위스 알프스에 있는 라브리로 향했다. 라브리는 프랜시스 쉐퍼 박사와 그의 아내 에디스의 집이었다. 이 미국인 부부는 세계대전 후 정신적으로 피폐해진 젊은이들을 위해 1955년부터 스위스 산골에서 자신의 집을 개방해 공동체 사역을 시작했다. "정직한 질문에 대한 정직한 대답"을 모토로 성경의 절대 진리를 탐구하는 이곳은,[5] 유럽 전역의 지식인과 청년들에게 깊은 영향을 주고 있었다.

피터가 라브리에 도착했을 때 쉐퍼 부부는 자리를 비운 상태였다. 대신 그는 한국에서 온 김진경이라는 청년을 만났다. 라브리에 초대된 최초의 아시아인이자 한국인이었다. 키가 자그마하고 잘 웃으며 열정적인 그는 한국전쟁에서 살아남은 소년병이자 참전용사였다.

김진경이 전쟁에 자원 입대한 것은 중학교 3학년, 겨우 열다섯 살 때였다. 기초 훈련만 마치고 전쟁터에 투입된 학도병들은 허무하게 죽어갔다. 포탄이 터지고 총탄이 빗발치는 지옥 같은 전쟁터에서 살아남은 학도병은 단 17명뿐이었다.

"나는 아직 할 말이 남았다는 듯 입 벌리고, 보고 싶은 사람이 있다는 듯 눈 뜨고 죽은 전우들 사이에 누워 있었습니다. 그때 성경 구절이 적힌 쪽지를 붙들고 하나님을 영접했습니다."

김진경은 "불에서 꺼낸 그슬린 나무"[6]였다. 하나님의 어떤 목적

속에서 극적으로 구출된 사람이었다.

"끔찍한 전쟁을 겪으며, 우리에게 총탄을 퍼부었던 공산주의자들에게 보복 대신 복음을 전하겠다고 서원했습니다."

그는 신학을 공부하기 위해 클리프턴 신학교로 가기 전, 8개월 동안 라브리에 머무르고 있었다. 피터는 그에게 깊은 인상을 받았다. 중학생 시절 한국전쟁에 관심이 많아 지도에 군대 이동 경로를 그렸던 그가, 10년 후 스위스에서 실제로 그 전쟁을 겪은 한국인 청년을 만난 것이다. 하지만 김진경이 가진 꿈은 다소 황당해 보였다. 1960년 당시 중국과 북한은 모두 엄혹한 공산당 체제였다. 기독교가 금지되었고, 선교사들은 쫓겨나거나 목숨을 잃었다. 서방국가와의 교류도 없었다. 한국에서도 전쟁을 일으킨 공산당에 대한 적개심이 강해 북한이나 중국을 선교지로 삼겠다는 것은 말조차 꺼내기 어려운 시절이었다. 이 청년은 기개는 높으나 헛된 꿈을 꾸는 것 같았다.

김진경은 피터가 의학을 공부하고 있으며, 장차 가난한 나라에서 봉사하라는 부르심을 받았다는 사실을 알고 진지하게 말했다.

"한국으로 가세요. 영국이나 부유한 나라에선 당신이 필요치 않아요. 한국은 전쟁으로 수십만 명이 목숨을 잃었고, 고아만 10만 명이 넘습니다. 병원도 부족하고, 의사도 턱없이 부족합니다. 전국 곳곳에 가난한 결핵 환자들이 넘쳐납니다."

피터는 한 번도 한국을 선교지로 생각해본 적이 없었다.

"나는 이제 겨우 의학 공부를 시작한 학생입니다. 의사가 되어 제대로 일하려면 앞으로 5년은 걸릴 텐데요."

김진경은 확신에 차서 말했다.

"그동안 기도하면 됩니다. 당장 내 친구들에게 편지를 보내 기도를 부탁하겠습니다. 하나님께서 당신을 한국으로 보내주시기를 세게 기도하라고요."

그들은 좋은 친구가 되었다. 라브리에서의 시간은 피터에게 기독교 신앙이 '지적 자살'이 아니라는 사실을 확신시켜주었다. 또한 한 번도 고려해보지 않았던 한국이 장차 의료 선교지가 될 수도 있다는 가능성을 열어주었다. 얼마 후 김진경은 2년 동안 신학을 공부하기 위해 브리스톨에 있는 클리프턴 신학교로 떠났고, 피터는 의학 공부를 위해 런던으로 향했다.

세인트 조지 병원에서 의학을 공부하는 동안, 피터는 런던 곳곳을 옮겨 다니며 생활했다. 하지만 단 한 번도 부모님이 살고 있는 집을 찾지 않았다. 부모님도 그를 보기 원하지 않았다. 그는 리밍톤에 있는 웹 펩플로 부부의 집 '우들리'를 늘 자신의 집처럼 여겼다. 부모님의 거절로 깊은 상처를 안고 있던 그를 부부는 언제나 따뜻하게 맞아주었다. 그들의 사랑은 자격 없는 젊은이 피터를 향한 하나님의 무조건적인 사랑과도 같았다.

웹 펩플로 박사 부부와 함께 지내면서, 피터는 또 하나 알게 된 사실이 있었다. 기독교 신앙을 갖는 것이 비정상적이거나 광기에 가까운 일이라고 여긴 부모님의 편견이 틀렸다는 것이었다. '철저한 기독교 신자'이면서도 사회적으로 '아주 정상적'이고 '고귀한' 삶을 살

1991년 8월, 친구 김진경 총장과 함께

아갈 수 있음을 웹 펩플로 박사 부부는 몸소 보여주었다. 라브리에서 프랜시스 쉐퍼가 기독교의 지적 기초를 가르쳐주었다면, 웹 펩플로 박사는 기독교 신자의 고결한 삶을 보여주었다. 이 두 가지는 피터의 삶을 떠받치는 근간이 되었다.

라브리에서 김진경을 만난 후 시간이 흘렀다. 김진경은 클리프턴 신학교에 입학한 뒤, 학교 식당에서 설거지하는 등 아르바이트를 하며 석사 과정을 밟았다. 영국국교회 목사를 양성하는 이 학교에서 그는 최초의 동양인 학생이었다. 낙천적이고 활달한 그는 많은 친구를 사귀었다. 그중에는 그레이엄 윈저(후에 연변과기대 교수), 존 월리스(OMF 전 대표, 한국 선교사), 조지 스토리(영국국교회 목사) 등이 있었다. 아일랜드에서 온 나이 많은 신학생 조지는 이미 결혼해 아내와 십

대 딸 캐서린이 있었다.⁷ 그는 김진경과 피터를 자신이 사는 북아일랜드의 작은 바닷가 마을 뱅거로 초대했다. 가난한 피터와 진경은 가장 저렴한 심야 비행기를 타고 벨파스트 공항에 내렸다. 한밤중 작은 들판처럼 보이는 공항에 조지가 마중 나와 있었다. 한국인, 아일랜드인, 영국인, 이 세 젊은이는 훗날 서로에게 어떤 영향을 미치게 될지 모른 채 함께 찬송하고 여행하며 우정을 쌓아갔다.

김진경은 2년간의 석사 과정을 마친 후, 신학교 친구들이 모아준 여비로 한국으로 돌아갔다. 조지 스토리와 북아일랜드 출신 친구들은 김진경과 그의 사역을 위해 '한국 기도회'를 조직했다.⁸

웹 펩플로 박사의 집에 머물던 피터는 어느 일요일 저녁, 기도하던 중 하나님께서 자신을 한국으로 보내 그곳에서 헌신하라는 거부할 수 없는 소명을 주시는 것을 느꼈다.

피터와 김진경, 두 청년을 만나게 하신 하나님의 계획은 날실과 씨실처럼 정교하게 엮여 당장은 보이지 않지만, 오랜 시간을 두고 나타날 놀랍고 아름다운 그림을 천천히 완성해나갔다.

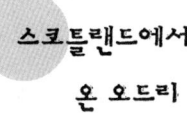

스코틀랜드에서 온 오드리

세인트 조지 병원에서 공부한 지 얼마 지나지 않았을 때였다. 피터는 정형외과 병동에서 일하는 한 젊은 간호과 학생에게 관심이 갔다. 그녀는 자신이 하는 일에 진심과 열정이 있었다. 그녀의 이름은 오드리 다우, 스코틀랜드 글래스고 출신이었다. 무엇보다 마음이 끌린 것은 그녀가 깊이 헌신된 크리스천임을 알고 나서였다.

세인트 조지 병원은 런던 하이드 파크 코너에 있어 병원 옥상에서 버킹엄 궁전 여왕의 뒷마당을 볼 수 있었다. 그곳에서 얼마 떨어져 있지 않은 투팅에도 병원 분원이 있었는데, 일요일 저녁이면 의대생과 간호사들이 주관하여 병동에서 예배를 드렸다. 노인들은 늘 찬송가 〈때 저물어 날 이미 어두니〉를 불러달라고 했다. 이 찬송은 1927년부터 잉글랜드 축구협회가 주관하는 FA컵 결승전 식전 행사 때마다 불려 노인들이 다 외우고 있었다. 오드리는 항상 그 자리에 있었다.

매해 런던에서는 의대생들이 타워브리지에서 90킬로미터 떨어진 브라이튼까지 걷기 혹은 달리기 행사가 있었다. 얼마나 많은 수의 학생들이 24시간 안에 브라이튼까지 도착하는가를 두고 의과대학들 사이에 경쟁이 붙었다. 피터는 꽤 빠른 12시간 만에 도착했지만, 다리에 무리가 왔다. 런던으로 돌아오는 기차 안에서 다리가 굳어 휠체어를 타고 내려야 했다. 그가 집까지 올 수 있도록 도와준 이들 가운데 오드리가 있었다.

피터와 오드리는 런던 온슬로우에 있는 세인트 폴 교회를 함께 다녔다. 병원 안에서 피터는 의대생 기독교 연합의 간사였고, 오드리는 간호사 모임의 간사여서 둘은 함께 많은 일을 했다.

피터는 오드리를 좋아하면서도 쉽게 고백하지 못했다.

그는 여전히 궁핍했다. 병원에서 회진이 끝나면 커피와 샌드위치를 내주었는데, 종종 샌드위치가 남으면 그것을 집으로 가져가 부족한 식량을 보충했다. 월요일에는 그냥 샌드위치, 화요일에는 마른 샌드위치, 수요일에는 기름에 튀긴 샌드위치를 먹어가며 학업을 이어갔다.

세인트 조지 병원에서 보내는 마지막 해가 되었다. 피터는 오드리에게 깊이 끌렸지만, "결혼해주세요"는커녕 "사랑해요"라는 말조차 하지 못했다. 김진경을 만나러 클리프턴을 방문했을 때 친구가 된 조지 스토리 목사는, 인생의 선배로서 두 사람 사이의 감정을 알아챘다.

"피터, 뭘 망설여. 당장 그녀에게 사랑한다고 편지를 써."

조지 스토리 목사는 아일랜드 특유의 직설적인 방식으로 밀어붙였다. 그는 조지의 조언에 따랐다. 오드리에게 "사랑합니다"라고 쓴 편지를 부쳤고, 곧 자신이 저지른 일에 두려움을 느껴 도망치고 싶었다.

오드리는 피터의 마음을 이미 알고 있었고, 그녀 역시 피터를 사랑했다. 하지만 그가 선교사로 나간다는 사실에 대해선 생각할 시간이 필요했다. 오드리는 자신이 이 현실을 받아들일 준비가 되기 전까지는 먼저 편지하지 말라고 피터에게 약속하게 했다. 피터에게 그 기다림은 너무도 고통스러웠다.

피터는 세인트 조지 병원 소아과에서 6개월의 인턴십을 마치고 개발도상국의 상황을 경험하기 위해 1년 동안 영국 정부 소속 의사로 짐바브웨(당시에는 로디지아) 블라와요에 있는 음필로 병원에서 근무하기로 했다. 그는 아프리카로 떠났다.

아프리카에 간 지 6개월이 지났다. 드디어 오드리의 편지가 도착했다. 피터는 즉시 오드리에게 청혼의 전보를 보냈다.

"영국으로 돌아가면 결혼합시다."

그렇게 우편으로 이루어진 약혼이었다.

오드리는 평생 충성스러운 스코틀랜드인이었다. 소녀 시절, 그녀와 친구는 손가락을 찔러 피를 내면서 맹세했다.

"우린 결코 영국인과 결혼하지 않겠어."

스코틀랜드 사람들은 대개 영국인을 싫어했다.

그녀는 학교를 졸업하고 런던에 있는 왕립 음악연극아카데미에 진학했다. 런던에 있는 동안 한 크리스천 친구가 그녀를 올 소울즈 교회에 데려갔다. 그 교회는 피터가 부모님으로부터 모든 지원을 거절당하고 홀로 성경을 읽으며 기도하던 곳이었다. 오드리가 친구와 함께 교회에 간 날의 설교자는 존 스토트 목사였다. 그녀는 그날 말씀을 들으며 자신의 삶을 예수 그리스도께 바쳤다.

하나님은 오드리에게 간호학을 공부하라는 마음을 주셨지만, 연극에 대한 사랑을 내려놓기는 쉽지 않았다. 그녀는 글래스고로 돌아가 남자고등학교에서 드라마를 가르쳤다. 그러나 몇 년 후, 하나님의 계속된 인도하심에 결국 마음을 바꿔 런던으로 돌아와 세인트 조지 병원에서 간호사 훈련을 받기 시작했다. 오드리는 이 병원의 고문 의사인 닥터 제임스 다우의 조카였다. 1960년, 피터가 첫 학기에 오드리를 보고 끌린 순간부터 약혼까지, 두 사람 사이에는 오묘한 하나님의 인도하심이 있었다.

피터는 아프리카 짐바브웨 음필로 병원 정형외과에서 13개월 동안 나머지 인턴십과 주니어 의사 교육을 마쳤다. 그는 이곳에서 많은 것을 배웠다. 피부색이 다르지만 훌륭한 크리스천들을 만났고, 낯선 문화와 열악한 병원 환경 속에서도 환자를 성공적으로 치료할 수 있음을 깨달았다. 피터는 이곳에서의 경험이 한국으로 가는 데 필요한 일종의 훈련이라 여겼다. 이것은 하나님께서 그의 미래 의료 사역을 위해 예비하신 치밀한 계획 중 하나였다.

이토록 아름답고 슬픈 결혼식

웨딩드레스를 입은 오드리는 아름다웠다. 수수하면서 단아했다. 아프리카에서 돌아오고 3개월 후, 피터와 오드리는 스코틀랜드 글래스고의 성 마거릿 교회에서 결혼식을 올렸다. 1965년 9월 8일이었다.

결혼식은 순탄치 않았다. 오드리의 부모님은 크리스마스나 추수감사절에만 교회에 가는, 신앙이 깊지 않은 분들이었다. 오드리의 아버지는 가족을 부양할 확실한 수단도 없이 사랑하는 딸을 지구 반대편 한국으로 데려가려는 젊은 남자가 미덥지 않았다. 그는 스카치 위스

▲ 1958년경, 스코틀랜드 CSSM(성서유니온 전신) 해변 선교. 앞줄 맨오른쪽이 오드리
▼ 1965년 9월 8일, 피터와 오드리의 결혼식

2. 한국은 당신이 꼭 필요합니다

키 사업을 하고 있었다. 오드리의 어머니도 이 결혼을 매우 불안해했다. 성 마거릿 교회 목사의 중재가 없었다면 결혼식은 무기한 연기될 뻔했다.

피터의 부모님은 처음에 결혼식 참석조차 거부했다. 그러나 나중에 마음을 바꿔 결혼 예배에만 참석하기로 했다.

"행운을 빈다, 피터."

결혼식장으로 향하는 피터에게 어머니는 냉담한 한마디만을 남겼다. 이것이 피터가 살아 있는 어머니를 본 마지막 모습이었고, 마지막으로 들은 목소리였다. 피터의 부모님은 예배가 끝나자마자 피로연에도 참석하지 않고 자리를 떠났다. 피터의 형 팻과 그의 아내 리즈가 부모 역할을 대신했다. 결혼식에 참석한 피터의 한 친구는 이렇게 말했다.

"전쟁터가 따로 없군."

그럼에도 피터와 오드리는 살벌한 전쟁터에서 살아남았다. 두 사람은 결혼반지 안쪽에 "하나님께 믿음을 두라"라는 문구를 새겨넣었다. 그들은 오직 사랑과 믿음으로 의심과 불안, 차가운 경멸의 전쟁터에서 벗어나 하나님께서 인도하시는 땅으로 한 걸음씩 나아갔다.

피터와 오드리는 스코틀랜드 북서쪽 루이스 섬에서 2주간의 신혼여행을 보낸 후, 글래스고에 있는 성경훈련원에서 1년간 훈련을 받았다. 이곳은 1892년 설립된 영국 최초의 성경대학 중 하나로, 세계 선교를 위한 사역자 양성에 큰 영향을 미친 곳이었다.[9] 부부는 글래스고 외곽의 방갈로에 거주했다. 피터는 낮에 공부하고, 밤이면 생활비를 벌기 위해 글래스고 지역의 의사들을 대신해 야간 근무를 섰다. 매일 아침 피곤한 모습으로 학교에 나타나는 그가 눈에 띄지 않을 리 없었다. 어느 날 성경훈련원 교장이 그를 불렀다.

"피터, 오늘부터 야간 근무는 그만두세요."

그것은 어떤 반론도 허용치 않는 단호한 명령이었다. 피터는 순종했다. 오드리와 피터는 초록색 소형밴을 몰고 땔감을 찾기 위해 건물 철거 현장을 뒤지는 등 궁핍한 생활을 했다. 그럼에도 그들은 이곳에서도 살아남았다. 이 시간은 그들에게 또다른 선교훈련 기간이 되었다. 피터는 1년 동안 스코틀랜드에서 생활하며 오드리의 가족과 좋은 관계를 맺을 수 있었다.

피터는 한국행을 확정했지만, 어떤 자격으로 어떻게 갈 수 있을지는 전혀 알지 못했다. 성경훈련원에서 1년 과정을 마친 후, 부부는 7주간의 언어훈련을 위해 레드 힐 근처 언어훈련원에 입소했다. 그곳은 오래된 군대 막사 건물을 사용하고 있었다. 때는 1966년이었다.

그들이 언어훈련원에 있는 동안, 피터의 정신적 아버지 닥터 웹펩플로는 옥스퍼드에서 열린 ICMDA(International Christian Medical and Dental Association, 세계기독의사 및 치과의사회) 주최 회의에 참석하고 있었다. 의장인 선임 정형외과 의사 허버트 세든 경은 회의에서 이렇게 말했다.

"나는 의학연구위원회(MRC: Medical Research Council) 위원장입니

다. 현재 척추결핵 치료에 관한 임상 연구 프로그램을 진행하고 있습니다. 이 연구의 일부는 한국에서 이루어지고 있습니다."

'한국'이라는 단어에 닥터 웹 펩플로의 귀가 번쩍 뜨였다. 그는 피터가 한국으로 갈 길을 찾고 있다는 것을 알고 있었다. 세든 경은 계속해서 말했다.

"그런데 그곳에서 일하던 영국인 의사가 한국을 떠나게 되었습니다. 우리는 그 자리를 대신할 의사를 찾고 있습니다."

닥터 웹 펩플로는 곧바로 허버트 세든 경을 만나 이야기를 나누었고, 피터는 세든 경과 면접을 보게 되었다. 그가 한국에서 맡게 될 직책은 MRC가 진행하는 척추결핵 연구 프로그램 담당 의사였다. 이 프로그램은 아동구호기금(SCF)의 기금으로 운영되고 있었다. MRC는 1913년 영국 의학연구위원회 및 자문위원회로 설립되어 질병 예방, 치료법 개발, 인간 건강 증진을 위한 최첨단 과학 연구에 기금을 지원했다.[10]

피터는 이 일에 누구보다 적합한 사람이었다. 결혼 전 그는 아프리카 짐바브웨의 음필로 병원에서 정형외과 의사로 일했는데, 그곳은 바로 MRC 척추결핵 연구 프로그램이 진행되던 병원이었다. 그는 이미 이 연구에 참여한 경험이 있었다. MRC의 이 프로그램은 전 세계 단 네 곳에서만 시행되고 있었다. 그 장소는 한국의 부산과 마산, 홍콩, 그리고 짐바브웨 블라와요였다. 이 직책은 피터와 오드리 모두 전혀 예상하지 못한 기회였지만, 여러 상황이 절묘하게 맞물려 돌아가는 것을 보며 그들은 이 길이 하나님께서 자신들을 위해 예비하신 길임을 믿을 수밖에 없었다.

한국으로 가는 여정은 쉽지 않았다. 당시 영국에서 한국으로 직접 연결되는 교통수단은 없었다. 피터와 오드리는 기차와 페리로 네덜란드 로테르담까지 이동해, 배를 타고 홍콩에 도착한 다음 비행기로 서울까지 가야 했다. 오드리의 아버지는 글래스고에서 리버풀 스트리트 역까지 두 사람을 배웅했다. 그들은 이곳에서 기차를 타고 하위치로 간 다음, 로테르담행 페리에 승선해야 했다. 오드리의 아버지는 감정을 잘 드러내지 않는 강인한 사람이었으나 떠나는 기차를 향해 손을 흔들 때 눈에 눈물이 맺혔다.

그들은 로테르담에서 독일 화물선 MV 홀사티아호를 탔다. 승객은 그들을 포함해 총 일곱 명뿐이었다. 1966년 11월, 이제 닥터 패티슨 부부가 된 피터와 오드리, 아니 세 사람은 하나님께서 "가라"고 지시하신 동양의 작은 나라 한국을 향해 출발했다. 당시 오드리는 임신 3개월에 접어들고 있었다.

닥터 피터 패티슨은 아내와 함께 기도했다.

"주여, 당신의 일을 마친 후 우리를 평안히 아버지의 집으로 돌아오게 하옵소서."

3

가난하고 병든 사람이
환대받는 병원

"내는 당신을 질투합니더."

당돌한 청년 조 씨의 말에 피터 패티슨 선교사의 푸른 눈이 잠시 커졌다. 무슨 뜻인지 의아해하는 눈빛이었다. 매일 아침 병원 업무가 시작되기 전 함께하는 직원 성경공부 자리였다.

"당신은 잘사는 나라에, 부자 아버지 밑에 태어나 세계에서 젤 좋은 의과대학 다니며 실컷 공부하는 복을 받았잖소."

스물일곱 살 조 씨는 패티슨이 소아결핵병동에서 처음 시작한 직원 성경공부팀 네 명 중 유일한 크리스천이었다. 그는 총무 일을 보고 있었다.

"내는 뭡니꺼? 가난한 부모 밑에서 배곯고 공부도 끝까지 몬하고……. 솔직히 당신이 부럽고 질투 납니더. 하나님은 불공평합니더."

마산에서 제일 좋은 고등학교에 들어갈 만큼 공부를 잘했지만, 가난 때문에 중퇴할 수밖에 없었던 그의 말에는 원망과 설움이 가득했다. 학교를 그만두기 전 3년 동안 그는 새벽마다 교회에 나와 예배를 알리는 종을 쳤다. 앞날이 보이지 않는 그가 하나님께 간절하게 매달리듯 종을 치며 수없이 물었던 질문이었다. 청년은 생각에 잠긴 서양 선교사의 대답을 기다렸다. 예수를 전하겠다고 그 좋은 나라와 부모를 떠나 마산 산골 짜기의 어린 척추결핵 환자들을 돌보는 이 푸른 눈의 선교사는 무어라 답할 것인가?

청년 조 씨가 닥터 패티슨을 만난 것은 1967년 봄, 그가 다니던 교회에서였다. 서울에서 언어연수를 받고 마산으로 내려온 패티슨은 병원 관사 아래에 있는 가포교회 주일예배에 참석했다. 청년 조 씨는 레이더 기지에서 군복무하며 미군들에게 영어를 배워 패티슨과 의사소통을 할 수 있었다. 패티슨은 그에게 한국어 선생이 되어달라고 정중하게 부탁했다.
"좋습니더. 대신 저한테 영어를 갈차주이소."
그는 바다와 산뿐인 이 가난한 마을을 떠나 외국으로 가고 싶어 했다.
패티슨은 한국의 예의범절과 문화를 존중했다. 한국식 방바닥에 앉는 양반다리도 잘했고 젓가락질도 능숙했다. 그는 영국에 있을 때부터 한국을 염두에 두고 이런 훈련을 했다. 또 서양인들만 모이는 교회 대신 작은 마을의 가포교회에서 한국인들과 함께 예배를 드렸다. 청년은 젊은 외국인 의사가 마음에 들었다. 이전에 왔던 의사들과는 다른 점이 많았다.
패티슨은 조 씨에게 소아결핵병동의 총무 일을 맡겼다. 아직 한국말로는 환자들과 대화하기가 어려워 통역이 필요했고, 거칠지만 정직하고 신앙이 있는 이 청년이 제대 후 일자리를 찾고 있는 걸 알았기 때문이다.
패티슨은 언어 습득 능력이 뛰어나, 곧 농담도 한국어로 할 만큼 실력이 늘었다. 젊은 선생을 따라 경상도 사투리까지 했다.
"한식을 무야 한국어를 더 잘하겠지예?"

패티슨은 청년의 질문에 진지하게 답하기 위해 성경을 펼쳤다. 그는 늘 성경에서 해답을 찾았다. 요한복음 21장 21-22절이었다.

"이에 베드로가 그를 보고 예수께 여짜오되 '주님, 이 사람은 어떻게 되겠사옵나이까.' 주께서 이르시되 '내가 올 때까지 그를 머물게 하고자 할지라도 네게 무슨 상관이냐. 너는 나를 따르라' 하시더라."

부활하신 예수님을 만나 사명을 받은 베드로가 같은 제자인 요한의 미래에 대해 여쭈었을 때, 그분이 하신 말씀이었다. 패티슨은 조 씨를 바라보며 말했다.

"내가 어디서 어떻게 자랐는지, 당신이 어디서 어떻게 자랐는지는 우리가 상관할 바가 아닙니다. 중요한 건 지금 우리가 함께 예수님을 믿고, 주님의 일을 하는 형제가 된 것입니다."

그의 말에 청년 조 씨는 수긍했다. 가난하고 배우지 못한 것이 자기 탓이 아니듯, 부잣집에 태어난 것 역시 패티슨의 책임이 아니었다. 중요한 건 예수님의 뜻에 따라 이곳에 온 선교사를 만나, 이제 자신도 하나님의 일을 함께하고 있다는 사실이었다.

매일 아침 함께 성경을 읽고 예수님을 알아가면서 조 씨의 신앙도 자리를 잡아갔다. 처음엔 전혀 가능성 없어 보였던 성경공부팀 네 명도, 마태복음을 마칠 즈음엔 조금씩 변화의 조짐을 드러내고 있었다. 청년 조 씨는 간호조무사로 일하던 미스 안과 결혼했다. 닥터 패티슨은 처음으로 한국 결혼식이라는 공식 자리에서 또렷한 한국어로 축사를 했다. 조 씨는 나중에 패티슨이 예수님을 믿고 선교사로 오면서 치렀던 고통스런 대가, 부모님과의 절연 사실을 알게 되었다. 그는 두 살 많은 닥터 패티슨을 평생의 멘토로 삼기로 했다.

사명의 땅으로

1966년 12월 17일, 홍콩을 떠난 캐세이퍼시픽 비행기가 착륙하기 위해 서울 김포공항 위를 선회했다. 닥터 패티슨 부부는 창문으로 한국의 첫 풍경을 내려다보았다. 갈색의 텅 빈 들판과 초가집들, 넓은 강과 사방을 둘러싼 산들이 눈에 들어왔다. 열차와 페리, 화물선, 그리고 비행기까지 한 달여에 걸친 긴 여정을 마치는 순간이었다. 비행기에서 내리기 전 피터는 오드리에게 말했다.

"한국에는 여자와 남자가 공공장소에서 손을 잡는 문화가 없을 수 있으니 우리도 그렇게 하지 않기로 합시다."

오드리는 눈물을 글썽였지만, 곧 동의했다. 두 사람은 손을 잡지 않고 공항을 걸어 나왔다.

공항에는 스위스 라브리에서 만나 한국행을 권유했던 김진경과 그의 친구이자 나중에 한국성서유니온을 함께하게 될 윤종하, 그리고 윤종하의 아버지인 윤봉기 서울중앙교회 목사와 여동생 등이 마중 나왔다. 김진경은 클리프턴 신학교를 마치고 돌아와 고려신학교 교장으로 재직 중이었다. 그는 학생들을 가르치는 한편 부랑 소녀와 고아, 그리고 완치된 한센병 환자들의 재활을 돕고 있었다.

그들은 환영의 꽃다발을 남자인 피터 패티슨에게 건넸다. 피터와 오드리는 당황했다. 영국에서는 당연히 여성들만 꽃을 받기 때문이었다. 그들이 경험한 첫 번째 가벼운 문화충격이었다.

1966년 12월 17일 김포공항 첫 도착

3. 가난하고 병든 사람이 환대받는 병원

패티슨 부부는 서울 남산 중턱에 있는 김진경의 처가댁에 머물렀다. 그 집에서는 집주인 가족, 김진경네 가족, 그리고 패티슨 부부까지 총 16명이 함께 생활했다. 한국에서는 일가친척은 물론 고향에서 온 손님이나 심지어 외국인 친구들까지 재우고 먹이는 것을 당연히 여겼다. 한국 문화의 특징인 끈끈한 정이었다.

다음날은 주일이었다. 이른 새벽을 깨우는 찬송가 차임벨 소리에 패티슨은 잠에서 깼다. 그 소리는 여러 교회에서 경쟁적으로 들려왔다. 창문을 열고 밖을 내다보니 어둠 속에 수많은 교회 첨탑과 붉은 십자가가 가득했다. 각 교회에서 울려 퍼지는 서로 다른 찬송가 소리에서 부흥하고 있는 한국 기독교의 열정과 분열을 동시에 느낄 수 있었다.

오전 11시, 윤봉기 목사가 시무하는 교회에서 예배를 드렸다. 작은 한옥의 벽을 허물고 일본식 다다미를 깐 예배당이었다. 한국어 설교는 전혀 알아들을 수 없었지만, 따뜻한 찬양과 기도, 그리고 그들을 위해 마련된 점심 식사가 인상적이었다.[1]

마산으로 내려가기 전, 두 달 동안 그들은 한국어학당을 다니며 한국어를 배웠다. 언어 습득은 중요했다. 그들은 선교사 자격으로 한국에 온 것은 아니었지만, 패티슨은 MRC와 맺은 2년의 계약 기간 동안 환자들과 한국어로 직접 소통하며 예수님을 전하고 싶었다.

서울의 겨울은 매서웠다. 영국에서는 한 번도 경험하지 못한, 귀가 떨어져 나갈 것 같은 추위였다. 추위보다 더 어려운 것은 한국어 발음이었다. 가장 힘들었던 발음은 '치약'과 '쥐약'이었다. 이는 잘못

발음하면 죽고 사는 문제까지 일으킬 수 있었다.

그들이 서울에 머무는 동안 만난 젊은이들은 불안해 보였다. 크리스천 청년들도 마찬가지였다. 아직 가시지 않은 전쟁의 상처와 어려운 경제, 혼란한 정치 상황 때문인지 그들은 미국이나 다른 나라로 떠나고 싶어 했다. 닥터 패티슨은 영국의 친구들에게 보낸 편지에 이렇게 썼다.

"젊은이들이 해외로 나가고 싶어 하는 것 자체는 자연스럽고 건전한 현상입니다. 하지만 크리스천 청년들에게 이민이 하나님께서 그들을 위해 계획하신 최선인지에 대해선 의문이 듭니다. 이곳에서 그들이 하나님을 위해 할 일이 너무나 많기 때문입니다."[2]

그는 훈련된 한국 간호사 3,500명이 독일로 떠나는 것을 보면서 장차 한국 병원에서 벌어질 간호사 부족 문제를 걱정하기도 했다. '청년들이 떠나려는 나라'에 '하나님의 명령을 따라온' 영국 젊은 의사에게는 이곳이 사명의 땅이었다. 하나님은 그를 위해 차례차례 많은 일을 준비하고 계셨다.

"몇 살입니꺼?"
"스물아홉 살입니다."
"미국 사람인갑네."
"아니요. 영국 사람입니다."
"아는 몇인교?"
"아직 없어요."

"곧 나오게 생겼다. 이왕이면 아들 나라."

삼랑진에서 마산으로 가는 기차 안은 시장을 방불케 했다. 살아 있는 암탉부터 사과 바구니, 생선이 든 양동이까지 올망졸망한 보퉁이를 든 승객들로 가득했다. 할머니들은 열차 안 긴 좌석의 자리를 좁혀 배가 불러오는 오드리를 앉혀주었다.

한국 사람들이 그들을 만날 때마다 하는 질문은 순서만 다를 뿐 거의 동일했다. 패티슨은 서울에서부터 싣고 온 11개의 커다란 짐 위에 앉아 두어 달 동안 배운 초보 한국어를 총동원해 할머니들과 대화를 이어갔다.

1967년 3월 8일, 패티슨 부부는 두 달간의 언어훈련을 잠시 멈추고, 서울을 떠나 병원이 있는 마산으로 향했다. 국립마산결핵요양소 소아결핵병동의 책임자로 부임하기 위해서였다. 패티슨 부부는 서울역에서 11개의 짐을 실을 때부터 기도했다.

"부디 이 짐들을 가지고 열차를 갈아탈 때 우릴 도울 사람들을 만나게 해주옵소서."

그들은 경부선을 타고 가다 삼랑진에서 마산으로 가는 열차를 갈아타야 했다. 정차 시간은 고작 2분 정도였다. 그들이 쩔쩔매고 있을 때, 주위에 있던 청년 세 명이 달려와 짐을 열차 안으로 밀어 넣어주었다. 청년들은 아무 대가도 요구하지 않고 사라졌다.

패티슨은 마산까지 가는 두 시간 내내 그동안 배운 한국어로 할머니들에게 전도를 시도했다.

"예수 믿으십니까?"

"예수가 머꼬?"

"아, 그 서양 구신 아이가? 한국 사람이 우리 조상님 믿지 만다꼬 서양 구신을 믿을깁니꺼."

억센 경상도 사투리를 쓰는 할머니들과 더 대화를 나누며 전도하기엔 아직 그의 한국어 실력이 턱없이 부족했다. 말은 통하지 않아도, 푸른 눈의 이방인을 대하는 시골 사람들의 친근한 환대에 부부는 한결 마음이 놓였다. 마산은 서울보다 훨씬 따뜻했다. 가포의 산등성이 양지바른 곳에는 분홍빛 꽃들이 피어 있었다.

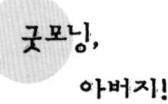
굿모닝, 아버지!

"얘들아, 잘 잤니? 좋은 아침!"

"굿모닝, 원장님."

"안녕히 주무셨어요."

국립마산결핵요양소(국립마산병원의 당시 명칭) 부설 소아결핵병동의 아침은 일찍 시작되었다. 회진할 때마다 닥터 패티슨은 입원한 아이들에게 밝게 인사했다. 아이들에게도 회진하는 의사와 물리치료사, 간호사에게 큰소리로 인사하는 법을 가르쳤다. 간혹 이어지는 처치가 두려워 울음을 터뜨리는 아이들도 있었다. 낯선 서양 남자 의사를 처음 본 아이들은 눈물 콧물로 그를 맞았다. 한국어가 서툰 패티슨은 영어로라도 최대한 다정하고 재미있게 말을 붙였다. 마치 아버지가 사랑하는 자기 아이를 어르는 것 같았다.

봄이라고 해도 아직은 쌀쌀한 날씨였기에 그는 진찰할 때마다 손을 따뜻하게 한 다음 아이들을 만졌다. 영양부족으로 마르고, 결핵균으로 인해 등뼈가 굽거나 마비되고, 고름이 흐르는 아이들 곁에는 부모 대신 하나님께서 보내신 천사가 있다는 걸 닥터 패티슨은 알고 있었다. 그도 곧 한 아이의 아버지가 될 예정이었다. 패티슨 부부는 친구들에게 이렇게 편지했다.

"많은 축복 속에서 기쁨이 넘치지만, 그중 하나가 특별히 더 큰 행복을 안겨줍니다. 5월 말, 저희 첫 아기가 태어날 예정입니다. 지난 몇 달간 무수한 변화 속에서도 하나님께서 건강을 지켜주셨고, 작은 생명을 기다리는 기쁨이 우리에게 안정감을 주었습니다. 어려움을 경고받았던 상황에서도 말입니다! 한국 사람들은 아이를 참 사랑합니다. 어쩌면 주님께서 이 아기를 통해 이곳에서 그분의 뜻을 이루시려는지도 모르겠습니다."[3]

1967년 3월 중순, 닥터 패티슨은 소아결핵병동 책임자였던 닥터 해처로부터 50병상과 진료소 운영을 인계받았다. 닥터 해처는 피지에서도 근무한 경력이 있는 미혼 여의사였다. 패티슨의 서른 번째 생일을 앞둔 시점이었다.

한국에 처음 세워진 소아결핵병동은 1955년 8월, 한국 정부와 AFAK(미군대한원조), UNKRA(유엔한국재건단), 옥스팜 등에 의해 총

공사비 9만 달러의 예산으로 건립되었고, 운영은 아동구호기금(SCF)이 맡았다. 기존 국립마산결핵요양소 길 건너편 산 중턱에 지어진 총 건평 360평의 L자 모양, 길고 낮은 네 동의 건물에는 여덟 명씩 수용할 수 있는 병실 24개에 105개의 침대가 설치되었고, 진찰실, 치료실, 중환자실과 목욕실, 세탁실, 보일러실, 창고 등을 갖춰 당시로는 완벽한 최신 시설이었다.[4]

영국에서는 병동 개원 첫해부터 의사와 간호사를 파견했다. 1955년부터 1959년까지는 닥터 J. M. 웨델, 그 뒤를 이어 닥터 L. H. 해처가 운영 책임을 맡고 있다가 1967년 3월, 닥터 패티슨에게 인계한 것이다.

"안녕하십니까? 어디가 아프십니까?"

두어 달 동안 배운 한국어는 쉽지 않았다. 겨우 인사 정도였지만, 환자들은 좋아했다. 이전의 의사들은 한국어를 쓰지 않았다. 그는 서툴러도 진찰할 때 한국어로 소통하려고 애썼다. 마산에 내려와 가포교회에서 만난 청년 조 씨에게 한국어 개인교습을 받았다.

청년 조 씨는 마산에서 손꼽히는 고등학교에 다닐 만큼 머리가 좋았지만 중퇴했다. 집안에서 처음 예수를 믿은 그는 새벽마다 교회 종을 치고 예배를 드린 후 학교에 갈 정도로 하나님을 의지했으나, 간절한 기도는 응답받지 못했다. 군 제대 후에도 마땅한 일자리를 찾지 못했다. 패티슨은 그의 마음속에 하나님을 향한 믿음과 원망이 함께 불끈거리는 것을 보았다. 그는 조 씨에게 한국어 개인 교사와 병원 총무 일을 맡기고, 환자들의 통역도 담당하게 했다.

패티슨을 돕는 또 한 사람이 있었다. 어릴 때 척추결핵을 앓아 소아결핵병동에서 닥터 웨델과 닥터 해처에게 치료받고 물리치료사가 된 이종섭 씨였다. 치료가 늦어 척추가 굽고 다리가 휘어 키가 작았지만, 오랜 병동 생활로 여러 상황에 밝았고, 아팠던 경험을 살려 아이들을 따뜻하게 돌보았다. 그는 아침 회진에 함께하며 환자들의 병력을 미리 조사해 패티슨의 업무를 도왔다. 예수를 믿는 청년은 아니었지만 성실했다. 병동에는 이 외에도 간호사와 간호조무사 등 열댓 명이 근무하고 있었다.

소아결핵병동은 2-5세까지 결핵에 걸린 아이들을 위한 시설이었다. 결핵에 걸린 아이들은 어른들보다 더 세심한 치료가 필요했다. 처음에는 결핵에 감염된 모든 어린이가 대상이었지만, 1965년 영국 의학연구위원회의 연구 프로그램이 시작되면서 특히 척추결핵 어린이가 주요 대상이 되었다.

결핵은 주로 폐 질환이지만, 약 10퍼센트는 신체의 다른 부위로 전이된다. 특히 체중을 지탱하는 관절, 그중에서도 척추에 많이 발병했다. 척추결핵을 치료하는 최선의 방법에 대해선 전 세계적으로 논쟁이 있었다. 항결핵 약물이 필수적이라는 데는 모두 동의했으나 투여량이나 치료 기간, 치료 방법에 대해서는 의견이 갈렸다. 특히 홍콩 정형외과팀의 영향을 받은 일부 의사들은 척추결핵 환자에게 수술 치료가 필수라고 주장했다. 그러나 다른 대부분의 의사들은 의료자원이 부족한 가난한 나라에선 수술 치료가 재정적으로 비현실적이고, 잠재적으로는 위험하고 불필요하다고 주장했다.

의학연구위원회는 이 문제를 해결하기 위해 임상 연구 프로그램을 수립했다. 이는 외과 환자를 대상으로 실시된 최초의 실험이었다. 다양한 치료요법을 위해 런던에서 무작위로 현지 환자를 선정해 밀봉된 봉투에 그 명단을 보냈다. 이 연구는 학문적으로 엄격한 치료 과정을 지켰고, 영국 정형외과협회 이사이자 의학연구위원회 의장인 척추결핵 전문가 닥터 로이드 그리피스가 매년 한두 차례 한국을 방문해 치료 과정을 감수했다. 이 연구 기금은 그동안 소외되었던 척추결핵에 걸린 가난한 아이들을 전문적으로 치료할 수 있는 재정적 지원이 되었다.

"주소 사이소. 이 병원에 입원할라카모 마산 주소가 필요합니더. 주소 하나 사이소."

매주 화요일, 소아결핵병동 외래 진료날이면 아침부터 병원 앞에 환자들이 길게 줄을 섰다. 아이를 업은 엄마들, 손수레에 타거나 지팡이에 의지한 어린 환자들 사이로 수상한 아줌마들이 돌아다녔다. 마산 시내 주소를 파는 사람들이었다. 닥터 패티슨이 오기 전, 너무 많은 환자들이 몰려들자 마산 지역 아이들만 진료하도록 제한을 두었기 때문이다. 닥터 패티슨은 이 제한이 변화하는 사회 현실에 맞지 않는다고 판단하고 자연스럽게 규정을 없앴다. 그러자 더 많은 아이들이 더 먼 곳에서 버스와 기차와 배를 타고 모여들었다. 진찰이 늦어지면 몸이 아픈 아이들과 그들의 부모는 낯선 곳에서 유숙할 수밖에 없었다. 패티슨은 점심을 거르면서까지 그들을 진찰했다.

월요일에는 퇴원했거나 집에서 요양 중인 환자들을 찾아가 진료했다. 비포장도로로 한없이 들어가는 농촌과 산골, 혹은 배를 타고 섬까지 가는 길은 험하고 고됐다. 의료진과 약을 애타게 기다리는 환자들이 들판에 버려진 어린 양들 같아 패티슨은 마음이 아팠다. 그들에게는 육신의 약과 함께 영혼을 치유하는 복음이 필요했다.

패티슨 부부가 마산으로 내려온 지 석 달 가까이 되었다. 이곳에서 맞은 첫봄은 목가적이었다. 봄꽃이 화사하게 펴서 정겹게 맞아주었다.

6월 1일 저녁, 오드리가 진통을 시작했다. 한밤중에 운전기사 지 씨가 차를 몰고 부산에 있는 일신부인병원으로 달렸다. 이 병원은 호주에서 온 산부인과 의사이자 선교사인 닥터 헬렌 맥켄지(한국명 매혜란)가 세운 곳이었다. 닥터 헬렌 맥켄지의 아버지 역시 1910년에 한국 선교사로 파송되어 1938년까지 한센병 환자들을 위해 헌신했던 제임스 노블 맥켄지 목사(한국명 매견시)였다. 한국에선 자정부터 새벽 네 시까지 통행금지였다. 부산까지 가는 길에 그들은 여러 번 경찰의 제지를 받았다. 그때마다 운전기사 지 씨가 외쳤다.

"급합니다. 지금 이 외국 여자가 길동이를 날라캅니다."

경찰들은 빨리 가라고 재촉하며 보내주었다. 6월 2일, 패티슨 부부의 첫 딸 마거릿이 태어났다. 며칠 후, 패티슨이 소아결핵병동으로 돌아와 아침 회진을 시작했을 때 아이들이 큰소리로 인사했다.

"굿모닝, 아버지!"

깜찍한 천사들의 환영 인사였다.

우리 아이
낫게만 해주신다면

패티슨 가족이 거주하는 병원 소유의 사택은 가포의 숲이 우거진 계곡에 자리 잡고 있었다. 오래된 일본식 길고 낮은 단층집으로, 한쪽 끝은 주방과 식사 공간, 거실로 이어졌고 긴 복도를 따라 네 개의 방과 욕조가 딸린 양식 목욕탕이 있었다. 집 앞쪽 경사면에는 논밭이 펼쳐져 있었고, 그 너머는 산으로 둘러싸인 잔잔한 바다였다.

"정원은 잘 가꾸어져 있습니다. 우리는 큰 밭에 감자를 심고 작은 밭에는 채소를 심었습니다. …… 현지 남자에게서 검은 새끼돼지 두 마리를 샀더니 강아지 한 마리를 덤으로 주었습니다. 지붕과 정원에 쥐가 있어 고양이 두 마리를 더 키우게 될 것 같습니다."[5]

패티슨과 오드리는 앞으로 살게 될 사택을 자세히 설명하면서 이웃에 관한 이야기도 썼다.

"이들은 따뜻하고 친절하며, 외국인인 우리와도 기꺼이 이야기를 나눕니다. 얼마나 많은 사람들이 복음을 들었는지는 알 수 없지만, 그리스도는 마음뿐만 아니라 가정도 변화시키지 않습니까? 우리 집에 자유롭게 오기까진 시간이 걸리겠지만, 길가에서 우정을 쌓을 수 있으리라 확신합니다!"[6]

길가에서 쌓을 수 있는 우정의 시간은 의외로 빨리 찾아왔다.

마산으로 내려온 지 얼마 안 된 어느 날이었다. 패티슨은 사택에 있던 물건들을 손수레에 가득 싣고 길 건너 언덕바지의 소아병동으로 옮기고 있었다. 낡은 손수레의 바퀴가 고장 났는지 삐거덕거리고 잘 구르지 않아 애를 먹고 있는데, 갑자기 손수레의 무게가 확 줄어든 느낌이 들었다. 돌아보니 머리가 약간 벗겨지고 단정한 옷차림의 중년 남자 한 명이 소리 없이 뒤에서 손수레를 밀고 있었다. 경사진 언덕을 올라 병동 앞 현관에 도착하자 그는 별다른 인사 없이 손을 흔들고 사라졌다.

주일 아침, 패티슨 부부는 사택 아래 있는 가포교회 예배에 처음으로 참석했다. 전 교인이 30명쯤 모이는 자그마한 동네 교회였다. 그곳에서 패티슨은 손수레를 밀어주었던 남자를 다시 만났고, 두 사람은 서로 놀랐다. 그는 외국인 의사가 마을 교회에 온 것을 놀라워했고, 패티슨은 자신을 도와주었던 이가 교인이라는 사실에 놀라며 반가워했다. 그 남자는 가포동 동장이자 가포교회 집사인 한두찬 씨였다. 패티슨은 그가 신실한 사람임을 금세 알아보았고, 그는 패티슨이 단순한 의사가 아님을 간파했다.

한두찬은 평양의 부유한 집안의 장남으로, 평양 제2중학교를 나왔다. 해방 후 공산정권이 들어서며 지주였던 집안의 재산은 몰수당하고, 가족은 황해도로 추방되었다. 인민군에 끌려가기 전 그는 홀로 남쪽으로 내려와 서울시 공무원이 되었다. 전쟁 직후 그는 결핵에 걸려 국립마산결핵요양소를 찾았지만, 전국에서 몰려든 500-600명의 환자들로 인해 입원조차 할 수 없었다. 그는 공기 좋은 가포에서 요양하며 자연치유를 기다렸다. 스물여덟 젊은 나이에 부모 형제도 없이 병을 얻은 그는 기댈 곳이 교회밖에 없었다. 가포교회 초창기 교인들은 결핵으로 가포에 찾아왔다가 치유된 환자들과 그 가족들이었다. 한두찬은 부흥회에서 성령을 체험했고, 이후 병도 깨끗이 나았다. 그는 가포동의 동장이 되었고, 가정을 꾸려 이곳에 눌러앉았다.[7]

국립마산병원은 1941년 일본인 상이군인 요양소로 시작되었다. 입소 대상은 결핵에 걸린 퇴직 군인들이었다.[8] 해방 후 병실과 수술실, 연구실 및 부속건물이 증축되어 1946년 6월, 남한에서는 유일한 국립결핵요양원으로 재개원했다.[9] 한국전쟁 이후 한국에는 결핵 환자가 급속히 증가했다. 전쟁 이전에는 90만 명 정도였으나 1953년에는 130만 명으로 늘어났고, 패티슨이 오기 전 해인 1965년 정부 조사에 따르면 방사선 사진상 소견이 보이는 활동성 결핵 환자가 전체 인구의 5.1퍼센트인 124만 명에 달했다.[10]

마산 가포에 결핵 치료시설과 요양소가 들어선 이유는, 이곳이 치료에 필수인 온화한 기후와 풍부한 일조량, 맑은 공기, 깨끗한 물, 울창한 삼림 등 좋은 자연환경을 갖추었기 때문이다. 부용산 자락의 삼면이 울창한 송림으로 둘러싸였고, 동쪽으로는 잔잔한 바다가 펼쳐져 있었다. 마산의 평균 기온은 14.8도로 다른 지역보다 높아 사계절 내내 병실 창문을 열어 자연 환기가 가능했다.[11]

패티슨의 사택이 있는 가포동에는 주로 결핵을 앓아 이곳으로 와 정착한 사람들과 요양원에서 일하는 직원들이 살고 있었다. 이들은 적은 급료로 생활하기 어려워 요양소에서 나오는 누룽지와 짬밥을

1978년, 국립마산병원 소아결핵병동

얻어다 돼지와 닭을 키우거나 조개와 해초를 채취하고 작은 배로 어업에 종사했다. 삶과 죽음이 순식간에 갈라지는 지역이 그렇듯 이곳도 미신이 강한 곳이었다. 돝섬을 마주 보는 해안가에선 밤낮을 가리지 않고 굿판이 벌어져 무당의 방울 소리, 징과 꽹과리 소음이 끊이지 않았다. 요양원의 중환자들이 많이 죽었고, 병을 고치지 못해 절망한 이들이 자살하기도 했다. 병원 문 앞 작은 다리 건너, 산 중턱에는 시체안치소가 따로 있었다.[12] 당시 결핵과 한센병(나병)은 전염병이라 사람들의 혐오 대상이었다. 보호자를 기다리던 시체들은 아무도 찾아가지 않아 소리 없이 화장되었다. 공기 좋고, 인심 좋은 이 가난한 마을 저변에는 미신과 죽음의 공포가 짙게 드리워 있었다.

패티슨 원장과 한두찬 집사는 의기투합했다. 두 사람은 나이 차이를 넘어 친구가 되었다.

어느 날 밤, 패티슨 원장의 집에 한두찬 집사가 찾아왔다.

"급히 가봐야 할 집이 있습니다. 동네 꼬마 아이가 개한테 물렸는데 지금 입이 돌아가고 눈알이 막 뒤집힌다고 합니다."

패티슨은 청진기와 약을 챙겨 그를 따라나섰다.

그 전날, 다섯 살 난 동네 꼬마들 세 명이 걸어가는데 근처 여관에서 키우던 사납고 큰 개 한 마리가 튀어나와 한 소년의 손을 물어뜯었다. 상처가 심했다. 그날 밤 아이는 경기를 일으키며 울었다. 다음날, 아이 엄마는 여관을 찾아갔다.

"우리 아들 문 개 털 좀 짤라주이소."

당시에는 개에 물리면 그 개의 털을 태워 상처에 바르면 낫는다는 미신이 있었다. 야속하게도 여관 주인은 그마저도 거절했다. 그날 밤 아이는 입이 돌아가고 눈알이 뒤집혔다. 가포는 마산 시내에서도 먼 산골짜기라 병원이 없었다. 아이 아버지는 급한 마음에 가포동 동장 한두찬을 찾아갔던 것이다.

패티슨 원장은 놀란 아이의 상처를 소독하고 약을 먹였다. 그게 끝은 아니었다. 다음날부터 매일 아이의 집에 들러 상처를 소독하고 상태를 관찰했다. 아이 엄마는 고마워 어쩔 줄 몰라 했다.

"이리 만날 오셔가꼬 아를 봐주셔서 고맙습니다. 우리가 뭘로 갚아야 되긋습니꺼?"

패티슨은 말했다.

"저는 아무것도 필요 없습니다. 혹시 예수님을 믿으시나요?"

"안 믿습니더. 묵꼬 산다꼬 예배당 갈 시간이 없어예."

"그럼 아이가 다 나으면 교회에 나오시겠어요?"

아이 엄마는 약속했다.

"우리 아들 낫게만주시면 꼭 교회에 가겠습니다."

아이는 상처가 아물고, 놀랐던 마음도 진정되어 정상으로 돌아왔다. 아이 엄마는 패티슨 원장과의 약속을 지켰다. 예수 믿기 힘든 집 안이었음에도 아이들과 함께 교회에 등록해 신앙생활을 시작했다. 이후로 동네 사람들은 뱀에 물리거나, 배가 아프거나, 편도선이 심하게 부어 숨을 못 쉬는 아이가 있거나, 어디든 아프면 무조건 그를 찾아왔다. 패티슨은 가포 마을의 주치의가 되었다.

"우리는 야생 보랏빛 철쭉이 가득한 언덕을 오르고 개울을 건너 커다란 민물게를 본 다음, 우리 집에 있는 강아지를 보고 싶어 하는 네 명의 어린 소녀들을 데리고 집으로 돌아오는 즐거운 일요일 산책을 했습니다."[13]

가포교회 교인들은 물론 마을 사람들도 점점 패티슨 부부를 사랑하고 신뢰하게 되었다.

가난하고 병든 사람이 환대받는 병원

마산 경찰서장으로부터 닥터 패티슨을 찾는 전화가 왔다.

"여서 30분 정도 떨어진 곳에 딱한 환자가 있는데, 선생님이 함가 볼 수 있겠습니꺼?"

패티슨은 간호사와 물리치료사를 데리고 현장으로 향했다. 환자는 스물한 살 아가씨였다. 척추결핵으로 다리가 마비되었고 엉덩이에는 작은 접시만 한 욕창이 진행되고 있었다. 그녀의 아버지는 사망했고, 살고 있던 집은 얼마 전 화재로 다 타버린 상태였다. 동네 사람들은 이 가족이 하늘에 죄를 지어 벌로 그런 불운을 당하는 것이라고 수군댔다.

"사정은 딱하지만, 우리 병원은 열다섯 살까지만 받을 수 있는데 어떡할까예?"

간호사가 조심스레 물었다. 패티슨은 잠시 생각했지만, 결론은 이미 나 있었다. 나이가 조금 넘었다고 의사가 환자를 거절하는 것은 옳은 일이 아니었다.

"입원시킵니다. 그냥 갈 수 없습니다."

그들은 환자를 차에 태우고 병동으로 돌아왔다. 그녀는 결핵약을 정확히 복용하고, 영양식을 먹으며, 물리치료를 받았다. 무엇보다 이 병원에서 처음으로 인간적인 대우를 받았다. '가난하고 병든 사람이 환대받는 병원'은 닥터 패티슨이 꿈꾸는 이상이었다. 3주 정도 지났을 때, 패티슨은 편지에 이렇게 썼다.

"그녀는 병세가 눈에 띄게 호전되었고 쾌활하게 지내고 있습니다. 부디 그녀를 위해 기도해주세요."[14]

십 대 고아 조일선이 심한 흉부결핵에 걸려 병원을 찾아왔다. 몇

1968년, 가정방문 진료팀

달 동안 치료했으나 상태가 좋아지지 않았다. 워낙 위중한 채 입원했기 때문이었다. 안타깝지만 패티슨은 이 소년을 순천에 있는 결핵요양원으로 보내기로 했다. 그곳은 돌아갈 집이 없는 결핵 환자들을 위해 로이스 린튼(인애자) 선교사가 운영하는 시설이었다. 소년을 진찰한 의사들은 모두 한 목소리로 말했다.

"이 아이는 가망이 없습니다."

그러나 생명은 신비했다. 하나님은 세상에 쓸모없어 보였던 일선에게 다른 계획을 가지고 계셨다. 그 아이는 살아남았다. 몇 년 후, 그는 성경학교를 다니며 패티슨의 사역에 동역자가 되었다.

어느덧 한국에 온 지 1년이 지났다. 닥터 패티슨은 환자들을 만날 때마다, 특히 매달 농어촌으로 방문 진료를 갈 때마다 안타까웠다. 병에 걸린 것은 그들의 잘못이 아니었다. 그러나 많은 환자들이 질병으로 고통받는 데다 가족이나 이웃에게 소외당하며 살아가고 있었다. 특히 척추결핵은 신체 변형을 일으켜 환자들이 꼽추가 되거나 다리가 기형적으로 변하는 경우가 많았다. 그들에게는 육체적인 치료뿐만 아니라 영적인 치유도 절실했다. 그는 하나님께서 자신에게 의료적 돌봄을 넘어, 영적으로도 그들과 교류하며 그분의 능력을 나타내길 원하신다는 확신을 가지게 되었다.

"우리는 시골로, 사람들이 있는 곳으로 나가야 합니다. 그리스도의 사랑에는 선택의 여지가 없습니다. 목표를 정했다면, 어떤 희생을 치르더라도 지켜야 합니다."[15]

패티슨 부부는 다음 단계로 그들을 이끄시는 하나님의 계획을 알기 위해 기도할 시간이 필요했다. 패티슨은 아동구호기금과 2년 계약으로 한국에 온 터였다. 원래 이 단체는 긴급구조에 초점이 맞춰져 있었다. 12년 동안 소아결핵병동을 지원한 그들은 이곳에서 철수할 예정이었다. 패티슨은 아동구호기금과 계약이 끝난 후에도 계속 한국에서 사역할 방법을 찾아야 했다.

우선, 부산에 있는 복음병원에서 일하는 길이 있었다. 복음병원은 한국의 선교병원으로 유명한 장기려 박사가 원장으로 있었다. 그곳에서도 패티슨과 함께 일하기를 원했다. 그러나 그는 대도시인 부산보다는 의료시설이 부족한 마산의 서쪽과 남쪽 지방을 위해 일하고 싶었다.

호주에서 온 존 브라운 선교사와 함께 거제도도 방문했다. 12만 명이 살고 있는 섬에 제대로 된 의료시설이 없었다. 존 브라운 선교사는 만일 이곳에 병원을 열게 된다면 사용할 수 있는 오래된 지방정부 건물을 보여주었다. 거제도는 매력적이었다. 그러나 아직도 서툰 한국어 실력으로 병원 하나를 온전히 운영하기는 무리였다.

여수 애양병원에서 사역하는 닥터 토플이 안식년으로 미국에 들어가는데 2년 동안 대리를 맡아달라는 제의를 했다. 패티슨은 한센병과 소아마비 환자들의 정형외과 수술에 관심이 많았다. 그곳에는 훌륭한 사택과 선교사 자녀 학교도 있었다. 이것은 오드리와 딸아이 마거릿에게 매우 좋은 환경이었다. 미국 기준의 높은 급여도 무시할 수 없었다.

마지막으로, 또 다른 가능성이 있었다. OMF(The Overseas Missionary Fellowship, 해외선교회)가 한국 교회와 협력할 사역자를 구하고 있었던 것이다. 만일 OMF가 패티슨 부부를 선교사로 받아들인다면, "이는 그들이 탐색 중인 여러 계획 가운데 가장 현실적이며 가능성 높은 선택이었다."[16] 아동구호기금이 철수하면 소아결핵병동의 행정관리는 한국 정부로 넘어가겠지만, 아직 5년 이상 남아 있는 MRC(의학연구위원회)의 척추결핵 연구를 패티슨이 계속 맡을 수만 있다면, 그는 의료사역과 선교사역을 함께 할 수 있었다.

그들은 자신이 아닌 예수님을 위한 선택을 원했다. 그는 친구들에게 기도를 부탁하는 편지를 썼다.

"특별히 이것이 주님께서 주신 길임을 확신할 수 있도록 기도해주세요. 그 확신만 있다면, 앞으로 어떤 폭풍우가 닥쳐도 견뎌낼 수 있

을 것입니다."¹⁷

여러 가지 복잡한 상황 속에서, 오드리의 친정어머니가 용감하게 홀로 영국에서 한국을 방문했다. 그녀는 딸과 사위가 선교사로 떠나는 것이 불안해 한때 결혼식까지 미루려 했었다. 오드리의 어머니는 6주 동안 가포에 머물며 처음에는 문화적 충격을 받았지만, 이내 그곳의 아름다움을 발견했다. 가포의 봄은 얼마나 싱그럽고, 딸기는 또 얼마나 달콤한지! 그녀는 밭으로 나가 동네 아주머니들과 어울리며 즐겁게 시간을 보냈다.

그리고 1968년 10월 3일, 패티슨 부부에게 하나님께서 주신 소중한 선물이 도착했다. 둘째 아기 데이비드가 부산의 일신부인병원에서 건강하게 태어났다. 이제 피터와 오드리는 네 가족이 되었다. 그들은 2년간의 계약 기간을 마치고 영국으로 돌아갔다. 결정된 사항은 아무것도 없었다. 그러나 패티슨은 하나님께서 그들을 위해 '가장 좋고 완벽한 계획'을 세우셨고, 언젠가 다시 한국으로 돌아오게 되리라고 믿었다.

4

회개할 것이 있습니다

매일 아침, 패티슨 원장의 관사로 향하는 종섭의 발걸음이 무거웠다. 마치 도살장에 끌려가는 소 같았다. 어릴 적부터 척추결핵을 앓아 키가 작고 등이 솟은 그는 소아결핵병동의 물리치료사였다.

"아침부터 바쁜데 성경공부가 머꼬…… 참말로."

첫 번째 계약 기간이 끝난 후 영국으로 돌아갔던 패티슨 원장은, 1970년 OMF 선교사로 다시 한국에 왔다. 그리고 업무가 시작되기 전 직원 모임을 제안했다. 성경을 읽고, 기도하고, 그날의 업무 내용을 나누는 시간이었다. 종섭은 패티슨을 만나기 전까지 한 번도 예수에 대해 듣거나 교회에 가본 적이 없었다.

원장은 마태복음부터 시작했다. 누가 누굴 낳고 누가 누굴 낳는 지루한 이야기였다.

"한국에선 족보가 중요하지요. 예수님도 족보가 있습니다."

패티슨은 더듬더듬 이름을 읽어 내려가는 네 명의 직원들에게 성경을 쉽게 풀어 설명했다. 하지만 교회에 다니는 총무 직원 조 씨를 제외하고는 다들 못 알아듣는 얼굴이었다.

4. 회개할 것이 있습니다

'우짜겠노. 죽을 목숨이 이 병원에서 병도 고치고 운 좋게 일자리도 얻었으께네 고마운 마음으로 해야지.'
종섭은 아침마다 스스로를 설득하며 원장의 집으로 올라갔다.

종섭이 척추결핵에 걸린 것은 열두 살 때였다. 원래도 허약한 체질이었는데 전쟁 통에 제대로 먹지 못해 병이 찾아온 듯했다. 아버지는 일제강점기에 일본으로 징용되어 끌려갔다가 해방 직전 함안으로 돌아와 농사를 지었다. 아들의 병을 고쳐보겠다고 침을 맞게 하고, 뱀을 잡아 먹이기도 했으나 차도가 없었다. 종섭의 척추는 점점 튀어나왔고, 다리는 휘어졌다. 사람들은 꼽추가 되었다고 수군거렸다.
열일곱 살이 되었을 때, 종섭의 병세는 더욱 위중해졌다. 마침 집안 오촌 고모의 딸이 임파선결핵에 걸렸는데, 마산에 있는 '영국병원'(사람들은 소아결핵병동을 그렇게 불렀다)에 가서 무료로 고쳤다는 말이 들려왔다. 종섭은 혼자서 가포에 있는 결핵병원으로 향했다. '여기서도 못 고치면 죽을 수밖에 없다'고 생각했다.
1955년, 영국 아동구호기금 지원으로 문을 연 소아결핵병동에는 닥터 웨델이 원장으로 있었다. 영국에서 온 키 큰 여자 의사였다. 닥터 웨델이 종섭의 옆구리를 마취하고 칼로 째는 순간 엄청난 고름이 튀어나와 의사의 가운을 더럽혔다. 종섭은 미안하고 슬펐다. 닥터 웨델은 그런 종섭을 딱하게 여겼다. 병원은 환자로 넘쳐났고 입원실도 부족했다. 닥터 웨델은 종섭에게 우유를 건네며 말했다.
"근처에서 머물고 있으면 입원시켜주겠습니다."
가포는 바닷가였다. 병든 몸이라 마땅히 잘 곳도 없었다. 결국 그는 해안가에 있는 작은 배에 들어가 잠을 청했다. 배 안에는 이가 들끓었다.
이틀 후, 종섭은 입원할 수 있었다. 1958년 봄에 입원한 종섭은 이듬해 6월에 퇴원했다. 그 사이 닥터 웨델은 영국으로 돌아가고, 후임으로 닥터 해처가 부임했다. 닥터 해처 역시 미혼의 여성 의사였다. 그녀는 병원 차로 종섭을 함안 집까지 태워다주었다.

소아결핵병동에서는 돼지를 기르고 있었다. 병원의 남은 음식을 처리하는 동시에, 단백질이 꼭 필요한 결핵 환자들에게 고기를 먹이기 위해서였다. 닥터 해처는 마땅한 일을 찾지 못하던 종섭에게 돼지 기르는 일을 맡겼다. 그는 일하면서 부산국립재활원 물리치료사 양성소를 다녔다. 병 때문에 초등학교밖에 마치지 못했던 그는 통신 교육을 통해 고등학교 과정을 이수했다. 교육과 실습을 마친 후, 그는 물리치료사 자격시험을 보려 했지만, 당시에는 신체에 기형이 있는 사람은 응시할 수 없었다. 종섭은 절망했다. 하지만 닥터 해처는 그를 물리치료사로 고용했다. 호주 출신 간호사 미스 페니는 그에게 간호법과 깁스하는 법을 가르쳐주었다. 환자로 병원에 들어왔던 종섭은 이제 어엿한 직원이 되었다. 그는 누구보다 환자의 사정을 잘 돌보겠다고 다짐했다.

1966년 닥터 해처가 임기를 마치고 떠난 후, 3대 원장으로 닥터 패티슨이 부임했다. 그는 한눈에 봐도 영국 신사였다. 예의 바르고 정확했으며 친절했다. 전임 원장들과 다른 점은, 적극적으로 한국어를 사용하고 예수를 전한다는 것이었다.

"이 병동의 주인은 환자입니다. 그리고 육신의 병을 고치는 것만큼 영혼을 구하는 것이 중요합니다."

그는 선교 의사였다.

"소를 물가로 끌고 갈 수는 있어예. 그래도 물은 강제로 못 먹입니더."

패티슨 원장은 시간이 날 때마다 종섭에게 예수 얘기를 들려주었다. 그러나 종섭은 언제나 단호했다. 억지로 기독교를 믿지 않을 것이라는 말이었다. 그렇게 성경공부가 시작된 지 8개월이 지났다. 어느덧 마태복음의 마지막 장이 가까워지고 있었다. 예수님이 지신 십자가와 부활까지 다 배우고 나자, 종섭의 마음 한구석이 이상하게 불편해졌다.

12월 어느 날, 종섭은 홀로 패티슨 원장을 찾아갔다.

"회개할 게 있습니더."

그는 주머니에서 종이 한 장을 꺼냈다.

"15년 전에 기차표를 안 끊고 기차를 탔습니더. 방금 그 값을 역장에게 보냈습니더. 그리고 병원 물건 몇 가지를 집으로 가져갔습니더. 여기 목록이 있는데예 제 월급에서 물건값을 까주이소."

패티슨 원장은 놀라움과 감격이 뒤섞인 얼굴로 종섭을 바라보았다. 사실, 그가 가져갔다던 물건들은 병원에서 버릴 예정인 것들이었다.

"닥터 웨델은 내 병을 나사주꼬, 닥터 해처는 내게 직업을 줏습니더. 패티슨 원장님, 당신은 가장 귀한 나의 영혼을 구했습니더."

며칠 후 그는 교회에서 정식으로 세례를 받았다. 그리고 자신처럼 병든 어린 척추결핵 환자들의 굳은 몸을 펴주는 일에 헌신했다. 그는 패티슨 원장이 한국을 떠날 때까지 그의 임상 조수로서 충실한 동역자가 되었다.

OMF 선교사가 되다

1969년 1월 21일, 패티슨 부부와 두 아이는 글래스고에 도착했다. 그곳은 오드리의 친정이었다.

"자, 지금까지 너희가 하고 싶은 일을 마쳤으니 이제 제대로 된 직업을 구하고 자리를 잡아야 하지 않겠나?"

오드리의 아버지는 그들이 2년 동안 한국에 다녀온 것으로 충분하다고 생각했다. 그러나 패티슨의 계획은 이미 분명했다. 그해 초, 부부는 아동구호기금에서 탈퇴하고, OMF 소속 선교사로 허입되는 과정을 밟고 있었다. 3월 말 이전에 OMF와 인터뷰가 있고, 만약 승인되면 런던 본부에서 한 달간 훈련을 받은 후, 싱가포르에서 새로 결성된 OMF 한국팀과 합류해 다시 한국으로 들어갈 예정이었다.

OMF는 허드슨 테일러가 세운 중국내지선교회(CIM)가 공산화된 중국에서 철수한 후 동아시아 지역으로 사역을 확장하면서 1954년 개명한 단체였다. OMF는 태국, 말레이시아, 일본, 필리핀, 인도네시아, 대만 등으로 선교 지역을 재배치할 때 한국도 조사 대상에 넣었다. 그러나 한국은 비교적 탄탄한 교회 기반과 미국 선교사들의 활발한 활동을 이유로 제외되었다. OMF의 원칙은 '하나님의 말씀이 닿지 않은 곳'에 복음을 전하는 것이었기 때문이다.

1965년, 미국 신학대학원을 마친 김의환 박사 부부가 일본 선교사로 나가기 위해 OMF에 지원했다. 당시 OMF는 창립 100주년을 맞아 아시아 지역에서 선교사를 적극 모집하고 있었기에, 김 박사 부부는 첫 번째 아시아 출신 선교사로 허입되었다. 그러나 일본 비자가 거절되며 꿈이 좌절되었다. 하지만 이 시도는 OMF에 새로운 가능성을 제시했다.

'한국이 앞으로 아시아 지역에서 선교사를 배출할 전략적 거점이 될 수 있다.'

1966년, OMF 지도자인 아놀드 리아와 마이클 그리피스가 한국을 직접 방문해 3주 동안 한국 교계와 선교사들을 만났다. 한국의 두 장로교 교단은 기독교 문서 선교와 청소년 사역을 위한 협력선교사를 요청했다. 이후 두 OMF 지도자는 "적합한 후보자가 나온다면 이 요청을 수락할 것"을 권고하는 보고서를 작성했다.[1]

패티슨이 바로 그 '적합한 후보자'였다. 이미 한국에서 2년간 의사로 일했고, 선교사로서의 사명도 굳건했다. 패티슨 부부는 OMF 최초의 한국 선교사 팀원으로 허입되었다.

1월 1일 새해 첫날, 패티슨은 성경을 펼쳤다. 그가 읽은 말씀은 씨를 뿌리고 거두는 것에 관한 구절이었다.

"사람이 무엇으로 심든지 그대로 거두리라"(갈 6:7).

"적게 심는 자는 적게 거두고 많이 심는 자는 많이 거둔다"(고후 9:6).

"눈물을 흘리며 씨를 뿌리는 자는 기쁨으로 거두리로다"(시 126:5).

이 말씀들은 지난 2년간 한국에서 보낸 시간을 돌이켜 보게 했다. 의료와 행정 분야에서는 나름의 성과가 있었지만, 정작 영적인 씨를 뿌릴 기회는 놓쳐버린 듯한 아쉬움이 남았다.

"저는 후회하지 않습니다. 이 일들이 하나님께서 우리에게 맡기신 2년간의 사역이었음을 확신합니다. 그 시간 동안 우리는 한국이라는 나라와 그곳의 관습을 배웠고, 다시 돌아갈 때를 위해 주님께서 원하시는 일을 준비할 수 있었습니다.…… 저는 제 삶이 의료와 행정 업무로만 채워지고 영적인 일은 겨우 체면치레만 하는 삶이 되기를 원치 않습니다. 풍성한 영적 수확을 원하고, 하나님도 제게 그것을 기대하신다고 믿습니다."²

그는 학생 시절에 받았던 하나님의 부르심을 떠올렸다. 그리고 자신이 했던 맹세를 다시 확인했다. 이제 그는 한 여자의 남편이자 두 아이의 아버지였다. 그가 가야 할 길은 자신뿐만 아니라 가족에게도 쉽지 않은 길이었다. 그러나 하나님의 소명은 명확했다. 그는 두 아이의 손을 꼭 잡고 어둡고 깊고 아름다운 너도밤나무 숲을 산책했다.

"울며 씨를 뿌리러 나가는 자는 반드시 기쁨으로 그 곡식 단을 가지고 돌아오리로다"(시 126:6).

사랑하는 자에게 좋은 것을 아끼지 않으시는 하나님을 신뢰하며, 패티슨은 다시 한국으로 떠날 마음의 준비를 마쳤다.

네가 물 가운데로 지날 때

OMF 선교사가 된 패티슨의 가족은 훈련을 위해 OMF 본부가 있는 런던 뉴잉턴으로 갔다. 그곳의 담당자는 짐과 자넷 브룸홀 부부였다. 그들은 패티슨에게 물었다.

"어떻게 OMF 선교사로 지원하게 되었습니까?"

패티슨은 1960년, 케임브리지 대학생 시절에 들었던 한 강연을 떠올리며 대답했다.

"그때 케냐에서 돌아온 두 명의 선교사가 강연을 했습니다. 첫 번째 연사가 시간을 초과하는 바람에 두 번째 연사에게는 시간이 거의 남지 않았죠. 그는 일어나 성경 한 구절을 두 번 읽는 것으로 강연을 마쳤습니다. '하나님을 알지 못하는 자가 있기로 내가 너희를 부끄럽게 하기 위하여 말하노라'(고전 15:34). 이 말씀은 제게 강력하게 다가왔고, 선교사가 되는 데 큰 영향을 주었습니다."

패티슨의 말을 조용히 듣고 있던 짐 브룸홀 선교사는 미소를 띠며 말했다.

"제가 그때 성경 본문을 두 번 읽고 앉을 시간만 있었던 바로 그 연사입니다."

패티슨 가족은 한 달간의 오리엔테이션을 위해 OMF 국제본부가 있는 싱가포르로 떠났다. 1969년 7월이었다. 그곳에서 먼저 와 있던 존과 캐슬린 월리스 부부, 마거릿 로버트슨을 만났다. 이들을 포함해 패티슨 부부까지 총 다섯 명이 최초의 OMF 한국 선교사팀을 이루게 되었다. OMF에서는 최소 다섯 명의 선교사가 모여야 하나의 팀으로 구성되어 파견될 수 있었다. 존 윌리스(한국명 원의수)는 옥스퍼드 대학에서 역사와 신학을 전공한 후 클리프턴 신학교에서 수학하며 김진경과 친분을 쌓았다. 존과 캐슬린 사이에는 아들과 딸 앤드루와 룻이 있었다. 마거릿 로버트슨 선교사는 스코틀랜드 출신으로 미혼이었다. 교사였던 그녀는 10여 년 전부터 한국 선교에 대한 확실한 소명을 갖고 있었다. 오드리 패티슨은 이 작은 팀 안에 같은 스코틀랜드인 동료가 있어 특별히 기뻐했다. 하나님 안에서 같은 소망을 품은 이들 다섯 사람은 더할 나위 없이 훌륭한 팀을 이루었다.

싱가포르에서 한국으로 가는 여정은 쉽지 않았다. 그들이 가져가는 무거운 짐 때문에 배를 이용할 수밖에 없었지만, 일반 여객선 요금은 너무 비쌌다. 다섯 명의 선교사들은 하나님께 '사랑의 손길'을 보여달라고 기도했다. 다음날, 아침 신문에서 한 광고를 발견했다.

"한국해운공사: MS 베가호, 부산으로 출항, 8월 10일."

그들은 서둘러 가능한 모든 방법을 동원해 연락을 시도했고, 결국 3일 만에 합리적인 가격으로 부산행 배편을 확보할 수 있었다.

출항일이 조금 늦춰졌다. 8월 13일, 닥터 패티슨과 존 윌리스 선교사는 승선 전에 시장에 들러 바나나 한 덩치와 쇠 그물망 한 롤을 구입했다. 바나나는 비상식량으로 준비한 것이었고, 쇠 그물망은 배 위에서 어린아이 네 명을 보호해줄 울타리였다. 배에는 최소한의 난

간만 있었기 때문에 아이들에게 너무 위험했다. 한편, OMF 국제본부의 주방에서는 그들을 위해 콘플레이크를 충분히 준비해주었다. 이 먹거리들은 항해 내내 아주 유용했다.

어른 다섯 명과 아이들 네 명, 총 아홉 명의 일행은 한국 화물선 MS 베가호를 타고 부산으로 향했다. 그들은 이 배의 유일한 승객이었을 뿐만 아니라 그 배에 승선한 최초의 서양인이었다. 항해는 일주일이 걸렸다.

8월은 태풍의 계절이었다. 항해하는 동안 존 월리스 선교사는 선원들과 함께 함교에서 태풍의 경로를 주의 깊게 살폈다. 다행히 바다는 잔잔했다. 선원들은 "배에 선교사들이 타고 있어 그런 것 같다"고 말했다. 그들은 확실히 '요나'가 아니었다. 태풍은 그들을 덮치지 못했다.

부산항에 도착한 후, 짐을 작은 배로 옮겨 해안으로 이동했다. 그들이 타고 온 배를 돌아보니 수위가 갑판 바로 아래까지 차 있었다. 화물선은 엄청난 과적 상태였다. 만약 태풍을 만났다면, 생존을 장담할 수 없었을 것이다. 그 배의 승무원이 마약 밀매로 체포되었다는 소식은 나중에 듣게 되었다. 그날 밤, 첫 번째 OMF 한국 선교사 팀은 모두 가포 패티슨의 집으로 향했다. 그들은 여러 위험으로부터 지켜주신 주님께 감사기도를 드린 후, 안도하며 잠자리에 들었다. 1969년 8월 20일이었다.

일주일 후, 그들은 한국어를 배우기 위해 서울로 올라갔다.[3]

1970년 가을 이후, 첫 번째 OMF 한국 선교사팀
닥터 패티슨 가족, 마거릿 로버트슨 선교사, 월리스 목사 가족과 함께

4. 회개할 것이 있습니다

믿는 사람은 서두르지 않는다

"원장님, 가포 집에 함 내려와야겠심더."

소아결핵병동 이종섭 물리치료사가 다급하게 패티슨에게 전화를 걸어왔다.

"무슨 일입니까?"

"비가 억수로 와가꼬 원장님 사택 뒤 언덕이 다 무너짓습니더."

태풍의 가장자리에 있던 9월 15일, 새벽부터 쏟아진 폭우로 마산 근처에서만 수십 명이 사망하거나 실종되었다.

패티슨은 즉시 가포로 내려갔다. 사택 뒤쪽의 옹벽이 무너지면서 창문 밑까지 진흙이 밀려와 덮여 있었다. 집 앞 언덕도 무너져내려 도로가 2미터가량 낮아져 있었다. 두 개의 창고와 돼지우리는 완전히 부서졌다. 큰 전나무가 그 위로 쓰러지기 전에 돼지들은 무사히 탈출했고, 나중에 해변에서 배회하고 있던 돼지들을 다시 데려올 수 있었다. 무엇보다 아무도 다치지 않았고 사택도 그대로 쓸 수 있어 다행이었다. 무너진 물리치료사의 집을 대신해 병원 부지에 새 집을 지을 수 있도록 정부의 허락도 받았다. 정부에서는 일꾼들을 보내 사택 뒤의 흙을 퍼서 앞길을 메워주었다. 덕분에 이전보다 더 넓은 채소밭이 생겼다.

아동구호기금에서 탈퇴하고 OMF 선교사로 복귀한 패티슨은 MRC(의학연구위원회)의 자금으로 직원 세 명의 급여와 기타 운영 비용을 지원받기로 했다. 아동구호기금은 예산을 대폭 삭감해 어린이 외래 환자를 위한 예산과 일부 물품만 제공하기로 했다. 소아결핵병동과 사택은 그대로 사용할 수 있었다. 패티슨은 일주일에 두 번 병동에서 근무하며 환자들을 감독했고, 척추결핵에 걸린 어린이 200명을 대상으로 5년간 추적 관찰하는 연구를 지속하기로 했다. 또한 외래 진료의 범위를 확대하고, 세 곳에 외부 건강센터를 마련해 매월 클리닉을 열기로 했다. 패티슨이 근무하지 않는 날에는 대구의 대학병원에서 한국인 소아과 의사가 내려와 진료를 맡았다. 그러나 상황에 따라 패티슨이 일주일 내내 직접 진료를 보기도 했다.

그는 의료와 행정 업무를 줄이고, 하나님 나라를 위한 선교사, 즉 '사람을 낚는 어부'의 일에 더욱 집중하기로 결심했다 이 일을 위해선 한국어를 유창하게 구사하는 것이 가장 중요했다.

OMF 첫 번째 한국 선교사팀은 호주 장로교 선교부가 소유한 서울 연희동 집 두 채를 임대했다. 미혼인 마거릿 로버트슨 선교사는 당분간 패티슨 가족과 함께 지내기로 했다. OMF 선교사들은 첫 임기 2년 동안 현지 언어 습득에 집중해야 한다는 원칙에 따라 연세대 한국어학당과 명도원에서 한국어를 배웠다. 패티슨과 오드리도 6개월 동안 한국어를 더 배우기로 했다.

며칠 후, 패티슨은 영국에 두고 온 짐들을 보관 중인 글래스고의 한 창고에 불이 났다는 석간신문 기사와 사진을 보았다. 그런데 놀랍게도, 그들의 짐이 있던 자리 바로 앞에서 불길이 마치 선으로 그어진 듯 멈추었다는 소식이 전해졌다.

패티슨 부부는 영국을 떠나 싱가포르로 오기 전, 선교사로서 한국에 다시 들어가는 과정에서 하나님의 돌보심을 간구했다. 그때 읽은 말씀은 이사야 43장 1-2절이었다.

"너는 두려워하지 말라. 내가 너를 구속하였고 내가 너를 지명하여 불렀나니 너는 내 것이라. 네가 물 가운데로 지날 때에 내가 너와 함께할 것이라. 강을 건널 때에 물이 너를 침몰하지 못할 것이며 네가 불 가운데로 지날 때에 타지도 아니할 것이요 불꽃이 너를 사르지도 못하리니."

태풍이 앞뒤로 지나가는 남중국해를 무사히 건넜고, 가포 집에 산사태가 났음에도 인명 피해는 없었다. 그리고 이번에는 불길 속에서도 그들의 짐이 무사했다. 이 모든 일을 통해, 패티슨 부부는 하나님께서 어떤 상황에서도 그들을 돌보고 계심을 확신하게 되었다.

"어디까지 가세요? 제가 짐을 들어다 드리겠습니다."

가을비가 쏟아지던 어느 날, 오드리 패티슨은 장을 본 물건들을 들고 어린 마거릿과 함께 진흙길을 힘겹게 걸어가고 있었다. 그때 한 청년이 다가와 친절하게 짐을 들어주었다. 오드리는 이 기회를 놓치지 않았다.

"고맙습니다. 혹시 이번 주 토요일에 우리 집을 방문할 수 있나요? 제가 초대하겠습니다."

그 청년은 흔쾌히 초대를 받아들였다.

닥터 패티슨 부부와 월리스 목사 부부는 격주 토요일 저녁마다 다양한 사람들을 집으로 초대했다. 길에서 만난 사람, 어학원에서 알게 된 학생, 영어에 관심 있는 이들까지 폭넓은 대상이었다. 한편, OMF 선교사를 지원했지만 일본 비자 발급이 거부되어 선교사 파송이 좌절되었던 김의환 목사 부부는 신학교 교수로 사역하면서 선교에 관심 있는 학생들을 패티슨 부부에게 소개해주었다.

이번에 만난 청년 역시 약속대로 토요일에 패티슨의 집을 찾았다. 그는 군복무를 마치고 복학한 이중수라는 대학 4학년생이었다.

"군대 가기 전, 교회에 몇 번 나간 적이 있습니다. 하지만 번번이 실망했습니다."

그는 영어를 잘했다. 이후에도 여러 차례 패티슨의 집을 방문했다. 시간이 지나면서 그는 점점 마음을 열었고, 오랜 시간 겪었던 집안 문제에 대해서도 털어놓기 시작했다. 예수를 믿으면 가족의 핍박이 심해질 것이라고 말했다.

"솔직히 당신 집에 방문하는 것을 망설였습니다. 하지만 선교사의 가정은 어떤 모습인지 정말 궁금했습니다. 저도 당신처럼 행복한 가정을 꾸리고 싶습니다."[4]

패티슨 부부는 놀라웠다. 선교사 가정이라 해도 다를 바 없었다. 어린아이들의 끝없는 요구와 소란과 분주한 가사일 속에서 긴장하고 실망하기도 하는 것이 현실이었다. 그런 일상 속에서 이 청년은 자신이 평생 꿈꿔왔던 '스위트 홈'을 발견한 것이다. 이는 전적으로 하나님의 은혜였다. 마침내 그 청년은 크리스마스를 열흘 앞두고 신앙을 고백하며 예수님을 영접했다. 그 후 그는 점점 성장해갔으며,

오드리 패티슨과 캐슬린 윌리스의 한국어 선생을 자처했다. 그리고 본격적으로 성경공부를 시작했다.

패티슨은 매주 기차를 타고 서울과 마산을 오갔다. 일곱 시간이나 걸리는 느린 열차였다. 그는 객차 안에서 젊은이들을 만났다. 옆자리에 앉은 이는 군복무 중인 중위였다. 그는 패티슨에게 진지하게 물었다.

"진짜 천당과 지옥이 있습니까?"

어떤 대학생은 도전적인 태도로 질문했다.

"미국 대학생들이 조직적으로 정부에 저항하는 스튜던트 파워에 대해 어떻게 생각하시나요?"

1969년 9월에는 박정희 대통령의 3선 개헌을 반대하는 학생들의 시위가 이어지고 있었다. 패티슨은 자연스럽게 대화를 이어가며 그 학생과 친구들에게 하나님의 복음을 전했다. 하지만 열띤 토론이 이어지는 동안, 그는 한국어 실력이 부족함을 절실히 느꼈다. 영어로 전하는 데도 한계가 있었다. 그는 더 유창하게 한국어를 하지 못하는 것이 안타까웠다.

헤롯 시대의 예수님은 자신의 영적 사역의 중심에서 결코 벗어나지 않으셨다. 복음은 기존의 사회나 정치 질서에 대한 혁명적 대안이 아니었다. 패티슨 역시 그 길을 따랐다. 그는 자신이 사역하는 나라의 사회적, 정치적 상황에 관심을 두었으며, 그 나라와 국민을 사랑했다. 그러나 그의 사명은 영적 혁명가로서의 역할이었다. 선교사가 영적 영역을 벗어나면 수많은 함정에 빠지기 쉽다. 패티슨은 크리스천들이 영적으로 거듭나면 사회적, 정치적 변화는 자연스럽게 뒤따를 것이라고 확신했다.[5]

기차에서 만난 그 학생은 마산에 살고 있었다. 다음날, 그는 세 명의 친구들과 함께 패티슨을 만나러 왔다. 그러나 출타 중이던 패티슨은 그들을 놓치고 말았다. 아쉬웠지만, 패티슨은 실망하지 않았다. 믿는 사람은 서두르지 않는 법이다. 복음의 진리를 전하는 일인데 쉬울 수는 없었다. 눈물과 간절함, 그리고 많은 시간이 필요했다. 그는 더욱 간절한 마음으로 한국어 공부에 매진했다.

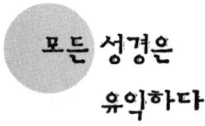

모든 성경은 유익하다

오드리는 두 아이의 입가에 묻은 마멀레이드를 닦아주고, 빵 부스러기가 흩어진 아침 식탁을 빠르게 정리했다. 패티슨은 낡은 모조품 페르시안 카펫 위를 부지런히 청소기로 밀고, 작은 칠판을 벽에 걸었다.[6] 드디어 그가 기도하고 준비했던 직원 성경공부가 시작되는 날이었다.

'과연 직원들이 모두 와줄까?'

아동구호기금 소속 의사로 왔다가 OMF 선교사로 돌아온 패티슨을 소아결핵병동 직원들은 반가워했다. 그러나 성경공부까지 환

1973년경, 가포의 사택

영받을 수 있을지는 확신할 수 없었다.

  1970년 3월 31일, 한국어 공부를 마친 패티슨은 가족과 함께 마산으로 내려왔다. 그가 처음 한국에 도착했던 4년 전에 비해 서울은 몰라보게 달라지고 있었다. 논밭이 사라진 자리엔 크고 작은 빌딩과 고층 아파트들이 들어섰고, 곳곳에선 도로 공사가 한창이었다. 패티슨의 마음은 서울이 아닌 마산과 근처 시골, 섬으로 향했다. 그곳에서 그의 치료를 기다리는 어린 환자들을 돌보고 싶었다. 존과 캐슬린 월리스 부부는 충현교회에서, 마거릿 로버트슨 선교사는 IVF(한국기독학생회)에서 대학생들의 영어 성경공부팀을 맡았다. OMF의 선교 원칙에 따라, 그들은 기존 교회와 협력하며 한국어 공부에 집중했다.

1976년경 가포 사택 앞에서 패티슨 부부와 네 자녀
(마거릿, 데이비드, 피터, 조이)

4. 회개할 것이 있습니다

가포의 4월은 화사한 봄꽃이 만발해 여전히 아름다웠다. 오래 비워둔 사택은 태풍이 남긴 흔적 때문에 여러 곳을 손봐야 했다. 목조 건물의 나무가 휘어졌고, 페인트는 곳곳이 벗겨졌다. 수돗물이 나오지 않고 배수관이 막혀 있어 화장실을 따로 만들어야 했다. 환경은 어수선했으나 패티슨은 정식으로 직원들과 함께 성경공부를 시작했다. 그의 한국어 실력은 날로 발전해 이제는 간단한 메시지를 전하는 것이 가능해졌다. 때가 이르렀다.

출근 시간 20분 전, 네 명의 직원들이 사택으로 왔다. 병원 안은 공적인 공간이므로 당분간 닥터 패티슨의 집에서 모이기로 했다. 아동구호기금의 후원이 줄고 행정 업무가 한국 정부로 이관된 상황에서 병원에 남아 있는 정식 직원은 네 명뿐이었다. 병원 차를 운전하는 지 씨, 물리치료사 종섭 씨, 총무 청년 조 씨, 간호조무사 미스 장이 다소 떨떠름한 표정으로 사택으로 들어섰다.

패티슨은 마태복음을 선택했다. 그리스도의 생애를 배울 수 있는 신약의 첫 복음서였다. 한국에서 임기를 마치고 영국으로 돌아가 머물던 시절, 그는 마태복음을 공부했다. 한 장 한 장 넘길 때마다 그는 오드리에게 외치곤 했다.

"아! 이 놀라운 말씀을 우리 한국 동료들과 나누고 싶어요."

문제는 첫날 나눌 말씀이 예수님의 계보라는 것이었다. 이름도 생소한 이 긴 족보를 과연 직원들은 어떻게 받아들일까?

케임브리지 기독교연합회에서 존 스토트 목사는 학생들에게 디

모데후서 3장 16절을 인용하며 말했다.

"모든 성경은 유익합니다."

그러나 이곳은 케임브리지가 아니었다. 청년 조 씨를 제외하고는 예수를 전혀 알지 못하는 사람들, 성경을 처음 펼쳐보는 사람들이 있는 자리였다. 운전기사 지 씨는 세 아이의 아버지였고 교육 수준이 높지 않았다. 그는 북쪽으로 차를 몰고 갈 땐 그쪽에 묻혀 있는 조상에게 안전을 빌었고, 서쪽으로 갈 땐 그쪽에 묻힌 다른 조상에게 기도했다. 종섭 씨는 척추장애를 가졌지만, 독학과 강한 의지로 물리치료사가 된 사람으로 자아가 강했다.[7] 신앙을 권하는 패티슨에게 "소를 물가로 끌고 갈 순 있어도 물은 강제로 못 먹인다"며 거절한 적이 있었다. 간호조무사 미스 장은 다른 직원들이 모두 간다기에 마지못해 따라온 것이었다.

이들이 과연 마태복음 1장을 어떻게 받아들일까? 그는 모든 것을 주님께 맡겼다. 패티슨은 담대하게 첫 질문을 던졌다.

"예수 그리스도는 누구일까요? 그분은 정말 기독교인들이 주장하듯이 하나님의 아들일까요?"

그런데 뜻밖의 반응이 나왔다. 유럽과 북미에서는 대부분이 족보에 별 관심이 없지만 한국은 달랐다.

"마, 예수가 그렇게 중요한 인물이라모 당연히 긴 족보가 있어야 안 되겠습니꺼."

족보 문제는 패티슨에게만 걱정거리였다. 이름을 읽기는 어려웠으나, 첫 성경공부는 우려와 달리 완벽한 서론이 되었다.

회개할 것이 있습니다

패티슨이 직원들과 함께 성경을 읽기 시작한 지 두 달이 지났다. 하루는 운전기사 지 씨가 혼자 다리를 꼬고 앉아 성경을 읽고 있었다. 처음 보는 모습이었다. 그동안 지 씨는 가장 열심히 성경공부에 참석했다. 그는 뭔가 알았다는 듯 고개까지 끄덕였다. 그는 패티슨을 보며 말했다.

"마, 인자 예수님의 기적이 믿어지네예."

하지만 그는 예수님이 "세상에 화평이 아니라 검을 주러 왔다"는 마태복음 10장 34-39절 말씀에 큰 충격을 받았다. 예수를 믿으면 그가 제일 먼저 맞닥뜨릴 어려움은 제사 문제였다. 그가 유교적 관습을 중시하는 형제와 집안 어른들과의 불화를 감당할 수 있을까? 패티슨은 그 점이 가장 염려되었다.

물리치료사 종섭 씨는 믿음이 조금씩 자라고 있었다. 그는 '물가까지'는 잘 따라왔다. 그런데 언제 복음의 생수를 '스스로 마실지'는 아무도 알 수 없었다. 직원 중 유일한 크리스천인 청년 조 씨는 그즈음 방황하고 있었다. 아침 성경공부에 잘 나오지도 않았다. 패티슨은 조용히 기다렸다. 청년 조 씨 안에 "착한 일을 시작하신 이가 그리스도 예수의 날까지 이루실 줄"(빌 1:6) 확신했다.

여름방학에는 성경공부도 잠시 쉬었다. 패티슨과 오드리, 세 살 된 딸 마거릿, 두 살 된 아들 데이비드는 지리산에 있는 외국인 선교사들의 오두막으로 휴가를 떠났다. 그곳에는 패티슨이 직접 지은 영국 농촌식 억새지붕 집이 있었다. 오드리는 가을에 셋째 아이를 출산할 예정이었다.

여름방학 동안 패티슨은 한국 크리스천들의 수련회에 세 차례 참석했다. 첫 번째로 밀양에서 열린 학생 복음단체 중·고등부 학생수련회에서는 "내가 한국에 온 이유"라는 제목으로 강의를 했다. 500여 명이 모인 나흘간의 집회 분위기는 뜨거웠다.

"회개하라, 회개하라!"

끝없는 목사의 외침에 학생들은 "오, 주여!"라고 외치며 주먹으로 바닥을 치고 울었다. 패티슨은 당혹스러웠다. 자신은 아무런 감동도 느끼지 못했기 때문이었다.

'내가 냉정하고 분석적이어서 성령을 느끼지 못한 것일까?'[8]

그는 학생들이 진정 예수님의 말씀으로 회개하고, 죄의식 대신 기쁨과 평강을 얻고 돌아갔는지 의문이 들었다.

두 번째 모임은 서울에서 열린 IVF와 다른 대학생 연합이 주최한 수련회였다. 그는 400여 명의 대학생들에게 "예수, 시골 선교사"라는 주제로 강의했다. 패티슨은 한국이 언젠가는 선교사를 보내는 나라가 될 것이라 예견했다. 세 번째 모임은 부산에서 열린 한국장로교회 합동 측 남성 청장년 350여 명이 모인 수련회였다. 그는 "영국 젊은이들의 움직임"과 "OMF 선교사들이 한국에 온 이유"에 대해 발표했다. 이 수련회의 주제는 "새 시대를 위한 새로운 비전"이었다. 그는 보수적인 교회가 급변하는 세상에서 새롭게 복음을 전하려고 씨름하는 모습을 보고 큰 격려를 받았다.

패티슨은 부산을 떠나기 전, 장기려 박사의 복음병원팀과 함께 섬으로 가서 36시간 동안 의료봉사를 하고 말씀을 전했다. 어린이 50명과 어른 30-40명이 모인 자리에서 그는 "나사렛의 예수는 누구인가"라는 제목으로 짧게 말씀을 전했다. 그는 다른 곳보다 이곳에서 성령의 임재를 강하게 느꼈다.⁹

세 곳의 수련회와 섬 전도에 참석한 패티슨은 앞으로 한국의 크리스천들이 "예수님의 말씀에 기초한 신앙을 세워가야 할 것"이라고 진단했다. 그는 9월에 싱가포르에 기반을 둔 동아시아 성서유니온의 책임자 데이비드 챈을 만났다. 그들은 1971년부터 한국어 성경읽기 카드를 제작하기로 했다.

10월 7일, 패티슨 부부의 셋째 아기 피터 브루스가 누나와 형처럼 부산 일신부인병원에서 태어났다. 가포 집에 돌아온 오드리는 가벼운 간염에 걸려 몇 주 동안 침대에서 휴식을 취해야 했다.

패티슨의 성경공부에는 근처 마산교대에 다니는 학생들도 참석하기 시작했다. 두 명의 여학생은 패티슨 사택에서 지내고 있었다. 몇 달 동안의 기도 끝에 응답이 왔다. 가포교회 목사로부터 토요일 저녁마다 고등학생 모임을 맡아달라는 부탁을 받았다. 그리고 교회에 다니지 않는 어린이들을 가르칠 수 있는 정기적인 성경 수업의 문도 열렸다. 12월이 되었다. 직원들과의 마태복음 공부도 예정대로 끝나가고 있었다.

1971년 7월, 가포교회 신축 기공식 예배에서 둘째 자녀 데이비드와 함께

"회개하고 싶습니다."

물리치료사 종섭 씨가 홀로 패티슨을 찾아왔다. 패티슨은 그가 기독교 용어인 '회개'라는 단어를 쓰는 것에 주목했다. 성경공부 시간에 그는 언제나 말씀을 읽고 나누기만 했을 뿐, 직원들에게 회개나 결단을 촉구한 적이 없었다.

"네, 좋습니다. 무슨 일인가요?"

종섭 씨는 주머니에서 종이 한 장을 꺼내 읽기 시작했다.

"15년 전에 기차표를 안 끊고 기차를 탔습니다. 방금 그 값을 역장에게 보냈습니다. 그리고 병원 물건 몇 가지를 집으로 가져갔습니다. 여기 목록이 있는데예 제 월급에서 물건값을 까주이소."

4. 회개할 것이 있습니다

패티슨은 놀랐다. 종섭 씨는 항상 근면하고 모범적인 직원이었다. 그가 말하는 병원 물건은 거의 방치된 것들이었고, 직원들이 사적으로 사용할 수도 있는 물품이었다. 그는 계속했다.

"그리고 저는 오늘 원장님 앞에서 말한 이 내용을 성경공부팀 모두 앞에서도 똑같이 고백하겠습니다."

패티슨은 다시 한번 놀랐다. 한국에서 체면은 목숨보다 중요한 가치였다. 아는 사람들 앞에서 자신의 잘못을 공개적으로 고백한다는 것은 상상하기 어려운 일이었다.

"왜 이렇게까지 하고 싶은 건가요?"

패티슨의 질문에 종섭 씨는 잠시 망설이다 대답했다.

"성경의 십자가 이야기를 읽다가 제 마음이 변화되는 것을 느꼈습니다."[10]

하나님의 말씀이 그를 변화시켰다. 그는 숨겨진 죄를 고백하고, 그에 합당한 행동을 하기로 결단했다. 그는 물건값 5천 원을 상환했고, 그 돈은 복음 전파를 위한 기금에 기부되었다. 진심으로 회개한 종섭 씨는 하나님과 화해하고 죄책감에서 벗어나 평온한 얼굴로 집으로 돌아갔다.

종섭 씨의 변화는 이후 패티슨이 하고자 하는 모든 사역의 기초가 되었다. 국적과 문화, 교육 수준과 상관없이, 성경 말씀은 사람을 변화시키고 예수님을 믿게 하며 삶을 선하게 바꿀 수 있다는 것을 다시 한번 확신하게 되었다.

5

이 가여운 아이들을 치료할
의사는 어디 있나요?

"결핵은 무서운 병이지만 크리스천에겐 그리 두려운 병이 아닙니다."

패티슨 원장은 진찰을 마치고 청년 박은조에게 약을 주면서 말했다. 박은조는 신학교를 마치고 장교 시험에 응시했지만, 신체검사에서 결핵균이 발견되어 탈락했다. 예상치 못한 결과에 낙심한 그는 패티슨을 찾아왔다.

"약을 정확히 먹고, 영양 섭취를 잘하면 문제없이 나을 수 있습니다."

패티슨은 격려했지만, 박은조는 초조했다. 그에겐 시간이 많지 않았다. 장교 시험에서 탈락했으니 넉 달 뒤에 사병으로 입대해야 했고, 만약 그때도 결핵균이 검출되면 1년 동안 입대를 미뤄야 했다.

박은조가 패티슨을 처음 만난 것은 결핵에 걸리기 5년 전, 열아홉 살 때였다. 1971년, 재수생이었던 그는 학생신앙운동(SFC) 경남 지부 일을 맡고 있었다. 한국성서유니온의 윤종하 총무가 그의 교회 선배였고, 패티슨과 함께 소아결핵병동에서 일하던 김동식 전도사가 고향 선배였다. 이러한 인연으로 그는 패티슨과 함께 함안, 밀양, 진해, 창원, 삼랑진 등 여러 시골 교회를 함께 방문했다. 패티슨은 한국성서유니온에서 발행한 「매일성경」을 활용해 학생들에게 QT(경건의 시간)를 가르쳤다.

"자, 여기 성경 본문을 읽으면서 지금 말씀하시는 하나님은 어떤 분인지 생각해봅니다. 사랑의 하나님이시죠? 왜 하나님은 사랑이라고 쓰셨을까요? 바로 우리도 사랑하면서 하나님을 닮아가는 삶을 살아야 한다는 말씀이에요."

그는 어린 학생들이 이해하기 쉽게 성경을 읽고 하나님을 알아가는 방법을 설명했다. 영국에서 온 선교사가 방문한다는 소식에 중·고등학생들이 많이 모였다. 지금은 교회마다 성경공부반이 있고 QT도 널리 시행되지만, 당시에는 성경을 정독하고 묵상과 바른 적용을 배울 기회가 드물었다. 특히 중·고등학생들은 교회를 오래 다녀도 기독교가 무엇인지, 누구를 왜 믿는지조차 제대로 알지 못했다. 패티슨은 기독교의 핵심인 예수님을 명확히 전했다.

"우선 매일 조용한 시간에 성경을 읽으며 홀로 주님과 대면하는 시간을 가져야 합니다. 성경을 읽기 전에 기도로 준비하세요. 성령은 성경 말씀의 통역자입니다. 본문을 주의 깊게 읽고, 문맥과 의미를 이해하려고 노력하세요. 그리고 오늘 말씀을 통해 하나님께서 내게 하라고 하신 일과 하지 말아야 할 일을 생각해봅니다. 마지막은 기도로 마쳐야겠지요."

박은조는 깜짝 놀랐다.

'아, 성경은 이렇게 읽어야 하는구나.'

초등학교 때부터 교회를 다녔지만, 이렇게 성경을 읽고 묵상해야 한다는 것을 배우기는 처음이었다.

"이번 「매일성경」은 무료로 줍니다. 다음 호부터는 사서 보세요."

패티슨은 학생들에게 「매일성경」을 나눠 주었다. 하지만 그 시절, 학교 기성회비나 교과서조차 사지 못하는 가난한 학생들이 많았다. 대부분의 책값은 패티슨의 주머니에서 나왔을 것이다.

그때만 해도 교회에서 어린이와 학생들은 중요한 구성원으로 대우받지 못했다. 서양 사람에 대한 호기심으로 모인 철없는 아이들을 패티슨은 한 명 한 명 소중히 여기는 게 눈에 보였다.

'이분은 정말 아이들을 인격적으로 대하는구나.'

박은조는 패티슨이 한국 교회의 미래가 청소년들을 '예수 제대로 믿는 크리스천'으로 양육하는 데 달렸다고 믿고 있음을 알게 되었다.

박은조는 초등학교 3학년 때부터 교회를 다녔다. 집안에서 신앙을 가진 사람은 그가 처음이었다. 고등학교 1학년 때 예수님을 영접했고, 고3 때 성령 체험을 했다. 이미 목사가 되어야겠다고 결심했지만, 막상 대학 입시를 앞두고는 망설이고 있었다.

일주일 동안 닥터 패티슨과 함께 시골 교회들을 방문하면서 박은조는 깊은 감명을 받았다. 패티슨은 부유한 나라에서 온 의사였지만, 편안한 삶을 뒤로한 채 가난한 환자들을 돌보고, 외진 시골 교회를 찾아다니며 열정을 다해 복음을 전했다. 그 모습을 지켜본 박은조는 이런 결론을 내렸다.

'예수를 믿으면 이런 훌륭한 어른이 되는구나.'

신학교와 일반대학 사이에서 고민하던 그는 마침내 신학교에 가기로 마음먹었다. 패티슨 원장에게 결핵약을 받은 박은조는 넉 달 동안 최선을 다했다. 약을 꾸준히 복용하고, 운동하며, 매일 새벽기도를 드렸다. 마침내 6월이 되어 영장이 나왔고, 논산에서 신체검사를 받았다. 결핵균은 나오지 않았다.

그는 군복무를 무사히 마치고 예정대로 신학대학원에 진학했다. 성경을 읽고 묵상하며 삶에 적용하는 훈련은 그의 신앙과 목회의 기초가 되었다. 그는 신학생들이 헬라어와 히브리어를 배우듯 QT도 필수적으로 배워야 한다고 생각했다. 하나님의 백성을 지도할 목회자가 매일 하나님을 묵상하지 않는다면, 자신의 언어로 살아 있는 설교를 할 수 없기 때문이었다. 이런 말씀 운동을 시작한 패티슨의 사역은 하나님께서 한국 교회에 주신 놀라운 선물이었다.

낮은 곳으로 오신
예수 그리스도

명자는 마리아 역할에 잘 어울렸다. 병동의 환자들과 직원들이 함께 모여 성탄극을 준비했다. 얼마 전 극적으로 회심한 종섭 씨가 앞장섰다. 열일곱 살, 키가 크고 부드러운 갈색의 큰 눈을 가진 명자는 아직 목에 스카프를 매고 있었다. 임파선결핵은 낫고 있었지만 목 주위에 생긴 흉터는 평생 가리고 다녀야 할 것 같았다. 부산에서 살던 명자는 4개월 전, 소아결핵병동으로 왔다.

"이 버스 결핵병원 갑니꺼?"

부산에서 새벽 기차를 타고 마산역에 도착한 명자와 아버지는 길을 묻고 있었다.

"이 차 말고 가포동 가는 거 타이소."

그들은 안내를 따라 가포동으로 가는 버스를 탔다. 시내버스보다 5원이 비싼 35원의 차비를 내야 했지만 어쩔 수 없었다. 출근하는 사람들로 붐비는 버스 안에서 명자는 조심스레 목에 감은 스카프를 고쳐 맸다. 혹시라도 주변 사람들이 자신의 병을 눈치채지 않을까 두려웠다. 주위를 둘러보니 차 안에는 목발을 짚은 초췌한 남자, 키가 작고 등이 솟은 명자 또래의 소녀, 그리고 앞자리에 작은 아이를 앉히고 오른팔에 붕대를 감은 아기를 업은 엄마가 있었다. 그들은 명자와 같은 병원에 가는 사람들이었다.

'환자들이 너무 안 많았으모 좋겠네.'

명자는 속으로 아버지와 자신의 버스비와 기차비를 계산하며 걱정했다. 부산에서 명자는 스웨터 공장에서 일하고 있었다. 하루 12시간씩 일하고, 2주에 겨우 하루를 쉴 수 있었다. 어머니는 세상을 떠났고, 노동하는 아버지와 네 명의 동생들이 남았다. 그녀는 소녀가장이었다.

그러던 어느 날, 목 한쪽이 부어오르기 시작하더니 몇 주 후 다른 쪽도 부어올랐다. 병원에 갈 돈도 없고, 혹시라도 직장을 잃게 될까 두려웠다. 결국 근처 한의원을 찾아갔다. 의사는 고약을 발라주는 간단한 처방만 내렸다. 며칠 후 그녀의 목에는 끔찍한 궤양이 생겼다. 그녀의 정확한 병명은 임파선결핵이었다.

"마산에 가모 니 같은 아들 무료로 나사주는 병원이 있으니께 함 가봐라."

누군가 하는 말을 듣고 명자는 아버지와 함께 마산에 온 것이다.

국립마산결핵병원 앞에서 버스가 섰다. 같이 타고 온 이들은 대부분 3층짜리 현대식 큰 건물이 있는 곳으로 발길을 옮겼다. 명자와 아버지도 그들을 따라갔다.

"어떻게 오셨어예?"

병원의 수위가 물었다.

"여가 무료로 병 나사주는 곳입니꺼?"

"무료로 치료받을라카모 여러 가지 서류를 준비해와야 하는데."

수위는 당황해하는 부녀를 보더니 말했다.

"아, 요 말고 길 건너 저기 언덕 우에 있는 다른 병동에 가보이소."

명자와 아버지는 목발을 짚은 한 소년의 뒤를 따라 언덕길을 올랐다. 300미터쯤 올라 모퉁이를 돌자 흰색 판자에 검은 글씨가 쓰인 간판이 보였다. '국립마산병원 소아결핵병동.' 기다란 병동 건물 앞에는 아침 10시가 채 되지 않았는데도 어린 환자들과 보호자들로 가득 차 있었다.

"처음 오신 분은 욜로 먼저 오이소."

하얀 자켓과 바지를 입은 키 작은 남자가 불렀다. 패티슨 원장에게 진료받기 전 상담을 맡고 있는 이종섭 물리치료사였다. 사람들은 그에게 이것저것을 물었고, 그는 바쁜 와중에도 친절하게 대답해 주었다.

"오데 보입시더."

물리치료사는 명자의 목에 감긴 스카프와 붕대를 차례로 벗겨냈다. 명자는 눈을 질끈 감고 아픔을 참았다. 궤양이 깊어 흉터가 남을 것 같았다.

"원장님을 만나야겠네예. 우선 병원 가서 엑스레이부터 찍어오이소."

"저기, 병원비는 얼맙니꺼?"

아버지가 다급하게 물었다.

"여는 약값과 치료비가 무룝니더. 한 달 식비로 만 이천 원만 내모 됩니더."

그때 병동에서 잠시 내려온 듯한 한 청년이 대신 대답했다.

"무룐데 우찌 병을 잘 나사줍니꺼?"

그러자 청년이 웃으며 말했다.

"여는 예수 믿는 병원이라예. 처음 올 때 난 상태가 더 나빴어예. 지금 이렇게 좋아졌습니더."

명자의 얼굴이 밝아졌다. 명자는 병원 밖 베란다에 앉아 햇볕을 쬐고 있는 또래 소녀들을 바라보았다. 조금 더 큰 아이들은 어린 아기들을 돌보고 있었다.

"여 오면 가만히 누 있는 것보다 일을 돕는 게 좋아예. 빨래나 청소, 아아들 밥 미는 걸 도울 수 있습니더. 참, 입원할 때 지 이불과 밥그릇, 수저와 젓가락은 가 오이소."

패티슨은 15세 이하의 척추결핵 환자들뿐만 아니라 딱한 사정의 청장년 결핵 환자들도 거절할 수 없었다. 그는 병들고 가난한 사람들이 아무 부담 없이 치료받을 수 있는 병원을 만들고 싶었다.

명자는 병동에 입원했다. 패티슨은 약과 함께 따뜻한 격려로 명자를 대했다. 그녀는 점점 나아지고 있었지만, 아직 집으로 돌아갈 때는 아니었다. 생애 처음으로 크리스마스를 병원에서 맞이하게 된 수줍음 많은 명자는 성탄극에서 마리아가 되었다.

상처를 가리는 스카프를 목에 맨 마리아는 아기 예수를 안고 있었다. 아기 예수 역할은 어린 환자가 맡았다. 목동들은 양 대신 밖에 있던 염소를 끌고 나왔다. 동방박사 중 두 명은 목발을 짚었고, 나머지 한 명은 아기 예수께 절하기 위해 간신히 무릎을 꿇었으나 척추

▲ 1970년 초 소아결핵병동, 화창한 날 베란다에 내놓은 침대들
▼ 1978-1979년경, 햇볕을 쬐러 나온 어린이 환자들

5. 이 가여운 아이들을 치료할 의사는 어디 있나요?

가 굽어 머리를 바닥에 대지 못해 애를 먹었다. 헤롯은 허리를 구부릴 수 없어 내내 뻣뻣하게 앉아 있었다.[1]

성탄극을 보러온 사람들은 저도 모르게 눈물을 흘렸다. 그들은 예수가 누구인지 몰랐지만, 마구간에서 태어났고 들에서 양 치던 목동들에게 먼저 오셨다는 것은 알게 되었다. 사회에서는 장애인이고 결핵 환자라고 무시당했으나 그날은 그들이 주인공이었다. 가난하고 병든 사람들에게 오신 예수님만큼 크리스마스의 진정한 의미를 더 잘 표현할 수 있는 것이 무엇이겠는가? 연극을 전공했던 오드리는 이보다 더 감동적인 극을 본 적이 없었다. 패티슨도 이날의 성탄극을 오래도록 잊지 못했다. 그날 밤, 이어지는 예배에서 예수를 믿겠다는 사람이 17명이나 나왔다.

패티슨이 받은 또 다른 크리스마스 선물이 있었다.

"당신 올해 크리스마스에는 무슨 선물을 받고 싶어요?"

오드리의 질문에 패티슨은 망설임 없이 대답했다.

"운전기사 지 씨의 회심이요."

패티슨 원장은 진심으로 지 씨가 예수님을 영접하길 바랐다.

크리스마스 아침이었다. 가포교회에 예배드리러 갈 준비를 하고 있는데, 패티슨의 사택에 운전기사 지 씨가 예고도 없이 찾아왔다.

"내 오늘 교회 가겠습니더."

당신들에게 기도의
집을 지웁니다

매주 화요일, 병원 안은 외래 환자들로 북적였다. 그중에 결핵에 걸린 손자를 업고 온 시골 할머니가 있었다. 할머니는 옆에 앉은 사람이 혼잣말하는 소리를 들었다.

"아이고, 퍼뜩 진찰 받을라모 사진을 가 와야 되는데 그걸 안 가 왔네."

"사진이 있어야 합니꺼?"

"예, 그기 있어야 빨리 본다카데예. 사진 있습니꺼?"

"없는데예."

"여서 기다리느니 퍼뜩 가 사진부터 찍어가꼬 오이소."

할머니는 부리나케 손자를 업고 병원을 나와 버스를 탔다. 마산 시내 사진관에 들어간 할머니는 서둘러 말했다.

"우리 아 사진 한 장 찍어주이소."

사진사가 물었다.

"오데 쓸 사진입니꺼?"

"우리 손주가 등이 아파서 병원에 갔더만 사진이 있어야 퍼뜩 본다카데예."

"아이고, 할매요, 잘못 찾아왔습니다. 그 사진은 병원에서 아픈 데 찍는 엑스레이 사진이라예."

"우짜노······."

5. 이 가여운 아이들을 치료할 의사는 어디 있나요?

마산 시내에서 다시 버스를 타고 오후 늦게 병원에 온 할머니는 패티슨에게 말했다.

"내사마 일찍 와갖고 사진 있어야 된다캐서 사진관에 갔더만 거서 찍는 게 아니라데예."

할머니의 말에 패티슨과 윤영옥 간호조무사, 직원들이 모두 박장대소했다. 소아결핵병동에서는 따로 엑스레이 사진을 찍을 수 없어 국립마산병원에 가서 찍어야 했다. 기계는 제2차 세계대전 당시 쓰던 구식이었다. 마산에는 섬유공장이 많았다. 12시부터 1시는 공장들의 점심시간이어서 엑스레이를 찍을 수 없었다. 전기 공급이 갑자기 급증해 엑스레이 밸브가 터질 수 있기 때문이었다. 할머니의 손자는 엑스레이 사진은 없었지만, 진찰을 마치고 치료도 잘 받았다.

외래 환자를 보는 날에 닥터 패티슨은 점심 시간을 놓치기 일쑤였다. 아픈 아이들을 데리고 어렵게 온 보호자들이 그날 집으로 돌아갈 수 있도록 그는 최선을 다했다. 늦은 오후 비틀거리며 집으로 돌아와 점심으로 라면 한 그릇을 허겁지겁 먹고, 다시 오후 진료를 위해 진찰실로 복귀했다.

한편, 오드리 여사도 바빴다. 집안일 돕는 아주머니를 두었지만, 세 명의 아이들을 돌보는 일과 찾아오는 손님들 접대가 모두 그녀의 몫이었다. OMF 선교사, 동아시아 성서유니온 관계자, 의학연구위원회와 아동구호기금 의사, 그리고 직원과 마을 주민까지. 그녀는 한 달 동안 100명이 넘는 사람들의 식사를 준비하기도 했다.

"오늘은 누가 기도하나요?"

오드리는 식사 전에 패티슨에게 물었다. 혹시 한국 사람이 기도할 때는 음식을 오븐에 좀 더 놔두었다. 한국 사람들은 기도가 길기 때문이었다.

요리에 필요한 식자재도 구하기 어려웠다. 사택 마당에 심은 각종 야채는 훌륭한 시장 역할을 해주었지만, 그것을 가꾸자면 많은 노동이 필요했다. 닥터 패티슨에 비해 한국어를 공부할 시간이 부족한 오드리 여사가 시장에 나가 물건을 구하기도 쉽지 않았다.

"머쉬룸이 어디 있나요?"

시장에 나간 오드리가 주위 사람들에게 물어보면 이런 대답이 돌아왔다.

"머시오? …… 그기 뭡니꺼?"

머쉬룸이 한국어로 버섯이라는 걸 겨우 기억해낸 오드리는 다시 물었다.

"버섯이 어디 있나요?"

"버스예? 오데 가시게예?"

결국 오드리는 포기하고 스스로 찾아야 했다.

존 윌리스 목사의 경우도 딱했다. 아내인 캐슬린을 위해 그는 신선한 달걀을 구하고 싶었다. 한국에서는 닭에게 생선 사료를 먹이는 경우가 많아선지 달걀에서 비린내가 났다. 그는 시장에 가서 달걀 한 개를 들고 상인에게 물었다.

"에헴, 실례합니다. 이 달걀의…… 엄마가…… (아니 다시, 엄마의 존

댓말이 뭐더라?)…… 이 달걀의 어머니는…… 생선을 먹은 닭인가요?"

상인의 얼굴에 도무지 알 수 없다는 표정이 떠올랐다.

'이 서양 놈이 날 놀리나?'

존 목사는 그냥 달걀을 샀다. 집에 가서 최선을 다해 요리하는 수밖에 없었다.

한국어로 버섯이나 달걀 한 판을 사기도 어려운데, 어떻게 해야 이 언어로 영혼을 구원할 수 있을까 그들은 고민했다.²

오드리 여사는 세 아이들을 돌보는 일과 손님 접대의 바쁜 일상 속에서도 선교사로서 사명을 다했다. 집안일을 돕는 아주머니와 직원 부인들을 대상으로 성경공부를 하며 섬겼다. 그러다 결국 건강에 이상이 생겼다. 셋째 아이 피터를 출산한 지 6주 만에 급성 간염에 걸린 것이다. 이 병은 충분한 휴식을 취하면 몇 주 내에 자연스럽게 회복되는 경우가 많지만, 가족 간의 감염을 예방하기 위해 감마 글로불린 주사를 맞아야 했다. 다행히 마산 인근 진해의 미 해군 기지에서 이 약을 투여받을 수 있었다. 회복 속도는 개인에 따라 달라 몇 주 안에 호전될 수도, 몇 달이 걸릴 수도 있었다.

패티슨은 이제 막 본격적인 선교사역의 기회를 맞이하고 있었다. 직원 성경공부를 비롯해 마산교대와 마산간호학교 학생들의 모임, 교회 학생부 지도, 그리고 중·고등학생 대상의 신앙 강의까지 점차 사역의 폭이 넓어지고 있었다. 그러나 아픈 아내와 어린 세 자녀를 돌봐야 하는 상황에서 그는 일부 사역을 잠시 내려놓기로 했다. 그

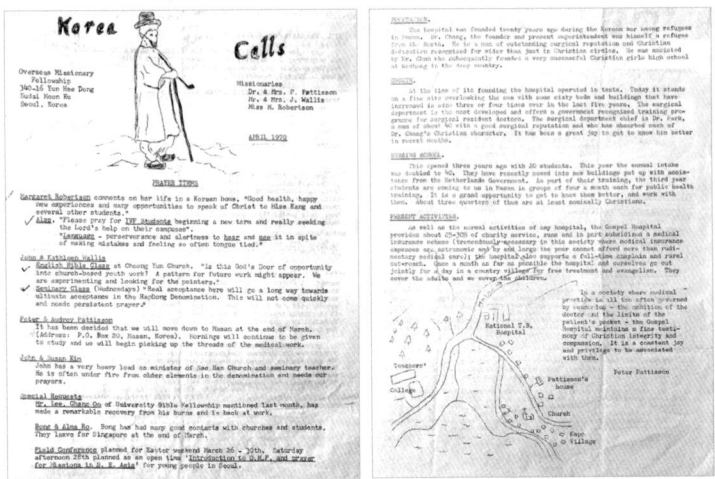

한국에 파송된 OMF 선교사 소식지 「Korea Calls」, 패티슨 선교사가 직접 그림을 그렸다.

는 기도 동역자들에게 편지를 썼다.

"우리는 이 모든 상황을 어떻게 바라봐야 할까요? 선교의 문이 열리는 순간, 사탄의 반격일까요? 아니면 우리를 당신과의 더 깊은 교제로 이끌기 위한 하나님의 연단일까요? 그도 아니면, 그저 선교사의 삶에서 마주하는 한 과정일까요? 하지만 저는 확신합니다. 하나님께서 모든 것을 주관하시며, 우리는 그분을 신뢰할 수 있습니다. 십자가의 복음은 하나님께서 사탄의 최악을 사용해 가장 위대한 승리를 이루신다는 사실을 보여줍니다." [3]

그가 OMF 선교사가 되어 영국을 떠날 당시 11명이었던 기도 동역자들은 이제 20명이 넘었다. OMF에서는 선교사가 최소한 20명의 기도 동반자들과 함께 사역할 것을 권장했다. 그는 영국 출신으로 CIM(중국내지선교회) 소속 중국 선교사였던 J. O. 프레이저의 말을 인용해 강력하게 기도 요청을 하며 편지를 맺었다.

"여러분께 단순히 기도의 '도움'을 요청하는 것이 아닙니다. 나는 이 영적 전쟁터에서 기도의 주된 '책임'을 여러분의 어깨에 지우려 합니다."[4]

하나님의 은혜로 그들은 승리했다. 오드리는 한 달 만에 깨끗이 회복되었다. 다섯 명의 OMF 선교사들은 자신에게 맡겨진 주님의 일에 조금씩 속도를 내기 시작했다.

어여쁜 자야, 일어나서 함께 가자

"내사마 예수고 머고 아무것도 모르는 사람인데 성경공부하다 보니 믿어지대."

운전기사 지 씨가 소아병동에서 같이 근무하는 남자 셋과 간호사 한 명을 둘러보며 말했다. 그는 교회에 출석하며 제사 문제로 형제와 집안 어른들에게 맹비난을 받고 있었다. 아직 세례받을 결심은 하지 못했다.

"예배당 나가믄 술도 몬 마시고 담배도 끊으라카대. 먼 재미로 사노?"

남자 일꾼 세 명은 모두 알아주는 술꾼들이었다.

"그기 중요한 게 아이라. 원장님이 예수 잘 믿으모 절로 술 담배도 멀어진다카대."

얼마 전 회개하고 세례를 받은 새내기 신자인 물리치료사 종섭 씨도 말을 보탰다. 두 사람은 회심한 지 얼마 안 되었지만 주위 사람들에게 전도하기 시작했다.

"아이고, 일요일 아침마다 하나님이 바쁘시겠네. 온 교회마다 다 돌아댕기야 하께네."

이런 싱거운 소리도 나왔지만, 그날 밤 모임은 패티슨이 없는 가운데서도 세 시간 동안이나 뜨거운 토론으로 이어졌다.

이를 지켜보는 패티슨은 놀라울 뿐이었다. 그런데 그보다 더 놀라는 사람이 있었다. 직원 성경공부팀의 유일한 크리스천이었으나 믿음에 회의가 생겨 성경공부를 멀리했던 청년 조 씨였다. 그는 처음부터 지 씨와 종섭 씨가 변할 리 없다고 단언했다.

"그 사람들 절대 변하지 않을 낍니더."

그렇게 확신했던 그의 예상은 보기 좋게 빗나갔다. 학교도 많이 다니지 못했고, 성경도 처음 펼쳐 본 사람들이 변화하는 모습을 보며 조 씨는 결국 다시 예수님께로 돌아왔다. 이제 그들은 매일 아침 사도행전을 함께 공부했다. 병동의 분위기는 달라졌다. 그들이 앞장서서 성경을 읽고 예배를 드렸다.

1971년 1월부터 패티슨과 교대로 환자를 돌보던 한국인 의사들이 더 이상 오지 않게 되었다. 결국 패티슨은 혼자서 환자들을 진찰하며 퇴원한 환자의 집도 직접 찾아가야 했다. 함께 근무하던 간호조무사 두 명도 그만두고 독일 취업을 위해 서울로 떠났다. 패티슨이 처음 한국에 도착했을 때부터 우려했던 숙련된 간호 인력의 해외 유출이 현실이 된 것이다. 부족한 인력을 보충하기 위해 부산 복음병원 간호학과 학생들이 매월 네 명씩 한 조를 이루어 패티슨의 병동으로 왔다. 학생들은 한 달 동안 패티슨의 사택에서 지내며 교육을 받았다. 그들은 명목상 크리스천이긴 했지만, 성경 지식이 부족하고 진정한 신앙고백에 이르지 못한 상태였다.

아침 성경공부팀은 두 그룹으로 나뉘었다. 초급자팀은 마가복음을, 상급자팀은 성서유니온에서 나온 「데일리 브레드」를 번역, 보완한 QT 책 「일용할 양식」을 교재로 공부했다. 당시 아직 한국성서유니온이 생기기 전이었으나 대학생성경읽기선교회와의 협력으로 QT 책이 1968년부터 보급되었으며, 성경읽기표도 1971년 1월부터 발행되기 시작했다.

OMF 선교회는 한국의 기독교 출판사들과 협력해 신앙 서적을 번역 출간하는 사역을 펼쳤다. 첫 번째 번역서로 1971년 7월, 마틴 로이드 존스 박사의 『두려움에서 믿음으로』가 발간되었다. 마틴 로이드 박사는 영국 출신 의사이자 복음주 설교자로, 오랫동안 웨스트민스터 채플에서 사역한 인물이었다. 이후에도 여러 기독교 서적이 번역 출간될 예정이었다. 존과 캐슬린 선교사는 IVF와 충현교회에서 사역하며, 사택 지하에 서점을 열어 신앙 서적을 판매했다. 이 모든 바쁜 일정 속에서도 패티슨은 1971년 2월, 한국 의사 시험을 치렀다.

어느 금요일이었다. 패티슨은 직원들과 함께 병원 지프를 타고 마산 서쪽 지역으로 향했다. 운전기사 지 씨, 총무 청년 조 씨, 물리치료사 종섭 씨, 간호조무사와 수련생 두 명이 동행했다.

한 시간쯤 비포장도로를 달려 도착한 곳에는, 3년 전 소아병동에서 퇴원한 스무 살 형숙이가 살고 있었다. 형숙은 골결핵 후유증으로 여전히 고관절이 굳어 있었다. 그 사이 결혼해 두 달 된 아들이 있었다. 남편은 팔 하나를 쓰지 못했다. 장애를 가진 부부는 극심한 가난 속에서 살아가고 있었다. 남편은 원래 교인이었지만, 지금은 마을 무당 밑에서 일하며 교회에 나가지 않았다. 패티슨은 형숙과 함께 기도했다. 그리고 근처에 사는 교회 집사에게 이들을 돌봐달라고 부탁했다.

다음 방문지는 오래된 구리광산 사이, 가파른 계곡을 따라 40분을 더 올라간 곳에 있었다. 그곳에는 팔과 몸통에 심각한 화상을 입은 열두 살 소녀가 살고 있었다. 그 아이는 뇌전증 환자였다. 주일학교 선생의 도움으로 병동까지 올 수 있었지만, 패티슨은 더 나은 치료를 위해 그 아이를 부산 복음병원으로 보냈다. 3개월치 입원비는 가족이 감당하기 어려운 큰 금액이었으나, 자선단체의 도움을 받아 퇴원할 수 있었다. 이날 방문에서 간호조무사는 소녀의 상처를 치료했고, 청년 조 씨는 약 복용법을 설명했다. 물리치료사 종섭 씨는 간단한 재활 장치를 만들어 소녀가 다시 팔을 쓸 수 있도록 운동법을 가르쳤다. 함께 기도한 후, 소녀의 가족에게 신약성경을 선물했다.

점심을 먹으러 들른 근처 시장에서 뜻밖의 일이 벌어졌다. 시장에서 사진관을 운영하는 한 젊은 크리스천이 다가와 기독교 영화를 상영해줄 수 있겠냐고 요청한 것이다. 그러나 그곳에는 전기가 없었고, 발전기도 용량이 충분치 않았다. 직원들은 서둘러 용량이 큰 발전기를 구해왔고, 야외에 스크린을 설치했다. 마을 사람들이 모두 모였다. 패티슨은 기차로 두 시간 거리의 다른 병원을 방문해야 했기에 아쉬움을 남긴 채 떠났지만, 직원들은 남아 전도 집회를 계속했다. 청년 조 씨가 말씀을 전했고, 지역 교회의 찬양대가 찬양을 불러 분위기를 뜨겁게 끌어올렸다. 예상치 못한 집회로 직원들은 통금 시간 직전에야 겨우 가포 집으로 돌아왔다.[5]

몇 주 후, 또 다른 마을을 방문했다. 이번에는 존 윌리스 선교사도 동행했다. 이 마을에는 고관절결핵을 앓는 한 남자가 살고 있었다. 그는 원래 술집을 운영했는데, 통증을 잊기 위해 늘 술에 취해 있었고 여러 차례 자살을 시도했었다. 세 번 결혼했으나 아내들은 모두 떠났고, 지금은 아홉 살 난 딸이 그를 돌보고 있었다. 패티슨은 여러 차례 그를 찾아가 치료하며 성경을 주고 복음을 전했다. 그는 조금씩 변화되었고, 다르게 살려고 애쓰기 시작했다. 술 대신 사탕과 과자를 팔았다. 떠났던 아내도 돌아왔다. 그는 마을 아이들에게 성경을 가르치고 싶어 했다. 그는 마을 이장에게 부탁해 기독교 영화를 상영할 수 있도록 허가를 받았다.

그날 밤, 마을 사람이 모인 가운데 〈생명의 붉은 강〉이라는 기독교 영화가 상영되었다. 이 영화는 피와 심장을 주제로 자연스럽게 복음을 전하는 내용이었다. 영화가 끝난 후, 그는 진심으로 예수님을 영접한 듯했다. 혼란스럽고 당황했으나 그의 심령에 진짜 변화가 일어난 것이 분명했다. 패티슨과 존 윌리스 선교사는 또 다른 마을로 가서 네 편의 기독교 영화를 연속으로 상영했다. 그들은 한밤중이 되어서야 집으로 돌아왔다. 고된 일정이었다.

"휴우, 매일 이렇게 일할 수는 없겠어요."

존 윌리스 선교사가 말했다. 패티슨도 동의했다.

"하지만 시골에 나가면 복음을 전할 기회가 너무나 많습니다. 내년에는 더 많은 환자들의 집을 방문하고 싶습니다."[6]

오드리는 간호사 경력을 살려 마을에서 출산하는 산모들의 아기를 받았다. 그중에는 결혼한 물리치료사 종섭 씨의 두 아이도 있었다. 그녀는 한 해에 아홉 명의 아기를 받았는데, 그중 정상적으로 태어난 아기는 단 세 명뿐이었다. 두 명은 선천성 매독에 걸렸고, 나머지도 영양실조나 질병을 가지고 태어났다. 오드리는 산모들에게 산전 교육이 시급하다는 것을 절감했다.

1972년이 되었다. 패티슨이 처음부터 기도해왔던 마산교대 학생들을 위한 전도의 문은 여전히 열리지 않았다. 그러나 운전기사 지 씨가 아내와 함께 세례를 받았고, 종섭 씨가 전도한 병동 청소부 변 씨가 교회에 나와 세례 준비반에 등록했다. 독일 취업을 위해 서울로 떠난 간호조무사 미스 리도 예수님을 영접했다. 처음 제작된 성경읽기표도 반응이 좋아 1년 동안 2천 장 이상이 팔렸다. 패티슨은 편지에 이렇게 썼다.

"겨울도 지나고 비도 그쳤고 지면에는 꽃이 피고 새가 노래할 때가 이르렀는데…… 나의 어여쁜 자야, 일어나서 함께 가자…… 내가 네 얼굴을 보게 하라. 네 소리를 듣게 하라"(아 2:11-14). 이것은 시작에 불과합니다. …… "네가 적은 일에 충성하였으매 내가 많은 것을 네게 맡기리니"(마 25:21)라는 말씀이 항상 제게 와 닿습니다."[7]

1972년 4월 5일, 패티슨 가정에는 네 번째 아기가 왔다. 이본느 조이 역시 언니, 오빠들처럼 부산의 일신부인병원에서 태어났다.

한국성서유니온을 세우다

"하루에 성경 세 장, 주일에는 다섯 장을 읽으면 1년에 성경 전체를 통독하게 됩니다. 하루에 여섯 장, 주일에 열 장을 읽으면 성경을 두 번 읽을 수 있습니다."[8]

마산에서 열린 집회에서 강사가 힘주어 외쳤다. 당시 한국 교회에서는 성도들이 한 해 동안 읽은 성경 구절의 총합을 집계해 개인과 단체에게 상을 주었다. 각 교회마다 성경암송 대회도 열렸다. 패티슨 원장이 방문했던 대구의 어느 교회에서는 한 권사가 빌립보서 전체를 총알처럼 빠른 속도로 암송해 모두를 놀라게 했다. 학생부 모임에서도 성경암송은 자연스러운 일이었다. 어느 교회에서는 중학생이

산상수훈 전체를, 고등학생 이상은 로마서 8장을 킹제임스 버전의 영어로 암송했다.

한국 교회에서 성경을 읽지 않는 것은 아니었다. 권면도 있고 열심도 있었다. 그러나 패티슨과 OMF 개척선교사들이 보기에 이 방법은 종교적 의무에 가까웠다. 성경은 단순히 읽고 외우기보다 매일 경건의 시간을 가지고 말씀을 묵상하면서 살아 계신 하나님과 교제하는 통로라는 것을 알려주고 싶었다.

서울의 교회와 학생선교회에서 사역하던 존 윌리스 선교사는 이렇게 기록했다.

"1970년대 한국 교회의 모습은 어떠한가? 한국 교회는 언제나 성경을 사랑하는 교회였다. 그러나 자유주의 신학의 침입에 대응할 준비가 부족하다. 이곳에는 건전한 복음주의 문서 사역이 필요하다. 개인 성경공부 훈련이 거의 사라졌기 때문이다. 그래서 우리 OMF는 성서유니온의 사역을 적극적으로 장려하고 있다."[9]

1971년 6월, 제1회 동북아시아 신학대회에서 중국복음신학교 조나단 차오는 이렇게 강조했다.

"자유주의 신학이 신학 사상의 대부분을 차지했고, 보수주의자들은 이제 그 흐름을 막기 위해 애쓰고 있다. 그러나 과거의 선교 전략은 회심에만 지나치게 집중한 나머지, 신자들이 자유주의 신학에 대응할 충분한 준비를 갖추지 못하게 했다."

패티슨과 OMF 개척선교사들은 자신들이 가장 잘할 수 있는 사역을 고민했다. 그리고 성서유니온의 교재를 활용한 매일 성경읽기와 묵상, 청소년 캠프, 학교 사역, 기독교 서적 발간 등을 통해 "한국 교회의 신앙과 삶 사이의 거리를 줄이는 것"이 그들이 감당할 사명임을 확신했다. 이 일은 OMF에 협력선교사 파송을 요청했던 한국 교회 지도자들의 요구와도 일치했다. OMF 선교팀은 마침내 자신들의 선교 슬로건을 정했다. "성경 말씀을 통한 개혁과 부흥"이었다.[10]

OMF 한국 개척선교사들은 모두 영국에서 성서유니온의 영향을 받았다. 성서유니온은 1867년 영국인 조시아 스파이어스가 이끈 어린이선교회로 시작되었다. 그는 북웨일스 란두드노 해변에서 아이들을 모아놓고 모래 위에 "하나님은 사랑이시다"라고 썼다. 아이들은 해초와 돌, 조개껍질로 그 말씀을 장식했고, 스파이어스는 그들에게 성경 이야기를 들려주며 복음을 전했다. 그 후 주일학교 교사 안니 말스톤이 자기 반 아이들을 위해 성경읽기표를 만들었고, 어린이특별집회선교회(CSSM: Children's Special Service Mission, 어린이선교회의 본래 이름)가 이를 어린이 회원들에게 배포했다. 성경읽기표는 첫해에만 6천 명의 어린이들에게 전달되었고, 이 회원들은 성서유니온(Scripture Union)이라는 이름으로 불리게 되었다. 이 사역은 빠르게 성장해 10년 만에 전 세계 28개 언어로 47만 부가 배포되는 성과를 거두었다.[11]

성경읽기표는 평신도들이 이를 따라 성경을 읽으면 구약과 신약을 균형 있게 접할 수 있도록 구성되어 있었다. 중요한 것은 성경을 인간과 신학 체계를 통해 해석하는 것이 아니라, 성경을 통해 말씀

하시는 성령의 인도하심을 따르는 것임을 강조했다.[12]

한국에 성서유니온이 처음 들어온 것은 1906년이었다. 일본 제국주의 침략이 노골화되던 암담한 시기였지만, 한국 교회에는 폭발적인 영적 부흥이 일어났다. 이는 20세기에 일어난 세계 4대 대규모 영적 부흥 가운데 하나로, 1927년 우간다, 1945년 대만, 1965년 인도네시아의 부흥과 함께 기록된다.[13] 이러한 상황을 눈여겨본 성서유니온은 한국에 성경읽기표를 보급했으며, 이는 1만 부 이상이 배포될 정도로 큰 반응을 얻었다. 그러나 그 열기는 오래 지속되지 못했다. 1964년, 영국에서 성서유니온 경험이 있던 한국인이 성경읽기표를 비공개로 출판했으나 1년 만에 중단되었다.

1965년, 호주 성서유니온은 존과 주디 프라이스 부부를 한국에 파견하며 사역을 다시 시작했다. 그러나 그들은 언어 공부 중 아기의 병환으로 인해 이듬해 귀국해야 했다. 이후 존 프라이스는 1967년 12월 잠시 한국을 방문하여 성서유니온의 성경통독 노트를 대학생성경읽기선교회와 미국 남장로교 선교사 사라 배리에게 맡겼다.[14] 이들은 성서유니온의 「데일리 브레드」를 번역, 보완해 「일용할 양식」이라는 소책자를 제작했고, 1968년 6월부터 이를 그 단체의 대학생과 졸업생에게 배포하기 시작했다.[15] 1971년 1월 초, 1964년 이후 중단되었던 성서유니온의 성경읽기표가 다시 발행되어 큰 호응을 얻었다.

패티슨은 사역 초기에 대학생성경읽기선교회와 함께했다. 그러나 이 단체는 대학생 운동에 국한되어 있었다. 패티슨은 교파를 초월하고, 어린이와 학생, 성인까지 아우르며 한국 교회와 협력하는 것이 하나님의 뜻이자 성서유니온의 정신에 부합한다고 판단했다. 대학생 성경읽기선교회도 더 이상 성서유니온의 업무를 하지 않겠다는 의사를 밝혔다.[16] 패티슨과 개척선교사들은 한국성서유니온을 세우기로 결단했다. 그들에게는 시간이 많지 않았다.

"얼마나 빨리 시작할 수 있을까요?"

OMF 동아시아 지역 총무인 데이비드 챈이 물었다.

"다음 주에요."

윤종하가 간단히 대답했다. 그는 한국성서유니온에서 일하고 싶다는 강한 의지를 보였다. 윤종하는 서울대에서 영어영문학을 전공하고 종교학을 부전공했다. 졸업 후에는 국제 어린이 양육기구 컴패션에서 일한 경력이 있었으며, 아버지 윤봉기 목사가 시무하는 교회 청년부에서 성경을 가르쳤다. 그는 한국 교회를 위해 일할 기회를 달라고 기도해왔다. 패티슨과 데이비드 챈은 그가 하나님께서 예비하신 사람임을 확신했다.

1972년 6월 말, 한국성서유니온 설립을 위한 준비 작업에 속도가 붙었다. 데이비드 챈은 준비위원회를 조직했다. 위원으로는 존 윌리스 선교사, 피터 패티슨, 고려대 김행권 교수, 글래스고 성서훈련원에서 공부한 홍치모 교수, 클리프턴 신학교를 다닌 김영재, 그리고 스티븐 리(이중수)가 참여했다. 스티븐 리는 어느 비 오는 날 오드리의 짐을 들어주고 집까지 동행했다가 성경공부를 통해 예수님을 믿게

1972년 6월 30일, 한국성서유니온 설립 이사진(앞줄 왼쪽부터 월리스 선교사 부부, 윤봉기 목사, 김행권 교수 부부. 뒷줄 왼쪽부터 패티슨 선교사, 홍치모 교수, 이중수 선생, 김영재 교수, 윤종하 총무)

된 청년이었다. 이후 그는 OMF 개척선교사인 마거릿 로버트슨과 결혼할 예정이었다. 김행권 교수는 데이비드 챈의 미국 유학 시절 친구로, 성서유니온에 대해 전혀 알지 못했지만 데이비드의 설득 끝에 재무를 맡기로 했다. 위원회 이사장은 영국에서 오랫동안 성서유니온 자원봉사자로 활동했던 존 월리스 선교사가 맡았다. 월리스 부부는 한국에 왔던 존 프라이스 선교사가 아기의 병으로 인해 호주로 돌아간다는 성서유니온의 기사를 읽고 안타까운 마음에 한국을 선교지로 결정했을 만큼 이 사역에 진심이었다.

일주일 후, 종로서적 건물 4층에 작은 사무실을 마련했다. 그리고

5. 이 가여운 아이들을 치료할 의사는 어디 있나요?

6월 28일, 위원회는 이곳에서 윤종하를 직원으로 정식 임명했다. 1972년 6월 30일, 윤봉기 목사의 인도로 한국성서유니온 설립 예배가 드려졌다.[17]

못자리

"우린 지금 못자리를 만드는 겁니다."

성서유니온 총무를 맡은 윤종하가 말했다. 그는 성서유니온 업무를 논의하기 위해 마산에 있는 패티슨 원장의 집을 자주 찾았다. 패티슨 역시 서울에 갈 때면 윤종하의 집에 머물렀다. 두 사람은 밤이 깊도록 '주님의 일'에 대해 토론하곤 했다.

"못자리가 뭔가요?"

패티슨이 물었다.

"쌀농사 지을 때 처음부터 논에 볍씨를 뿌리지 않아요. 먼저 못자리를 만들어 볍씨를 뿌리고 어린 싹을 키운 다음 논에 심는 거죠. 우리가 말씀을 못자리에서 키워 뿌리를 내리게 한 다음, 세상의 논과 밭에 심을 겁니다."

윤종하는 패티슨과 라브리에서 만나 한국행을 권했던 김진경의 친구였다. 패티슨 부부가 처음 한국에 도착했을 때, 그는 아버지 윤봉기 목사와 함께 공항에 나와 그들을 맞이했다. 폐결핵을 앓아 마산결핵병원에서 요양한 적이 있었던 그는 패티슨의 첫 번째 한국어 선생이었으며, 신앙의 방향과 뜻이 맞는 친구였다.

한국성서유니온이 정식으로 설립되자마자 그들은 계획대로 QT 자료와 신앙서적 출판을 서둘렀다. 두 달 후 「영생의 길」과 「삶에의 초대」가 출간되었다. 처음에는 영어로 된 QT 책을 번역해 사용했으나 1973년 1월, 한국어로 자체 집필한 「매일성경」을 정식 발간했다. 그들은 하나님 나라에 대한 뜨거운 열정을 품고 사역에 매진했다.

하지만 초기에 한국 교회는 이를 그리 달가워하지 않았다. 당시는 성도들이 스스로 성경을 읽고 해석하는 것을 우려했고, 이를 허용하지 않는 분위기였다. 성경은 훈련받은 목사들만 다룰 수 있으며, 목사의 해석이나 설교가 곧 하나님의 말씀으로 여겨지던 시대였다. 이러한 상황에서 성경을 '개인 묵상'으로 활용할 수 있다는 개념은 기성 교회로부터 의혹의 눈초리를 받기에 충분했다. 이는 당시로서는 매우 선구적이고 성경적이며, 동시에 급진적인 운동이었다.[18]

패티슨은 시간이 날 때마다 지역 교회 목회자들을 만나 「매일성경」을 소개했다. 성서유니온은 교파를 초월한 단체였으나, 당시 한국 교회는 교파 간의 장벽이 높았다. 그는 세 가지 활동 원칙을 세웠다.

첫째, 불신자를 개종시키든 성도를 세우든, 주님의 종들이 사용할 가장 중요한 도구는 하나님의 말씀이다. 둘째, 교회는 인간의 권위가 아닌 예수님의 말씀 위에 서야 하며, 이를 위해 성도들은 성경을 공부해야 한다. 셋째, 한국 교회를 위해 영적 지도자들과 긴밀히 협력해야 한다.[19]

초기 사역은 많은 결실을 맺지 못했다. 단단한 땅에 씨를 뿌린 것과 같았기 때문이다. 그러나 젊은 학생들과 청년층에서는 반응이 있었다. 고등학생들이 편지를 보내왔고, 어떤 신학생은 패티슨을 직접 찾아와 말했다.

"매일 아침 이 자료를 통해 성경을 읽으며 큰 은혜를 받습니다."[20]

패티슨은 한국 교회의 미래가 젊은 세대들이 성경에 뿌리내린 믿음을 갖는 데 있다고 보았다. 그리고 선교사로서 자신이 할 일은 그들에게 도움이 되는 자료를 만드는 것이라고 확신했다.

이란에서 사역한 아일랜드 선교사 로버트 브루스는 『기독교 선교의 역사』에서 이렇게 고백했다.

"나는 추수하지도 않고, 씨를 뿌렸다고 주장할 수도 없으며, 땅을 갈지도 않았습니다. 그저 돌을 골라내고 있을 뿐입니다. 하지만 이것 또한 선교이니 사랑과 동정, 그리고 열렬한 기도로 지원해주십시오."[21]

무슬림 지역의 척박한 환경에 비하면, 한국은 비옥한 땅이었다. 논에는 물이 넘쳤고, 말씀의 농부들은 눈물을 흘리며 씨를 뿌리고 못자리를 만들었다. 그들은 어린 묘들이 뿌리를 내리고 힘차게 자라나기를 간절히 기도했다.

서울에서 윤종하와 함께 성서유니온 사역을 하던 존 월리스 목사는 한 달 만에 합동 노회 측 부교역자로 초청받아 순천으로 떠났다. 또 다른 OMF 한국 개척선교사였던 마거릿 로버트슨은 1972년 11월, 스티븐 리와 유니온 교회에서 결혼식을 올렸다. 패티슨 원장의 두 아들, 데이비드와 피터는 스코틀랜드 전통 의상인 킬트를 입고 들러리를 섰다. 마거릿과 스티븐은 이후 OMF를 떠나 세계연합선교부에서 일하게 되었다.

못자리에서 어린 모들은 커가는데 이들을 논에 심을 농부가 부족했다. 패티슨은 서울 성서유니온과 소아결핵병동의 사역을 위해 새로운 일꾼을 찾고 보충해야 했다.

패티슨은 연초에 가포교회 부흥회를 인도했다. 그의 설교를 듣고 마을 주민 몇몇이 예수를 믿겠다고 결심했지만, 끝까지 교회에 남은 사람은 청년 조 씨의 장모와 두 명의 농부뿐이었다. 조 씨의 처가는 해방 후 일본에서 돌아온 귀환 가족이었고, 그의 장모는 일본인이었다. 그녀는 마을에 일본 창가학회(남묘호렌게쿄)를 들여온 장본인이자 지도자였다. 기독교와 창가학회 사이에서 갈등하던 그녀에게 조 씨는 결단을 촉구했다.

"인자 저 신단은 내삐리야지예."

"아이구야, 나는 무섭다. 몬한다."

"장모님, 예수 믿는데 무슨 걱정입니껴?"

"해코지 당하모 우짤라꼬. 난 몬한다."

"지가 대신 내삐리주께예."

"괘안켄나?"

조 씨는 장모의 집에 있던 신단과 기물을 모두 밖으로 내다 태워버렸다. 장모는 며칠 동안 불안에 떨었다. 하지만 아무 일도 일어나지 않았다. 그제야 그녀는 좀 더 담대하게 예수님을 믿기 시작했다.

한편, 혼자 성서유니온 업무를 맡고 있던 윤종하는 집필부터 판매까지 감당하기 어려울 정도로 많은 일을 하고 있었다. 마침 마산에서 패티슨 원장을 돕던 조 씨를 눈여겨보던 존 월리스와 윤종하 총무는 그를 성서유니온의 새로운 일꾼으로 추천했다. 그는 소아결핵병동 닥터 해처 때 간호조무사였던 미스 안과 결혼해 두 아들을 두고 있었다. 패티슨은 초창기부터 함께했던 좋은 조력자를 보내는 것이 아쉬웠지만, 성서유니온에는 영어 해독이 가능하고 영업 능력이 뛰어난 조 씨가 필요했다. 그의 신앙이 제3자의 눈에도 성숙해 보였고, 성서유니온 사역의 일꾼으로 선택된 것을 보며 패티슨 원장은 흐뭇해했다.

조 씨는 가족과 함께 서울로 이사했다. 대신 서울 성서유니온 사무실에서 윤종하 총무를 돕던 청년 박승원이 마산으로 내려와 소아결핵병동 일을 하게 되었다. 박승원은 윤종하 총무가 다니던 교회 청년으로 믿음이 깊고 열정이 넘쳤다. 그는 북한 출신으로 공산당에게 아버지가 납치된 후 피난을 나와 서울에서 살고 있었다. 그는 홀어머니를 모시고 아무 연고가 없는 마산으로 내려갔다.

패티슨 원장은 윤종하 총무와 함께 일반 성도와 중·고등학생들을 위한 「매일성경」 집필진을 모으기 위해 서울과 마산에서 젊은 목회자들을 대상으로 세미나를 개최했다. 급증하는 업무와 출판물로 인해 성서유니온 사무실도 더 큰 곳으로 이전했다.

OMF 선교사팀에도 새로운 얼굴이 합류했다. 호주에서 온 노만 블레이크 선교사가 제주도 극동방송(FEBC) 송신기 건설을 돕기 위해 한국에 도착한 것이다. 극동방송은 중국으로 기독교 방송을 송출했다.

못자리의 어린 모들을 논에 옮겨 심을 농부들이 하나둘씩 준비되었다.

이 가여운 아이들을 치료할 의사는 어디 있나요?

패티슨 원장은 바쁜 병동 업무로 돌아왔다. 어린 환자들 곁에 있을 때 그는 행복했다.

"조용하고 햇볕이 잘 들며 전나무가 우거진 언덕으로 이어지는 경치가 아름답습니다. 가난하고 아픈 아이들이 꾸준히 찾아오고 있습니다. 우리도 그 아이들을 돌보는 데 일조할 수 있어 기쁩니다."[22]

외래 진료날, 아침부터 저녁 여섯 시까지 100여 명의 환자를 진찰했다. 환자들은 서울, 부산, 경주, 전주, 순천뿐만 아니라, 마산에서 북쪽으로 다섯 시간 이상 떨어진 강원도 깊은 산골 등 전국 각지에서 찾아왔다. 이들 중 절반은 약을 받기 위한 정기 환자였고, 나머지는 새로 온 환자들이었다. 고관절결핵 환자 두 명은 2년 이상 치료받지 못한 상태였고, 척추결핵 환자도 두 명이 있었다.

얼마 전 병원 업무를 확대하기 위해 윤영옥 간호조무사와 지 씨와 함께 경상북도로 답사를 나갔을 때, 고관절결핵에 걸려 치료받지 못한 채 집에 누워 있던 여덟 살 소년을 병원으로 데려와 무료로 입원시켰다. 그러나 모든 아이를 도울 수 있는 것은 아니었다. 부산에서 온 한 소녀는 4년 전 골절된 다리가 감염되어 있었다. 돌팔이 의사에게 치료받았으나 염증이 심해져 걷지 못했다. 또 다른 여덟 살 소녀는 당뇨가 심해 살날이 얼마 남지 않아 보였다. 두 소녀 모두 돈이 없어 의사를 찾아가지 못했다. 이들에게는 패티슨의 결핵 병동이 아니라 전문의의 치료가 시급했다.

"한국에 기독교를 믿는 의사들은 다 어디 있는가? 이 가여운 아이들을 무료로 치료해줄 크리스천 의사가 없단 말인가?"

닥터 패티슨은 돈이 먼저인 의료 현실을 개탄했다. 그는 두 소녀를 다른 병원 전문의에게 보내고 자선 치료를 받게 해달라고 강력하게 호소했다. 늘 그런 것은 아니지만, 때로는 이러한 압박이 통할 때도 있었다.[23]

패티슨 원장의 성경공부 모임에 정기적으로 참여하던 마산교대 학생 네 명 중 두 명이 졸업을 맞이했다. 패티슨 가족과 함께 사택에서 지내던 두 명의 여학생은 모두 예수님을 믿게 되었다. 그중 예술적 감수성이 풍부한 김 선생은 최근 어머니를 여의었고, 아버지는 일본에 살기 때문에 머물 곳이 없었다. 패티슨은 그녀에게 거처와 직업을 동시에 해결할 수 있는 방안을 제안했다. 그것은 바로 소아결핵 병동 내 학교에서 아이들을 가르치는 일이었다. 결핵 치료에는 긴 시간이 필요했다. 특히 척추결핵이나 고관절결핵을 앓는 아이들은 오

1978년, 소아결핵병동 내 학교

랜 입원 생활을 피할 수 없었다. 대부분 장애를 갖게 되는 아이들이 학교 공부까지 하지 못한다면, 그들의 미래는 더욱 암담해질 수밖에 없었다.

학교가 다시 시작되자 병동 아이들의 얼굴에 생기가 돌았다. 매주 화요일 아침에 짧은 예배가 열렸고, 주일이면 걸을 수 있는 환자들이 가포교회 주일학교에 참석했다. 함께 성경을 읽고 예배를 드리는 가운데 하나님을 믿고 따르는 아이들이 점점 늘어갔다. 아픈 아이들은 더욱 간절하게 믿었다. 주님은 가여운 그들 곁을 지키셨다.

패티슨의 아이들도 무럭무럭 자라고 있었다. 마거릿은 동네 유치

5. 이 가여운 아이들을 치료할 의사는 어디 있나요?

원에 다녔지만, 혼자 서양인이었던 탓에 적응에 어려움을 겪었다. 할 수 없이 엄마 오드리가 집에서 마거릿과 데이비드 두 아이를 직접 가르치기로 했다. 아직 어린 피터는 온갖 말썽을 피우는 개구쟁이가 되었고, 막내 조이는 언니와 오빠들에게 '스위트 파이'라 불리며 사랑을 받았다. 조이는 형제들에게 '어린 동생을 아끼고 무엇이든 함께 나누도록' 가르치는 자신만의 작은 사역을 하고 있었다.[24]

한편, 의학연구위원회의 지원은 1972년 12월에 종료될 예정이었으나 하나님의 도우심으로 6개월 더 연장되었다. 패티슨은 이 지원이 오래 지속되길 간절히 기도했다.

패티슨 가족은 1973년 5월, 안식년을 맞아 영국으로 돌아가게 되었다. 가포를 떠나기 전, 그들은 물리치료사 종섭 씨의 집에서 작별 인사를 겸한 마지막 성경공부 모임을 가졌다. 최근 패티슨 원장은 한국에 성서유니온을 세우느라 병동 직원들을 예전처럼 세심하게 돌볼 시간이 부족했다. 그러나 먼저 믿은 이들이 작은 목자가 되어 새로 온 직원들을 이끌었다. 그날 저녁 모임은 풍성했다. 물리치료사 종섭 씨 부부, 운전기사 지 씨, 간호조무사 영옥 씨, 새로 온 총무 승원 씨, 청소일을 하는 변 씨, 신앙을 원하지만 부모의 반대에 부딪힌 미스 주, 기독교에 대해 아무것도 모르는 간호조무사 미스 유, 그리고 청소부 한 씨까지 모두 함께했다.

그들은 사도행전 20장을 공부했다. 마침 그날의 본문은, 예루살렘으로 향하는 바울이 3년 동안 함께한 에베소 장로들에게 마지막으로 설교하는 장면이었다. 패티슨 원장은 OMF 선교사로 돌아온 후, 지난 3년간 가포 병동에서 하나님께서 이루신 일들을 떠올리며 감사했다. 처음 성경공부를 시작할 때만 해도 마지못해 참석했던 종섭 씨, 지 씨, 변 씨 중 누구도 그리스도를 알지 못했다. 그러나 지금은 그들의 삶이 완전히 변화되었다. 독일로 떠난 간호사들, 서울로 간 조 씨, 그리고 마산교대를 졸업한 학생들을 기억하며, 패티슨은 그들의 인생 속에서 이루신 하나님의 일들을 떠올렸다. 그 변화를 통해 자신의 사역을 격려하신 주님께 감사드렸다.

비록 잠시의 이별이었지만, 모두가 눈물을 흘렸다. 그리고 5월 21일, 패티슨 가족은 10개월간의 휴식을 위해 마산을 떠났다.

6

부드러운 사랑의 보살핌

"세실리 선교사님, 좀 쉬셔야겠어요. 아무래도 간염에 걸린 것 같습니다."

닥터 패티슨은 세실리 모어(Cecily Moar, 한국명 모신희) 선교사의 얼굴이 노랗게 변한 것을 보고 걱정스럽게 말했다.

"간염이요?"

"네, 제 아내도 피터를 낳고 간염에 걸린 적이 있습니다. 하지만 너무 걱정 마세요. 당신 곁엔 전담 간호사와 의사가 있으니까요."

그날부터 세실리는 패티슨 원장의 집에 머물며 하루 종일 침대에 누워 책을 읽고 안정을 취했다. 주로 영국 아동문학가 에니드 블라이튼의 책들이었다. 패티슨 원장의 집에는 동화책이 많았다. 처음에 세실리는 속이 메스꺼려 음식을 쳐다보기도 힘들었지만, 끼니마다 오드리가 영양가 있는 식사를 정성껏 준비해주었다. 노랗던 얼굴이 차츰 본래의 혈색을 되찾아 갔다.

세실리는 서울에서 부산으로 사역지를 옮긴 뒤 무척 바쁜 일정을 소화하고 있었다. 매주 월요일과 화요일에는 부산에서 마산까지 한 시간 반을 버스로 이동하며 패티슨 원장의 비서 업무와 속기용 구술 녹음기

(닥터폰) 사용법을 익혔다. 성경공부 일정도 꽉 차 있었다. 목요일에는 부산 이사벨여고 학생들, 금요일에는 복음병원 간호사들, 토요일 저녁에는 부산 삼일장로교회 대학부 학생들과 성경공부를 했다. 주일에는 예배 후 다른 교회들을 방문하며 성서유니온에서 발행한 성경묵상 소책자를 소개했다. 방학 기간에는 여고생들을 위한 야외 성경캠프도 열었다. 새로운 환경에 적응하며 사역에 몰두하던 그녀는 결국 건강이 급격히 나빠지고 말았다.

세실리 모어 선교사는 호주 퀸즐랜드의 한 농가에서 자랐다. 교사가 한 명밖에 없는 초등학교에 말을 타고 다녔다. 마을의 재향군인회관에선 한 달에 두 번 예배가 열렸는데, 주일학교는 부엌 한켠에서 모일 정도로 작은 교회였다.

열 살 무렵, 세실리는 주일학교에서 인도, 인도네시아, 태평양 섬 등지에서 예수님을 전하는 선교사들에 대한 이야기를 들었다. 특히 한국전쟁 당시, 호주의 여의사와 간호사 자매가 부산에 일신부인병원(현재 일신기독병원)을 세워 많은 산모와 아기의 생명을 구했다는 이야기에 깊은 감동을 받았다.[1] 그 자매는 헬렌 맥켄지(매혜란)와 캐서린 맥켄지(매혜영)였다. 이들의 아버지 제임스 노블 맥켄지(한국명 매견시) 목사는 1910년 부산으로 파송된 호주장로교 선교사로, 아내 메리와 함께 한센병 환자 요양소인 상애원을 세우고, 그들과 그 자녀들을 돌보았다.

세실리는 자신도 간호선교사가 되어 한국에 가겠다고 결심했다. 신문에 한국 관련 기사가 실릴 때마다 "이건 내 나라야" 하며 오려두곤 했다. 이후 멜버른에서 간호사 훈련을 마치고, 뉴질랜드 바이블 칼리지에서 신학을 공부한 그녀는, 마침내 선교사의 꿈을 품은 지 20년 만인 1974년 8월, OMF 소속 선교사로 한국에 입국했다.[2]

오리엔테이션은 마산에 있는 패티슨 원장의 집에서 가졌다. 그녀는 열흘 동안 패티슨이 일하는 소아결핵병동과 다른 병원들을 돌아보았다. 특히 호주장로교회에서 운영하는 부산 일신부인병원을 오드리와 함께 방문했다. 마침 가까운 마을에서 아기를 출산하는 일이 있어 직접 출산을 돕기도 했다.[3] 일신부인병원은 그녀가 어린 시절 선교사를 꿈꾸게 만든 맥켄지 자매가 세운 곳이었다. 두 자매는 평생 독신으로 지내며, 치료비가 없어도 도움이 필요한 환자는 반드시 치료한다는 원칙을 세우고 병원을 운영했다. 맥켄지 자매는 1976년 모든 사역을 인계하고, 가방 두 개만 들고 호주로 돌아갔다. 또한 자신들이 떠난 뒤에도 가난한 사람들이 무료로 진료받을 수 있도록 맥켄지 재단을 세웠다. 세실리에게는 열 살 때 주일학교에서 들었던 선교사들의 이야기를 20년이 지나 직접 눈으로 확인하는 감동적인 만남이었다.

세실리 선교사는 간염에서 회복되었지만, 한동안 커피 맛을 느끼지 못했고 흰머리가 많이 늘었다. 그러나 마산에서 치료받을 수 있었음에 하나님께 감사했다. 한국 사람들은 정이 많았다. 특히 아픈 이에게는 더욱 따뜻한 관심과 사랑을 주었다. 만약 부산에 머물렀다면, 매일 찾아오는 방문객들로 인해 충분히 쉬지 못했을 것이다. 닥터 패티슨과 오드리 여사의 극진한 간호 덕분에 건강을 회복한 그녀는 다시 부산으로 돌아가 사역을 이어갔다.

하나님은 실패하지 않으신다

영국으로 돌아간 패티슨은 바쁜 나날을 보냈다. OMF 위원회와 컨퍼런스에 참여한 후, 오드리의 친정집에 머물렀다. 오드리의 아버지는 건강이 좋지 않았다. 강인하고 감정을 잘 드러내지 않던 장인은 이제 천국을 향해 한 걸음씩 가까워지고 있었다. 그래도 네 명의 손주들에게 둘러싸여 행복을 마음껏 누렸다. 한국에서 태어난 마거릿과 데이비드는 영국에 가면 초콜릿과 바나나가 열리는 나무를 볼 수 있을 거라 기대했다가 크게 실망했지만, 즐겁게 근처 학교에 다녔다. 패티슨은 틈틈이 한국 선교사로서의 사명과 한국 교회의 문제점, 그리고 자신의 경험을 글로 정리했다.

그러던 중 OMF 한국 개척선교사이자 성서유니온 이사장인 존 월리스가 갑자기 가족과 함께 영국으로 돌아왔다. 아내 캐슬린의 건강이 악화되어 긴급 수술이 필요했기 때문이었다. 이로 인해 패티슨은 의료사역뿐만 아니라 OMF의 한국 남서부와 남동부 지역, 그리고 성서유니온 업무까지 도맡아야 할 상황이 될 수도 있었다. 그의 마음을 더욱 무겁게 한 것은 업무 부담보다는 마음을 나눌 형제가 한국에 없게 되었다는 현실이었다.[4]

"여호와께 감사하라. 그는 선하시며 그의 인자하심이 영원함이로다.…… 여호와께서 내 음성과 내 간구를 들으시므로 내가 그를 사랑하는도다"(시 118:1, 116:1).

패티슨의 입에서 벅찬 감사가 터져 나왔다. 1974년 4월 4일, 그는 '척추결핵 치료 추가 연구'에 대해 의학연구위원회로부터 새로운 보조금을 받게 되었다는 최종 소식을 확인했다. 한국으로 돌아가기 열흘 전이었다. 원래 이 연구비는 중단될 예정이었기에 그는 기간 연장을 위해 기도해왔다. 이 기금에는 소아결핵병동의 운전기사, 물리치료사, 간호조무사, 총무 등 직원의 월급뿐만 아니라 차량 운영비, 외래 환자를 위한 기타 운영비, 험한 산길을 오가야 하는 이동진료를 위해 새로운 랜드로버 차량을 구입하는 자금도 포함되어 있었다. 또한, 부족했던 인력을 두어 명 더 충원할 수 있게 되었다. 앞으로 5년 동안 무료 병동을 지속할 수 있는 기반이 확보된 것이다.

'하나님은 실패하지 않으신다.'

그는 가벼운 마음으로 한국으로 돌아갈 준비를 마쳤다.

1974년 4월 16일, 영국을 떠난 패티슨 가족은 싱가포르에 들러 성서유니온 모임에 참석한 후 한국에 도착했다. 짐을 풀 새도 없이 그는 다음날 마산에서 열린 고등학생 250명이 모인 집회에서 강연을 했다.

패티슨 원장이 자리를 비운 동안, 소아결핵병동의 총무 박승원은 마산의 여러 교회 고등부 학생들을 연합시켜 교파를 초월한 사역의 토대를 마련했다. 병동에서도 한국 레지던트들이 6개월씩 돌아가며 진료를 맡았고, 직원들은 맡은 바를 충실히 감당하며 병동을 잘 관리했다. 패티슨은 세 명의 직원을 더 충원했다. 사무직원으로 채용

된 김동식은 젊은이들 사이에서 활발하게 사역하는 신학교 출신이었다. 성서유니온에서 「매일성경」이 나왔을 때, 그는 배포하는 일을 맡았었다. 키가 크고 잘생긴 그는 고등학생 때 허벅지에 골수염을 앓은 데다 교통사고까지 당해 다리를 절었다.[5]

매주 화요일 아침, 직원들이 예배를 인도했다. 처음에는 근처 교회의 전도사가 와서 예배를 인도했지만, 어느 날 헌금 바구니를 돌리는 모습을 보고 패티슨은 깜짝 놀랐다.

"이 가여운 아이들에게 헌금을 내라 하다니!"

그날 이후, 성경을 공부하고 거듭난 직원들이 '스스로 깨달은 마음으로' 간단히 말씀을 가르치기 시작했다. 저녁에는 병동의 아이들이 자발적으로 성경공부를 했다.

패티슨은 6개월간 입원했다가 퇴원하는 병화라는 열네 살 소년과 이야기를 나누었다. 병화는 병원에 왔을 때부터 이미 상태가 심각했고, 오래 치료해도 잘 낫지 않은 몇몇 환자 중 하나였다. 다리 일부가 마비되어 목발 없이는 걸을 수도 없었다.

"집에 가면 무얼 하고 싶니?"

"지가 머 할 수 있겠습니꺼? 다리도 몬 쓰고."

병화는 힘없이 고개를 숙였다.

"앉아서 할 수 있는 직업을 가질 수 있게 뭐라도 배워보자."

패티슨은 그가 예수님 안에서 용기를 얻어 당당히 살아가길 바랐다.

"믿음을 가지고 열심히 살면, 신체가 건강한 사람들보다 더 큰 일을 이룰 수 있을 거야."

병화는 조용히 병원을 떠났다. 병동 학교의 선생님은 패티슨에게 소식을 전했다.

"병화는 병이 다 낫진 않았지만, 이곳에서 예수 그리스도를 믿게 되어 감사하다고 했어요."

패티슨은 장애를 가진 아이들이 자립할 수 있도록 도울 방법을 고민했다. 병화는 시계 수리 기술을 배워 나중에 시계방을 열었다.

성서유니온의 사역은 활발하게 진행되었다. 「매일성경」은 3개월마다 1만 부 이상씩 배포되었으며, 한국에는 잘 알려지지 않았던 새로운 찬양곡집과 존 스토트의 『성경연구 입문』의 출간도 준비되고 있었다.

1974년 8월 29일, 영국 출신 존과 크리스틴 루이스 부부, 호주 출신 세실리 모어가 OMF의 새로운 선교사로 한국에 들어왔다. 존 루이스는 더럼 대학교에서 프랑스어와 독일어를 전공했고, 크리스틴은 교사 훈련을 받았다. 두 사람은 모두 올네이션스 칼리지에서 수학했다. 세실리 모어는 간호사로 뉴질랜드 바이블 칼리지에서 신학을 공부했다. 루이스 선교사 부부는 한국어를 배운 후 대구에서 성서유니온과 문서 사역을 담당했다. 특히, 선교 전반의 이야기를 담은 「아시아 기도」(후에 「동아시아 기도」로 바뀜)를 발간하며 선교사역을 널리 알렸다. 세실리 모어 선교사는 성서유니온 직원인 권춘자 간사와 함께 생활하며, 부산 삼일교회 대학부, 복음병원 간호대학, 이사벨여고

등에서 성경공부를 인도하고, 고신대에서 학생들을 가르쳤다.

　패티슨 부부의 자녀인 마거릿과 데이비드는 정규 교육을 받을 시기가 되었다. 그들은 9월에 OMF 선교사 자녀들이 다니는 삿포로 나나에 학교로 떠나야 했다. 아이들은 겨우 일곱 살, 다섯 살이었다. 이곳은 작은 기숙학교로 운영되었으며, 11세 이하의 어린이 16명, 교사 두 명, 간호사 한 명, 가정 부모 한 쌍이 함께 생활하며 교육을 담당했다. 어린 나이에 부모와 떨어져야 하는 현실은 가족 모두에게 큰 아픔이었다. 특히 오드리에게 그날은 인생에서 가장 암울한 날이었다.[6] 그러나 눈물 속에서도 하나님은 그들을 평안으로 붙잡아주셨다.

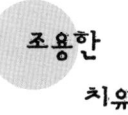

조용한 치유

마을 곳곳에 걸린 포스터와 현수막이 이 마을에서 처음 열리는 기독교 신유집회에 대한 기대감을 높였다. 몇 달 동안 계획을 세우고, 마을의 거의 모든 교회가 지원을 약속했다. 첫날 저녁, 패티슨 원장은 병동 환자들 중 신유집회에 가고 싶어 하는 20명을 랜드로버에 태워 여러 차례 마을 초등학교까지 데려다주었다. 목발과 휠체어에 의지한 환자들은 2천 명이 모인 운동장으로 들어섰다. 현장은 뜨거운 열기로 가득했다.

　"오늘밤, 우리는 기적을 보게 될 것입니다."

연단 위 보조 연설자의 외침에 사람들이 환호했다. 주 연사는 15분간 복음의 기본 개요를 설명한 다음, 45분간 치유를 주제로 강연했다.

"우리가 믿기만 하면 병은 치유될 것입니다. 불신은 하나님의 기적을 방해합니다. 예수님은 어제나 오늘이나 영원토록 동일하십니다. 그분은 그때도 치유하셨고, 오늘도 치유하십니다. 주여, 믿습니다!"

모인 사람들은 화답하듯이 일제히 더 큰 목소리로 외쳤다.

"주여, 믿습니다!"

외침은 점점 고조되어 대단한 함성이 되었고, 확성기를 통해 멀리까지 울려 퍼졌다. 주 연사는 다시 외쳤다.

"오늘밤, 한쪽 귀 또는 양쪽 귀가 들리지 않는 사람들에게 안수합니다. 귀가 들리지 않는 사람들은 모두 일어나세요."

10여 명이 자리에서 일어났고, 한 명씩 단상 위로 인도되었다. 주 연사는 그들의 머리 위에 손을 얹고 열렬히 기도한 후 물었다.

"잘 들리나요?"

"그런 것 같아요."

"할렐루야! 기적입니다!"

집회가 끝나고 돌아오는 길, 패티슨 원장의 마음은 복잡했다.

'이것이 진정한 예수님의 치유일까?'

그는 함께 다녀온 소아병동 환자들 가운데 청각 장애인이 없어 다행이라고 생각했다. 다음날, 병동 환자들은 아무도 다시 그 집회에 가지 않았다. 집회가 끝난 후, 패티슨 원장은 관련 회의에 참석했다. 그는 신유집회를 주관한 관계자 한 사람을 만나 물었다.

"치유된 사람들을 직접 만나 무슨 일이 일어났는지 확인하고 대화할 수 있을까요?"

그러나 그는 치유되었다는 사람들의 명단을 갖고 있지 않았고, 후속 조치도 없었다. 패티슨 원장의 환자 가운데 유방농양과 패혈증을 앓고 왼팔이 마비된 여성도 그 집회에 갔지만, 아무 일도 일어나지 않았다. 그녀는 이를 자신의 신앙이 부족한 탓이라 여기며 자책했다.

이러한 신유집회는 한국뿐만 아니라 세계 곳곳에서 열리고 있었다. 일부는 기독교 특정 종파 내에서, 일부는 기독교와 전혀 관계없는 애니미즘적 샤먼 형태로 진행되었다. 분별없는 성도들은 속고, 마음은 타들어 가고, 희망은 좌절되며, 주님의 이름은 모독당하는 현장이었다. 마태복음 8장과 9장에서 예수님은 병든 사람들을 고치셨지만, 놀라운 능력을 "삼가 아무에게도 이르지 말라"고 거듭 말씀하셨다. 감정을 자극하고, 예수님보다 기적을 일으킨다는 인간이 더 부각되며, 치유의 결과가 명확치 않고, 특정한 이익을 위해 열리는 집회라면, 그것은 가짜일 것이다.[7]

마산에서 북쪽으로 한 시간 거리에 있는 작은 시골 마을에서 한 청년이 패티슨을 찾아왔다. 그는 이십 대 중반의 나이였다. 굵직한 이목구비를 습관적으로 찡그리는 경향이 있었지만, 가끔 따뜻한 미소를 짓기도 했다. 화요일 오후, 긴 환자 행렬 끝에 서 있던 그는 병을 고칠 수 있을까 하는 기대를 반쯤 품은 얼굴이었다. 그는 15년 동안 고관절결핵을 앓고 있었지만, 거의 아무런 치료도 받지 못했다. 고관절은 고름이 차고 변형되어 직각 이상으로 펴지지 않았다.

고름이 밴 낡은 천을 걷어내자 만성 결핵을 방치해 생긴 이차적 패혈증 감염이 그대로 드러났다.

"왜 이제야 왔습니까?"

패티슨 원장이 물었다.

"14년 전에도 왔어예. 그땐 마산 사는 환자들만 본다 캐서 그냥 가심더. 얼마 전에야 마산 안 살아도, 나이가 많아도 치료한다꼬 들었습니더."

그는 운영하던 이발소를 친구에게 임대하고 병동에 입원했다.

그는 기꺼이 남을 돕는 사람이었다. 이발 기술로 아이들의 머리를 깎아주었고, 청소와 목공 일도 하고 새를 잡아 키우기도 했다. 다른 사람을 전도해 데려오기도 했으나 정작 자신은 신앙고백을 하지 않았다. 입원한 지 1년이 지나도록 그의 고관절결핵은 완전히 낫지 않았다. 다른 병원에서 받은 수술은 더욱 실망스러웠다.

어느 날 새벽 세 시, 패티슨 원장에게 급한 전화가 걸려왔다.

"원장님, 퍼뜩 와 보이소!"

운전기사 지 씨였다. 그는 그날 야간근무 중이었다. 급히 달려가 보니 이발사 최 씨가 손목과 목 뒤에 피를 흘리며 쓰러져 있었다.

"순찰하다 발견했습니더. 벤치에서 자살할라 캤나봅니더."

다행히 상처는 깊지 않았다. 응급처치를 한 후, 패티슨 원장은 다음날 아침 다시 병실을 찾았다. 그러나 그는 병원을 떠나고 없었다.

"원장님 볼 면목이 없다고 새벽에 가심더."

그는 직원들의 방문도, 치료도 거부했다.

두 달 후 패티슨이 안식년으로 영국에 나가 있을 때, 그는 다시 병동으로 돌아왔다. 병동 직원들이 마치 중풍병자를 침상에 매달아 지붕을 뜯어내고 예수님 앞으로 내린 친구들처럼 그를 다시 병원으로 데려온 것이다. 이번에는 여수 애양병원과 연계해 제대로 된 수술을 받을 수 있었다.

얼마 후, 영국에 있는 패티슨에게 편지가 도착했다.

"선생님, 황량한 광야에 길 잃은 양 한 마리가 있었습니다. 그는 주인을 찾아 헤맸습니다. 선생님의 병원에서 받은 따뜻한 친절과 끝없는 인내심에 저는 감동했습니다. 부끄러움에 어찌할 바를 모르겠습니다. 주님께 부르짖으며 찬양할 뿐입니다. 선생님이 여기 계실 때, 주님을 찾기만 하면 은혜를 부어주신다고 하셨지요. 이제 그 말씀을 기억합니다.…… 저는 수술을 받았고, 지금 석고 깁스를 한 채 똑바로 걸을 수 있는 영광의 날을 꿈꾸고 있습니다."

소아결핵병동에서는 매년 한 번씩 영국 의학연구위원회 소속 선임 외과 의사가 방문해 연구 과정을 살폈다. 이를 담당한 그리피스 박사는 서울 주재 영국 대사관 관계자에게 이렇게 말했다.

"내가 받은 의학 교육과 경험으로는 도저히 나을 것 같지 않은 환자들이 마산 소아결핵병동에서는 놀랍게 회복되고 있습니다."

예수님의 치유는 조용하다. 그리고 인간에 대한 연민과 사랑이 있다. 이것이 세심한 진료와 희망을 잃지 않는 병동 직원들의 격려

때문인지, 아니면 이 모든 것을 뛰어넘는 하나님의 은혜인지는 알 수 없다. 그러나 분명한 것은, 하나님의 힘과 지혜와 사랑이 인간의 한계를 뛰어넘는다는 사실이다.

매년 병동에서는 한 해의 표어를 정했다. 그해는 물리치료사 종섭 씨가 의견을 내놓았다.

"하나님 보시기에 좋았더라."

사회가 거부한 가난한 사람들을 환대하고, 도움이 필요한 사람들을 연민으로 대하며, 명백히 변화된 모습과 스스로 고백하는 신앙을 볼 때, 패티슨 원장은 그들이 진정한 제자의 길을 가고 있다고 느꼈다.[8]

갈등

"악을 행하는 자들 때문에 불평하지 말며 불의를 행하는 자들을 시기하지 말지어다. 그들은 풀과 같이 속히 베임을 당할 것이며 푸른 채소같이 쇠잔할 것임이로다.······여호와를 기뻐하라. 그가 네 마음의 소원을 네게 이루어주시리로다"(시 37:1-2, 4).

시편 37편을 읽고 기도를 마친 패티슨 원장과 소아결핵병동 네 명의 직원인 물리치료사 종섭 씨, 운전기사 지 씨, 총무 박승원, 김동식은 자신도 모르게 흐르는 눈물을 닦았다. 기도하며 함께 울었다는 것은 그들이 진정 하나가 되었음을 의미했다. 이들은 모두 혈기 왕성한 청장년 남자들이었다. 하나님을 향한 열정도 있었지만, 각자의 개성도 강했다. 부딪힘이 생기지 않을 수 없었다. 사실 그들 사이에 업무로 인한 심각한 다툼도 있었다. 패티슨은 그들 중 하나라도 잃을까 조마조마했다. 그러나 그들은 서로 사과하고 화해하며 주안에 형제됨을 잃지 않았다.

이번 시련은 내부가 아니라 외부에서 왔다. 무료 병동이 문을 닫게 될 위기에 처한 것이다. 영국 의학연구위원회로부터 5년간 지원을 받게 된 패티슨은 척추결핵 치료 프로젝트를 확대했다. 전국에 만성 골결핵 아동을 위한 장기요양 시설은 패티슨이 있는 마산 소아결핵병동이 유일했다. 그는 부산, 대구, 광주, 목포, 순천 등지에 진료소를 설치하고, 매월 정기적인 진료를 계획했다. 그 규모는 한국 전체 인구의 약 3분의 1에 달했다.

그 와중에 오해와 반대가 일어났다. 아동구호기금의 원조가 끝난 후 한국 정부 관할로 들어간 소아결핵병동이 무료 진료시설이라는 점을 탐탁지 않게 여기는 사람들이 있었다. 그들은 돈이 되지 않는 무료 환자들과 병동 책임자인 패티슨 원장과 직원들을 내보내고 싶어 했다.

'이 병동이 세워진 이유가 병들고 가난한 아이들이란 걸 잊었단 말인가! 가여운 아이들을 어쩌란 말인가!'

패티슨과 직원들은 울며 기도할 수밖에 없었다. 외부로부터 오는 모욕과 압박은 오히려 그들을 더욱 강하게 결속시켰다. 그들은 자신의 권리를 위해 싸운 것이 아니었다. 아무 힘도 없는, 가여운 어린 환자들을 위해 싸워야 했다. 밑바탕에 여러 복잡한 문제가 얽혀 있었다. 그러나 보건사회부의 적절한 개입과 국립마산병원장의 올바른 판단으로 결국 합의에 도달했다. 분란을 일으킨 관리자는 다른 곳으로 발령을 받았고, 그 자리에 새로운 크리스천 후임자가 왔다. 패티슨은 기도 동역자들에게 편지를 썼다.

"이 모든 일의 배후에는 사탄의 계교가 있었습니다. 그러나 하나님께서 이 일을 통해 크리스천들을 모으시고, 기도하게 하시며, 우리를 반대하는 세력의 움직임에 민감하게 하셨습니다."[9]

결과적으로 소아결핵병동은 성인 척추결핵 환자들도 정식으로 받을 수 있는 더 넓은 문을 얻게 되었다.[10]

1975년 1월, 패티슨 원장은 OMF 한국 필드 선교사 대표직을 맡았다. 그의 사역은 더욱 늘어났고, 출장도 잦아졌다. 혼자 감당하기 어려울 정도의 업무였다. 그는 기차와 버스 안에서도 일에 파묻혔다. 하지만 바쁠수록 더욱 주님과 함께하는 시간을 붙잡아야 한다고 생각했다.

"분주함은 현대의 전염병인 것 같습니다. 그것도 전염력이 강한 병입니다. 인구폭발과 관련이 있을까요? 하나님 앞에 고요히 있는 시간과 가족과 함께하는 시간을 확보하려면 일상적인 계획을 가능한 한 내려놓거나 위임하는 수밖에 없습니다."[11]

존 월리스 선교사 가족은 결국 한국으로 돌아오지 못했다. 대신 새로운 선교사들이 한국 땅을 밟았다. 1975년 호주에서 대프니 로

1975-1976년경, 왼쪽부터 패티슨 부부, 딘 부부와 자녀들, 세실리 모어

버즈 선교사, 영국에서 닉과 캐서린 딘 선교사 부부가 도착했다. 대프니 선교사는 싱가포르 OMF에서 일한 적이 있었고, 한국에서는 성서유니온과 한국 IVF에서 사역했다. 닉 딘 선교사는 수학을 전공했으며, 영국에서 3년간 목회 경험이 있었다. 한국에서는 성서유니온 사역, 부산과 광주 교회에서 강해설교, 신학교 강의를 맡았다. 그의 아내 캐서린 딘 선교사는 패티슨 원장을 십 대 때부터 알고 있었다. 그녀의 아버지 조지 스토리 목사는 패티슨 원장과 김진경 총장의 친구였다. 그녀는 어릴 때부터 한국 사역에 관심이 있었다. 닉 딘 선교사는 조지 스토리 목사 밑에서 부목사로 지냈다. 그들이 OMF 선교사로 지원하자, 본부 담당자는 이렇게 말했다.

"왜 이렇게 오래 걸렸어요? 닥터 패티슨이 당신들 얘기를 18개월 전부터 했다고요."

패티슨은 닉과 캐서린이 결혼할 때부터 한국 선교사로 오기를 기도하고 있었다.

1976년에는 테리와 게이 파이 부부 선교사가 합류했다. 테리 파이는 영국에서 건축공학과 신학을 공부했고, 3년간의 목회 경험이 있었다. 게이 파이는 닉 딘과 같은 신학교를 나왔다. 그들은 원래 남아프리카와 영국 남부에서 사역하도록 초대를 받은 상태였다. 그러나 어느 날 아침, 부부가 함께 QT를 하다가 OMF 선교회를 통해 한국으로 가라는 주님의 부르심을 확인했다. 그 후 테리 파이 선교사는 OMF 책임자가 되어 서울에서 활동했다.

OMF 선교사들은 교파를 초월해 교회와 학교, 대학생 단체에서 성경을 가르치고 성서유니온 사역도 함께 감당했다. 그러나 한국 교회들은 어느 교파에 속해 있는지를 중요하게 여겼다.

어느 날 게이 파이 선교사가 한 신학교에서 성경공부를 인도하고 있을 때, 어떤 학생이 다가와 물었다.

"선교사님은 어느 교파에 소속되어 있습니까?"

"영국국교회입니다."

그러자 그 학생은 다시 나타나지 않았다. 이후에도 같은 질문이 반복되었고, 학생들은 하나둘씩 사라졌다. 파이 선교사는 당황스러웠다. 어느 날 다른 학생이 같은 질문을 했다. 이번에는 다른 방식으로 답하기로 했다.

"혹시 『그리스도의 십자가』를 쓴 존 스토트 목사를 아세요?"

그 학생은 말했다.

"맞아요. 훌륭한 분이시죠."

"그럼 『하나님을 아는 지식』을 쓴 J. I. 패커에 대해 들어보셨나요?"

"네, 그분도 대단한 분이세요."

파이 선교사는 속으로 쾌재를 불렀다.

"저는 그분들과 같은 교단 소속입니다. 패커 박사는 제가 다니던 신학교의 학장이셨죠."

이후로 학생들은 교파를 문제 삼지 않았다.

그에게는 한국에서 겪은 또 다른 재미있는 일도 있었다. 어느 날 시장에 들른 그는 야채를 파는 아주머니에게 이런 질문을 받았다.

"미국 사람이에요?"

"아니요. 영국 사람입니다."

"아이고, 미국 사람이나 영국 사람이나 뭐 같은 사람 아닌가?"

파이 선교사가 반격했다.

"아주머니는 일본 사람입니까?"

아주머니가 화를 내며 말했다.

"무슨 소리? 난 한국 사람이오."

"일본 사람이나 한국 사람이나 뭐 같은 사람 아닌가요?"

그 순간 아주머니는 배추를 들어 그에게 던지려 했고, 시장 사람

들은 함께 배꼽을 쥐고 웃었다.[12]

파이 선교사는 후에 선교사 훈련을 위한 MTI(Missionary Training Institution)를 세웠고, 88올림픽 개최에 맞춰 충현교회에서 영어로 예배드리는 국제교회를 시작했다.

문화와 신념의 차이로 인한 갈등은 때로 견디기 힘들다. 하지만 하나님 안에서 극복할 때, 그것은 더 큰 일을 향한 도약대가 되었다.

자비를
베푸소서

"원장님, 밖에 함 나가 보시는 기 좋을 것 같습니다."

화창한 6월 초여름, 외래 진료일이었다. 물리치료사 종섭 씨가 패티슨 원장에게 말했다. 그를 따라 병원 옆문을 나서자, 이불을 깔아 놓은 손수레 위에 한 소년이 누워 있었다. 열여섯 살 소년은 겁에 질린 창백한 얼굴에 푹 꺼진 눈에는 초점이 없었다. 고약한 냄새가 났다. 이불을 걷어 올리자 오른쪽 허벅지는 검게 변색된 채 심하게 부어 있었고, 상처에서는 고름이 흘러내렸다. 소년은 조금만 움직여도 극심한 통증에 울부짖었다. 등에는 손바닥만 한 궤양까지 자리 잡고 있었다. 엑스레이 사진은 흐릿해 정확한 진단이 어려웠다. 패티슨 원장은 고민했다.

소년은 지난 3월부터 오른쪽 허벅지에 통증과 부종을 호소했다고 한다. 부모는 그를 마을의 작은 기독교 병원에 열흘간 입원시켰다. 그들은 병원비를 대기 위해 살림집을 내놓고 간신히 37만 원을 마련했지만, 뼈에 생긴 패혈증으로 인한 추가 수술비를 낼 여력은 없었다. 결국 소년은 부모의 작은 국수집 뒷방에 석 달 동안 누워 있다가 이 지경이 된 것이다.

패티슨 원장은 망설였다.

'이 궤양이 암으로 생긴 거라면, 차라리 집으로 돌아가 조용히 생을 마감하는 것이 낫지 않겠는가.'

그러나 간절한 눈빛으로 바라보는 부모 앞에서 차마 그 말을 꺼낼 수 없었다.

'혹시 심하게 감염된 골수염이라면, 우리가 치료해볼 수 있지 않을까?'

패티슨은 소년을 돌려보낼 수 없었다. 약이라도 먹이고 '부드러운 사랑의 치료'를 하다 보면 차도가 있을지 누가 알겠는가? 설령 죽더라도 부모에게 회한은 남지 않을 거라고 생각했다.

고약한 냄새 탓에 소년은 독방에 입원했다. 오드리는 하루에 두 번 소년의 상처를 치료했다. 셋째 아이 피터가 일본 나나에 학교로 떠난 후, 오드리는 병동에서 오전 근무를 시작했다. 파리가 달라붙지 말라고 친 모기장 안에서 소년은 거의 알몸 상태로 지내야 했다. 드레싱을 할 때마다 소년은 참을 수 없는 고통에 엉엉 울었다.

하나님의 은혜로 항생제에 대한 반응이 나타나기 시작했다. 감염이 조금씩 나아지면서 소년은 물리치료사 종섭 씨의 도움을 받아

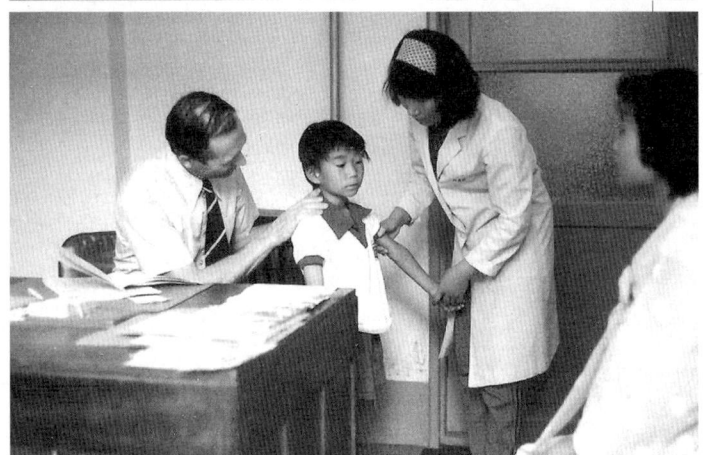

▲ 1977년경 소아결핵병동 앞에서 환자와 직원들, 패티슨 가족
▼ 1977년, 외래 환자를 진료하고 있는 닥터 패티슨

6. 부드러운 사랑의 보살핌

몇 시간씩 엉덩이와 무릎 재활운동을 했다. 그리고 마침내 목발을 짚고 퇴원할 수 있었다.[13]

스물네 살 광수는 전신이 마비된 채 패티슨의 병동으로 왔다. 그는 대구 북쪽 깊은 시골에서 자식이 없던 노부부에게 입양된 고아였다. 양부모와 친척인 학교 선생님은 광수를 데리고 대구의 여러 병원을 찾아다녔다. 하지만 모든 병원에서 수술을 권했고, 비용은 감당하기 어려울 정도로 컸다. 광수는 척추결핵으로 인해 6주 동안 전신마비 상태였다. 대구는 큰 도시였고, 병원도 많았다. 하지만 가난한 청년을 무료로 치료해줄 곳은 어디에도 없었다. 결국 그들은 마산 외곽의 작은 소아병동까지 4-5시간을 걸려 어렵게 찾아왔다. 광수는 완전마비 상태였기에 더욱 세심한 간호가 필요했다. 병동 직원들은 최선을 다해 그를 돌보았다. 그러나 몇 달 동안 진전이 없었고, 회복도 기대할 수 없었다. 그럼에도 광수는 밝고 협조적인 태도를 보였고, 성경공부도 열심히 했다.

안식년을 맞아 패티슨은 영국으로 돌아갔다. 어느 날, 광수로부터 편지가 왔다.

"원장님, 며칠 전부터 발가락을 움직이기 시작했습니다. 그 순간의 심정은 말로 다 표현할 수 없네요. 이 모든 것이 주님의 사랑과 여러분의 친절 덕분입니다. 이제 저는 깊은 믿음을 가진 신앙인으로서 저보다 더 어려운 사람들을 도우며 살고 싶습니다."

다른 나라와 마찬가지로, 한국에 들어온 초기 의료선교사들은 극도로 열악한 환경 속에서도 귀한 열매를 맺었다. 지금도 기독교적 사랑을 실천하는 실력 있는 의사들이 많다. 그러나 의료비 부담이 커지고, 더 나은 의료 서비스를 제공해야 한다는 압박 속에서 많은 가난한 환자들은 병원에서 밀려나고 있었다. 연례 의료선교 세미나에서 한 외국인 의료선교사는 이렇게 말했다.

"우리가 자주 하는 말이 이런 게 아닙니까? '하나님은 환자인 당신을 사랑하십니다. 다만, 10만 원이 있다면요.'"

초기 의료선교는 한국 사회에서 기독교에 대한 신뢰를 쌓는 데 중요한 역할을 했다. 병원은 교회보다 더 많은 사람을 만나는 공간이었고, 그 영향력도 컸다. 그러나 선교사들이 세운 기독병원들은 점차 영리를 우선하는 방향으로 변질되어 이제 그 문 앞에 이렇게 적혀 있는 듯했다.

"가난한 사람은 입장 불가."

패티슨 원장은 기독교 의료가 단순히 '기독교'라는 이름을 내건 병원을 세우는 것 이상이라고 생각했다. 그는 한국에 의료선교 인력이 아니라, 하나님의 말씀으로 '도전'을 주는 성경교사가 더 필요하다고 보았다.

"권력과 명성을 좇기보다 의료, 교육, 목회, 그리고 모든 삶의 현장에서 값비싼 제자도의 좁은 길을 선택한 여성과 남성 사역자가 필요합니다."[14]

패티슨 원장의 병동에서 자신이 가진 능력의 한계치를 끌어올린 환자가 있었다. 그는 이충숙이라는 청년이었다. 부모를 여읜 뒤 결혼한 누나와 함께 살던 그는 양복점에서 일하며 생계를 꾸려갔다. 그런데 체중이 급격히 줄고 반복되는 복통이 찾아왔다. 누나가 그를 큰 병원에 데려가 진단을 받아본 결과, 결핵성 복막염이었다. 누나가 가진 돈으로 해줄 수 있는 것은 그게 다였다. 충숙은 18개월 동안 제대로 된 치료 없이 버텼다. 결국 더 이상 일할 수 없을 정도로 쇠약해진 그는 누나와 함께 패티슨과 직원들이 진료하러 가던 부산치료소를 찾았다. 패티슨 원장은 충숙의 모습을 보고 경악을 금치 못했다. 그는 혼자 서 있지도 못할 정도로 쇠약했다. 진료팀은 그렇게 심각한 환자를 본 적이 없었다. 그 청년은 살 가망이 없어 보였다. 결핵성 복막염의 합병증인 장폐색이 일어나면 거의 다 사망했다.

패티슨은 고민했다. 단기 치료가 필요한 응급환자라면 여러 병원과 의사들에게 부탁할 수 있었지만, 오랜 치료가 필요한 만성 환자를 무료로 맡아줄 곳은 없었다. 순천의 결핵요양소가 떠올랐지만, 그곳에는 상주하는 의사가 없었다. 결국 패티슨은 충숙을 랜드로버에 태워 직접 가포로 데려왔다. 운전기사 지 씨는 깜짝 놀라 속으로 중얼거렸다.

'마, 이번만큼은 원장님이 잘못 생각한 것 같데이. 가자마자 송장 치게 됐네.'

청년은 오는 내내 신음했고, 병동에서의 첫 몇 주는 마치 폭풍과도 같았다. 그는 과일 통조림의 단물 한 모금 외에는 아무것도 먹지 못했고, 극심한 복통에 시달렸다. 하지만 하나님의 은혜와 병동 직원들의 끈질긴 인내로 아주 서서히 회복되기 시작했다. 마침내 체중이 15킬로그램이나 늘었고, 집으로 돌아갔다.

"다윗의 자손이여, 우리를 불쌍히 여기소서."

눈 먼 사람 둘이 예수님을 향해 소리쳤을 때, 예수님은 그들을 외면하지 않으셨다.

"내가 능히 이 일 할 줄을 믿느냐?"

예수님께서 물으셨을 때, 두 사람은 대답했다.

"주여, 그러하오이다."

예수님은 그들의 눈을 만지며 말씀하셨다.

"너희 믿음대로 되라"(마 9:27-29).

패티슨과 병동 직원들은 믿음과 최소한의 의료 도구만으로 청년을 치료했다. 그들은 "내가 긍휼을 원한다"는 예수님의 말씀이 무엇을 의미하는지 다시 한번 깨달았다.[15]

아주 많은 양의 부드러운 사랑의 치료

동해안에서 고기잡이하던 선장 박 씨는 결핵균이 폐와 척추, 왼쪽 엉덩이, 그리고 흔치 않게 왼쪽 손목까지 퍼져 있었다. 6개월 동안 입원한 끝에 가까스로 일어설 수 있었지만, 손목이 기형적으로 변해 목발을 잡을 수조차 없었다. 그는 유사 기독교 종파에 속해 있었다. 병동 예배에 참석하고 성경도 읽었지만, 개인적인 신앙고백은 없었다. 그는 종종 몰래 술을 마신 뒤 후회하며 용서를 구했다. 경제적으로 궁핍했으나, 정말 가난한 사람들보다는 형편이 나은 편이었다. 그런데도 퇴원할 때 개인적으로 빚을 남겼다. 패티슨 원장은 종교적 배경이 있다 해도 진정한 회심이 없는 사람은 신앙이 아예 없는 이들보다 더 쉽게 타락할 수 있음을 여러 차례 경험했다.

퇴원 후 박 씨는 민방위 훈련 면제를 받기 위해 근처 병원을 찾아갔다. 의사는 진단서를 끊어주며 퉁명스럽게 말했다.

"당신 병 평생 못 고쳐. 불치병이야."

그 말에 절망한 박 씨는 집에 돌아와 농약을 마시고 자살했다.

소식을 들은 패티슨 원장은 마음이 아팠다. 그 의사가 '불치병'이라는 말 대신, 같은 뜻이라도 좀 따뜻하게 표현했더라면 어땠을까?

"당신의 병은 완전히 낫지는 않겠지만, 오른손은 잘 쓸 수 있으니 얼마나 다행입니까?"

말 한마디가 듣는 사람의 운명을 바꿀 수도 있었다. 박 씨의 죽음을 전한 이는 병동 총무 박승원이었다. 그는 편지에 이렇게 썼다.

"의사의 한마디 말과 행동이 얼마나 중요한지요!"[16]

패티슨은 직원들에게, 그리고 자신에게 거듭 강조했다.

"우리 병동은 가난한 사람들이 환영받는 곳이어야 합니다. 그들에게 모욕감을 주어서는 안 됩니다. 가방을 들어주고, 퇴원할 때 버스 정류장까지 배웅하세요. 여유가 있어 택시를 타고 온 환자도 순서를 기다려야 합니다."[17]

▲ 1978년경, 영국대사 부인의 방문을 맞이한 패티슨 원장과 병원 직원들
▼ 1979년경 닥터 패티슨 부부와 병원 직원들

가끔 물리치료사 종섭 씨는 패티슨 원장으로부터 파스와 아이나 같은 결핵약 말고도 'TLC'라는 처방전을 함께 받았다. TLC는 '부드러운 사랑의 보살핌', 즉 Tender Loving Care의 약자였다. 이는 16세기 프랑스 외과 의사가 남긴 문구로, 특별한 치료법이 없을 때 제공하는 따뜻한 보살핌을 의미했다.

어느 날, 외래 진료실 밖이 유난히 소란스러웠다. 패티슨이 나가보니 삼십 대 중반의 여성이 병원 계단에 앉아 있었다. 경련 증세가 있는 그녀는 얼굴과 팔이 기형적으로 뒤틀려 있었지만, 눈빛만큼은 사람의 마음을 끄는 매력이 있었다.

"보소, 아지매요, 이 병원은 척추결핵 환자를 받는 병원이라예."

종섭 씨가 열심히 설명해도 그녀는 막무가내였다.

"내사마 큰돈 들여 차 타고 왔으니까네 여 입원할랍니더."

진료 보러 온 사람들은 그녀를 둘러싸고 큰소리로 달래기도 하고 비웃기도 했다. 패티슨 원장은 그녀를 진료실로 들어오게 했다. 그녀는 통영에서 소아마비에 걸린 남편과 함께 살고 있었다. 집 근처 교회에 나갔는데, 거기서 이 병원에 가보라는 말을 듣고 왔다고 했다. 의학적으로 해줄 수 있는 것은 없었지만, 패티슨은 그녀가 가여웠다.

"입원시켜드리겠습니다."

패티슨은 처방전을 적어 종섭 씨에게 건넸다.

"열흘 동안 충분한 휴식과 부드러운 사랑의 치료!"

옆에 있던 간호조무사가 팔짝 뛰며 좋아했다.

"오, 예수님도 기뻐하실 거예요."

그녀는 병동에서 잘 지냈고, 열흘 뒤 행복한 얼굴로 병원을 떠났다.

1년이 지나 그녀가 다시 병원을 찾았다. 새로 온 간호조무사는 처음 보는 그녀의 기괴한 외모에 경계의 눈빛을 보냈다. 그러자 패티슨 원장은 웃으며 처방전을 내밀었다.

"아주 많은 양의 부드러운 사랑의 치료!"

며칠 후, 병동으로 내려가던 패티슨은 그 간호조무사가 그녀의 침대 곁에 앉아 결혼사진을 함께 보며 웃고 있는 모습을 보았다. 그는 흐뭇한 미소를 지었다.

"그래, 천국이 바로 이런 곳이지."[18]

1975년 이후, 성인 환자들이 본격적으로 병동에 들어오면서 50명 정원의 병실은 점점 침상이 부족해졌다. 성인 환자가 30명을 넘어서면서 기존의 어린 환자들과 합해 총 60명이 되었지만, 멀리서 온 환자들을 돌려보낼 수는 없었다.

국립마산병원에서 침대를 빌리고, 작은 아이들은 한 침대에 두 명씩 눕혔다. 십 대 소녀들은 두 개의 침대를 붙여 세 명이 함께 사용했다. 급성 환자가 많았다면 불가능했을 일이었다. 다행히 만성질 환자가 많았고, 장애가 심하지 않은 환자들은 병동의 일들을 나누어 맡았다. 면회 온 친척들까지 팔을 걷어붙이고 일을 도왔다. 어른과 아이들이 함께 생활하는 무료 병동은, 같은 어려움을 겪는 사람들끼리 서로를 가엾게 여기는 연민의 정 속에서 부드럽게 돌아갔다.

어느 날, 두 명의 건장한 남자가 스펀지 매트리스 위에 눕힌 한 남자를 병동으로 데려왔다. 삼십 대 후반의 그 남자는 앓는 소리를 내며 괴로워했다. 부산시청의 말단 공무원이었던 그는 18개월 전, 대학병원에서 척추결핵을 진단받았지만, 82만 5천 원의 수술비를 마련하지 못했다. 병세는 점점 악화되어 그는 거의 마비 상태가 되었다. 그를 소아병동에 입원시킨 후 스스로 일어설 수 있게 되기까지 4개월이 걸렸고, 6개월 만에 그는 퇴원할 수 있었다. 그는 루터와 플라톤의 책을 읽는 지성인이었는데, 전도를 해도 받아들이지 않았다. 그의 아내는 병동 세탁실과 주방에서 헌신적으로 일했다. 그는 회복되면서 병동의 식비와 난방비 등 재정 관리를 맡았다. 패티슨 원장은 장애인들의 재활을 위해 모든 것을 제공하기보다, 스스로 할 수 있는 일을 찾아주고 맡기는 것이 얼마나 중요한지 다시 한번 깨달았다.[19]

성률이는 패티슨이 1969년 여름, 마산에서 두 시간 떨어진 통영(당시에는 충무)의 진료소를 방문했을 때 만난 열댓 살 환자였다. 부둣가의 기름탱크와 철조망 사이, 작은 판잣집의 간이침대에 누워 있던 소년은 창백한 얼굴로 고통을 견디고 있었다. 성률이는 18개월 전부터 양쪽 고관절에 패혈증 감염이 생겨 고름이 흘렀다. 벌어진 다리를 오므리지도 못해 개구리처럼 누워 있어야 했다.

성률이는 마산에 사는 것도 아니었고, 엄밀히 말해 결핵 환자도 아니었다. 그러나 더 이상 치료받을 돈이 없는 그 아이를 그냥 두고 갈 수 없었다. 입원한 성률이는 몇 달 동안 천천히 회복되었다. 고관절의 분비물은 말랐으나, 벌어진 다리는 굳어 고정된 채였다. 그 사이 성률이는 예수님을 믿게 되었다. 그는 목발을 짚고 뒤뚱거리다 벌어진 다리가 걸려 옆으로만 문을 지나는 자신의 모습을 보며, "천국 문도 요래 통과하겠네예"라고 농담할 만큼 밝은 성격을 되찾았다.

패티슨은 성률이를 여수 애양병원으로 보내 수술을 받게 했다. 그곳은 대학병원의 5분의 1, 혹은 10분의 1의 비용으로 가난한 소아마비 환자를 치료해주는 병원이었다. 뛰어난 실력을 가진 정형외과 의사 닥터 토플은 성률이의 한쪽 고관절을 똑바로 고정하고, 다른 쪽은 인공 고관절로 교체했다.

몇 년 후, 패티슨이 다시 통영 진료소를 찾았을 때 어디선가 반가운 목소리가 들려왔다. 성률이가 목발 하나만 짚고 반듯해진 다리로 언덕을 내려오고 있었다! 수술은 성공했다. 패티슨이 그를 다시 만난 곳은 여수 애양병원에서 장애인 취업을 위해 만든 양재 기술 훈련원이었다. 성률이는 이곳에서 재봉을 배우며, 약간의 절뚝거림만 남은 키 크고 잘생긴 청년으로 성장해 있었다.

어느 날 저녁, 패티슨의 병동에 아주 작은 아기가 들어왔다. 생후 7개월 된 윤호는 몸무게가 2킬로그램 남짓한 극심한 영양실조 상태였다. 윤호 엄마는 모유가 나오지 않았고, 분유를 살 돈도 없어 쌀 끓인 물을 아기에게 먹였다고 했다. 윤호는 아들이 없어 대를 잇지 못하던 삼촌 집에 입양되어 갔다. 그러나 그 집으로 간 지 얼마 안 되어 삼촌 부인이 임신을 하는 바람에 천덕꾸러기가 된 윤호는 다시 집으로 돌아와야 했다. 아이는 영양실조였지만, 다른 질병은 없었다. 입원보다는 따뜻한 돌봄과 적절한 영양 공급이 더 시급했다. 패티슨 원장은 곧바로 오드리를 병원으로 불렀다. 그녀는 네 명의 아이를 건강하게 키워냈으며, 가포동에서만 30명 가까운 아기들을 받아낸 베테랑 산파였다.

"오, 가엾어라!"

오드리는 만지기만 해도 부서질 것 같은, 뼈와 가죽뿐인 작은 아기를 조심스럽게 품에 안았다. 힘없이 눈을 뜨고 자신을 바라보는 윤호를 차마 내려놓을 수 없었다.

"내가 보살필게요."

그녀는 윤호를 사택으로 데려왔다. 그날 밤, 윤호는 마거릿이 가지고 놀던 인형 침대에서 잠들었다. 그 후로 패티슨의 집을 방문하는 이들은 거실 석유난로 옆에 빨래한 아기 옷들이 가득 널려 있는 광경을 볼 수 있었다. 분유와 적절한 이유식, 그리고 사랑의 어루만짐 덕분에 윤호는 살이 포동포동 올랐다. 그해 병동에서 열린 성탄극에서 윤호는 아기 예수 역할을 맡았다. 패티슨 원장의 집에서 석 달을 지낸 윤호는 마침내 부모의 품으로 돌아갔다.

몇 해가 지났다. 패티슨이 마을 길을 걷고 있는데 어디선가 조그만 소년이 논밭 사이로 달려와 그의 바짓가랑이에 매달렸다. 다섯 살이 되고 씩씩해진 윤호였다.

기도하며 끝까지 기다립니다

크리스마스 아침이 밝았다. 마산에 있는 닥터 패티슨의 사택이었다. 성서유니온 직원인 권춘자 간사와 OMF 세실리 모어 선교사는 코끝 시린 공기 속에서 눈을 떴다.

"이게 뭔가요?"

방문 고리에 걸린 양말 속을 들여다보며 두 사람은 소녀처럼 웃음을 터뜨렸다. 깨끗하게 빨아둔 헌 양말 속에는 치약, 초콜릿, 볼펜 등 자잘한 크리스마스 선물이 들어 있었다.

패티슨의 리더십 아래 시작된 초기 성서유니온과 OMF는 한 사무실을 쓰며 마치 한 단체처럼 지냈다. OMF의 한국 신입 선교사들은 가포에 있는 패티슨 원장의 집에서 오리엔테이션을 받았다. 권춘자 간사는 세실리 선교사가 서울에서 한국어를 배우는 동안 같은 집에서 생활했다. 1975년 여름, 두 사람은 부산의 여중생 20명을 대상으로 한국성서유니온 최초의 캠프를 열기도 했다.

그해 크리스마스, 패티슨은 외롭게 보낼지도 모를 두 여성 사역자를 집으로 초대했다. 가난한 이들을 배려해 직접 기차표까지 끊어 보내주었다. 오드리는 정성껏 영국식 크리스마스 만찬을 준비했다. 따뜻하게 구운 닭고기, 달콤한 건포도를 넣은 푸딩, 그리고 향긋한 과일 민스파이까지 푸짐한 식탁이 차려졌다.

패티슨은 온유하고 다정한 사람이었지만, 실제 업무에 임하면 대단히 철저하고 엄격했다.

"호랑이 오신다."

그가 서울 사무실로 출근하는 날이면 직원들은 바짝 긴장했다. 하지만 그는 하나님의 일을 자신의 권위로 명령하거나 강요하지 않았다. 의견이 달라도 끝까지 기다리며 하나님 손에 해결을 맡겼다.

서울 연희동의 작은 아파트 계단을 내려오는 권춘자 간사의 발걸음은 무거웠다. 아무 말 없이 자신을 바라보던 세실리 선교사의 슬픈 눈이 그녀의 발을 붙들고 있는 것만 같았다. 두 사람이 같이 산 지 2년이 넘었을 때였다.

"하나님, 부산으로 가는 것이 정말 당신의 뜻입니까? 확신 없이 갈 순 없습니다. 응답이 없다면, 저는 성서유니온을 떠날 수도 있습니다."

권춘자는 푸른 가을 하늘을 올려다보며 조용히 기도했다. 그녀는 성서유니온의 초창기부터 윤종하 총무 밑에서 일해왔다. 1976년 2월, OMF 이사회에서 세실리 모어 선교사의 한국어 공부가 끝나는 10월에 그녀와 함께 부산으로 내려가 지부를 개척하라는 결정이 내려졌다. 세실리의 한국어가 아직 서툴렀기에 가장 믿음직한 동역자로 권춘자가 선택된 것이었다. 그러나 권춘자는 이사회의 결정을 맹목적으로 따르고 싶지 않았다. 아무 연고도 없는 부산으로 가야 할 확신이 필요했다. 매일 기도했으나 하나님은 그녀에게 뚜렷한 응답을 주지 않으셨다.

다음날이면 패티슨 원장이 마산에서 자동차를 가져와 두 사람의 이삿짐을 옮길 예정이었다. 그러나 권춘자는 성서유니온을 떠나 새로운 직장을 찾기로 결심하고, 이른 아침 집을 나섰다. 버스를 타고 가던 중, 그녀는 매일 아침 빠짐없이 하던 성경묵상을 그날 따라 잊어버린 것을 깨달았다. 가방에서 「매일성경」을 꺼내 펼치고, 그날의 본문을 읽기 시작했다. 요한복음 15장 16절 말씀이었다.

"너희가 나를 택한 것이 아니요 내가 너희를 택하여 세웠나니 이는 너희로 가서 열매를 맺게 하고 또 너희 열매가 항상 있게 하여 내 이름으로 아버지께 무엇을 구하든지 다 받게 하려 함이라."

이 말씀은 그녀가 기다리던 하나님의 응답이었다. 그녀는 버스에서 내렸다.

"나도 함께 갈게요."

혼자 이삿짐을 싸고 있던 세실리는 갑자기 돌아온 권춘자를 보고 깜짝 놀랐다. 그녀는 버스에서 읽은 하나님의 말씀을 들려주며 마음이 바뀐 이유를 설명했다. 그 말을 들은 세실리의 커다란 눈이 붉어지더니 눈물이 주르륵 흘러내렸다.

"미스 권…… 그 말씀은 내가 호주에서 간호사로 일하며 선교사가 될지 말지 고민하던 때, 하나님께서 주신 말씀이에요."

놀라운 일이었다. 하나님은 반대 방향을 향해 가던 두 사람을 단한 구절의 말씀으로 묶어주셨다.

다음날, 패티슨 원장은 랜드로버를 몰고 와 이삿짐을 실었다. 전날까지만 해도 부산으로 가지 않겠다며 버티던 권춘자가 이삿짐을 나르는 모습을 보며 그는 조용히 미소 지었다. 고집 부리는 동역자를 위해 패티슨 원장과 세실리 선교사가 그동안 얼마나 간절하게, 소리 없이 기도했는지 그녀는 너무나 잘 알고 있었다.

"처음부터 저에게 하나님께 순종하라고 했으면 좋지 않아요?"

권춘자의 원망 섞인 말에 패티슨 원장은 대답했다.

"아닙니다. 우리가 옳은 결정을 했다면, 주님이 간사님에게도 같은 마음을 주실 거라 믿었습니다. 이런 갈등이 있더라도 하나님께서 간사님을 부르셨다는 확신이 있어야, 앞으로 어려운 일이 닥쳐도 극복해갈 수 있지 않겠습니까?"

권춘자는 패티슨이 가족과 함께 수련회에 참석했을 때의 모습을 떠올렸다. 매일 아침 부부 중 한 사람이 먼저 하나님과의 조용한 묵상 시간을 갖기 위해 방에 들어가면, 다른 한 사람이 아이들을 돌보았다. 그리고 잠시 후 서로 교대했다. 어디에 있든 철저히 하나님 앞에서 단독자로 서던 패티슨. 그는 사람들 앞에서도, 혼자 있을 때도 변함없이 신실한 선교사였다.

1976년 10월, 세실리 모어 선교사는 권춘자 간사와 함께 부산으로 내려가 성서유니온 부산 지부 일을 맡았다.

순천에서도 새로운 사역자가 준비되고 있었다. 그는 조일선, 1968년 흉부결핵을 앓아 거의 죽음에 이르렀던 십 대 소년이었다. 그는 소아결핵병동에서 몇 달간 치료를 받고, 로이스 린튼 선교사의 순천 결핵요양원으로 옮겨졌다. 의사들은 그가 살기 어렵다고 했지만, 그는 기적처럼 살아남았다. 이후 그는 성경학교를 다니면서 순천에서 성서유니온 업무를 맡았다.

　1976년을 시작하며 병동의 표어를 "하나님이 보시기에 아름다운 것"으로 정했었다. 정말 그 말씀대로 한 해 동안 아름답고 기쁜 일들이 많이 일어났다. 소아결핵병동과 국립마산병원은 갈등이 해소되면서 관계가 더욱 좋아졌다. 병동에 등록된 척추결핵 환자는 160명, 외래 환자는 약 250명, 입원 환자는 30-40명에 달했다. 입원 환자 중 17명이 크리스마스에 예수님을 구주로 영접했다. 연말이 되자 여러 환자가 치료를 마치고 퇴원했다. 그중 63세의 강산류 할머니는 무려 14년 동안 척추결핵으로 투병해온 환자였다. 그녀가 집으로 돌아가던 날, 병동의 환자들과 직원들은 〈우리 다시 만날 때까지〉를 부르며 서로 껴안고 눈물을 흘렸다. 할머니는 식비도 제대로 못 낼 만큼 가난했지만, 병원에 만 원 가까운 돈을 기부하고 떠났다.[20]

　그해 말, 소아결핵병동의 박승원 총무와 이귀옥 간호사가 결혼했다. 두 사람은 병원에서 함께 일하며 조심스럽게 연애했다. 패티슨 원장은 믿음을 가진 여성들이 결혼할 시기가 되면 신앙이 없는 남성과 서둘러 결혼하는 모습을 보며 안타까워하곤 했다. 하지만 박 총무와 이 간호사는 믿음 안에서 맺어졌고, 패티슨 원장은 두 사람의 결혼식에 기쁜 마음으로 주례를 섰다. 비록 신랑과 신부의 이름을 바꿔 부르는 실수를 했지만, 하객들은 즐거워했다.

　패티슨 원장은 마산에서 개업한 의사 부부들을 위한 성경공부 모임을 만들었다. 성서유니온은 올바른 노선을 따라 힘차게 성장했고, 마산, 부산, 대구 지부도 잘 운영되고 있었다. 그는 성서유니온의 위원장직을 내려놓았다. 초기부터 성서유니온 이사진으로 활동해온 고려대 김형권 교수가 후임을 맡게 되었다.

새해 1977년은 동양의 세계관에 따르면 뱀의 해였다. 패티슨 원장은 요한복음 3장 14-15절 말씀, "모세가 광야에서 뱀을 든 것같이 인자도 들려야 하리니 이는 그를 믿는 자마다 영생을 얻게 하려 하심이라"는 구절을 붙들고, 새해가 예수 그리스도의 구원의 한 해가 되길 기도했다.

7

―

청년 의사들의 한국누가회

'나는 만나지 말아야 할 사람을 만났고, 보지 말아야 할 것을 보고 말았다.'

마산에서 서울로 돌아가는 고속버스 안에서 안동일은 생각에 잠겼다.

'이제 예전의 나로 돌아갈 수 없겠구나.'

솔직한 심정이었다.

경희대 의대 본과 4학년, 졸업을 앞둔 그는 자신이 가야 할 길을 고민하고 있었다. 이미 예수님을 영접했고, 첫 번째 누가회 수련회에서 들은 패티슨 원장의 설교에 감동을 받아 선교사가 되거나 시골 보건소로 가야겠다는 마음이 생겼다. 그러나 막상 그 길을 선택하려니 자신이 없었다. 주위 사람들의 실망과 반대, 질책을 견뎌낼 수 없을 것 같았다. 그는 패티슨 원장을 직접 만나고 싶었다. 서울에서 고속버스를 타고 여섯 시간을 달려 마산에 도착했을 때는 캄캄한 밤이었다.

다음날 아침, 각자 경건의 시간을 마친 뒤, 패티슨 원장은 그를 데리고 회진을 돌기 시작했다. 병동에는 40명가량의 환자들이 누워 있었다. 골결핵은 약을 먹어도 뼈와 척추 혈관까지 약효가 도달하기 어려워 폐결핵보다 치료가 어렵고 입원 기간도 길었다.

"많이 아픕니까? 오늘은 좀 괜찮아요?"

패티슨 원장은 환자의 이름을 부르며 다정하게 손을 잡고 등을 두드려주었다. 한국 병원에서 한 번도 본 적 없는 회진 장면이었다.

"왼쪽 다리 수술은 여수 애양병원에서 받을 겁니다. 아주 실력 있는 의사가 있어요. 수술이 끝나면 재활훈련을 받고 걸어서 집에 갈 수 있어요."

수술을 앞두고 불안해하던 소년과 그의 어머니 얼굴이 안도의 미소로 환해졌다. 패티슨 원장의 눈빛은 아픈 아이들을 향한 연민과 사랑으로 가득했다. 그는 말과 손길, 눈빛, 온몸으로 그 사랑을 표현하고 있었다. 환자의 아픔을 살피고, 그들에게 꼭 필요한 말과 위로를 건네는 진정한 의사의 모습이었다.

'아, 예수님이 병자들을 회진하신다면 바로 이런 모습이겠구나.'

그날은 마침 주일이었다. 안동일은 단순한 감동을 넘어 충격을 받았다. 자신도 그런 의사가 되고 싶었다. 패티슨 원장과 함께한 그 시간은 그의 인생에서 잊을 수 없는 아름다운 기억으로 남았다.

서울로 돌아갈 시간이 되자, 패티슨 원장은 성경을 펴서 읽었다. 마태복음 6장 26절 말씀이었다.

"공중의 새를 보라. 심지도 않고 거두지도 않고 창고에 모아들이지도 아니하되 너희 하늘 아버지께서 기르시나니 너희는 이것들보다 귀하지 아니하냐."

패티슨 원장은 알고 있었다. 예수를 찾아왔다가 걱정하며 돌아갔던 부자 청년처럼, 믿음은 있지만 온갖 염려로 가득한 안동일의 복잡한 마음을. 그는 안동일의 손을 잡고 함께 기도한 뒤 말했다.

"그러니 아무것도 걱정하지 마세요."

안동일은 그날, 부모와 절연하면서까지 예수를 믿고 한국에 온 선교사를 만났고, 부귀영화를 마다하고 마산의 작은 병실에서 가난한 환자들을 따뜻한 긍휼의 손으로 치료하는 의사를 보고 말았다. 그는 이전으로 돌아갈 수 없었다. 마산에서 보낸 그 하룻밤은 그의 인생 방향을 완전히 바꿔놓았다.

그는 국립의료원에서 레지던트를 시작했고, 전공은 결핵이었다. 당시 결핵은 이미 좋은 약들이 나와 있어 미래가 밝지 않은 분야였다.

'곧 우리나라가 잘살게 되면 이 병도 사라질 텐데, 그다음 나는 어떻게 사나?'

불안이 없진 않았다. 하지만 패티슨 원장의 "아무것도 걱정하지 마세요"라는 격려를 떠올리며 힘을 얻었다. 이후 그는 미국 리치몬드 대학병원에서 호흡기내과를 연구하고 한국으로 돌아왔다. 누가회 수련회에 함께했던 친구들은 한 명씩 선교사로 나가거나 선교병원에서 일하기 시작했다. 후배 중에는 공중보건의로 지역 주민을 위해 헌신하며 국영방송에 소개된 이도 있었다. 그는 어느새 '선교 콤플렉스'에 걸릴 지경이 되었다. 그러나 정작 그에게는 선교지의 문이 열리지 않았다.

고심 끝에 그는 자비를 들여 인터서브에서 추천받은 파키스탄의 한 선교병원을 찾아가 보기로 했다. 혼자 카라치에서 버스를 타고 아홉 시간을 달려야 했는데, 도중에 차가 고장이 났다. 한밤중, 알 수 없는 짐승들의 눈빛이 어둠 속에서 번득이는 가운데, 낯선 사람들 틈에 끼어 위협을 느끼며 하룻밤을 보내야 했다. 몸이 약하고 예민한 그에게는 견디기 힘든 경험이었다. 일주일간의 개인 미션트립으로 그는 한 가지 깨달음을 얻었다.

"하나님은 공수부대원에게 맡길 일을 방위병에게 주시진 않는다."

결국 그에게 선교사의 부르심도, 명확한 인도하심도 없었다.

그는 결핵협회 부속병원에서 일하기 시작했다. 그러던 중 1995년 WHO(세계보건기구)에서 결핵을 전공한 한국인 의사를 구했다. 미국과 한국에서 결핵을 연구한 그가 적임자였다. 당시만 해도 WHO에서 일하는 한국인은 드물었다. 그는 필리핀, 라오스, 캄보디아, 피지 등 가난한 나라들을 돌며, 국가 차원에서 결핵, 에이즈, 말라리아와 같은 전염병 퇴치를 지원했다. 그가 임상에서 30년 동안 결핵 환자를 치료하면 약 6만 명을 살릴 수 있는데, WHO 활동을 통해서는 420만 명을 살릴 수 있었다. 그에게 딱 맞는 일이었다.

모태에서 지어지기 전부터 그를 잘 아시는 하나님은 그에게 선교사로 나가는 길은 열어주시지 않았지만, 그의 소망과 신체에 꼭 맞는 길을 예비해두셨다. 그는 세계적인 '보건소', WHO에서 21년을 일했다.

청진기와 전화기, 그리고 살아 있는 토끼

부산의 명문 기독교 학교인 이사벨여고 강당의 연단 위로 패티슨 원장이 올라갔다. 1,500여 명의 여학생들이 단정한 교복을 입고 새로 지은 강당을 가득 메우고 있었다. 아침 예배 시간이었다. 이렇게 젊은이들이 모여 있는 자리에 서면 그는 가슴이 뭉클했다.

'주님, 제게 맡기신 임무가 막중합니다. 어떻게 하면 이 소녀들에게 그리스도의 십자가 용서와 하나님과의 소통이 가능하다는 사실을 효과적으로 전할 수 있을까요?'

패티슨 원장은 학교 채플 시간에 말씀을 전할 때마다 두려움과 무력감을 안고 기도하지 않을 수 없었다. 그날도 그는 미리 몇 가지 소도구를 준비했다. 전화기, 의사의 흰 가운, 그리고 청진기였다.

"이 전화기로는 볼 수 없는 사람과 소통할 수 있습니다. 마찬가지로, 성경을 읽으면 우리는 하나님과 대화할 수 있어요."

그는 차분히 설명했다.

"이 흰 가운과 청진기는 의사가 사용하는 도구입니다. 청진기로 몸속 소리를 듣고 병을 진단하듯, 성경은 우리 영혼을 진단하고 치료를 권합니다."

학생들은 초롱초롱한 눈빛으로 그의 이야기를 경청했다.

또 다른 날 예배에서는 강단에 두 개의 강연대를 세우고, 하나에는 커다란 곰 인형을 숨겼고, 다른 하나에는 살아 있는 토끼를 넣어

두었다. 그는 곰 인형에게 말을 걸었다. 커다란 곰 인형은 아무 반응이 없었다. 이번에는 다른 강단으로 가서 토끼를 꺼냈다. 귀를 잡고 발을 건드리자 토끼는 발버둥쳤다. 강당 안의 여학생들은 폭소와 환호로 반응했다.

"이 곰 인형처럼 덩치는 크지만 아무 반응이 없는 믿음은 죽은 믿음입니다. 하지만 이 작은 토끼처럼 하나님 말씀에 반응하는 것이 살아 있는 믿음이지요."

이어서 그는 예수님이 우리의 죄를 어떻게 깨끗이 씻어주시는지 보여주기 위해 수건과 물그릇을 들고 학생들 사이로 내려갔다.

"영국에서는 세수할 때 아주 조심스럽게 이렇게 씻습니다."

그는 손에 물을 살짝 묻혀 얼굴을 톡톡 적셨다.

"그런데 한국에서는 이렇게 하지요."

이번에는 얼굴을 박박 문지르고는, 보통 한국 사람들이 세수한 후 앞마당에 물을 확 뿌리듯 물그릇을 들어 앞줄을 향해 끼얹는 시늉을 했다. 강당 안은 완전히 뒤집어졌다. 패티슨 원장이 말했다.

"중요한 것은 어떤 식으로 씻든지 예수님께서 우리의 죄를 이처럼 깨끗이 씻어주신다는 것입니다. 그 은혜를 잊지 마세요."

마산에 있는 그의 사택 앞마당은 이사벨여고 학생들의 캠프 장소로도 쓰였다. 이사벨여중·고에서 성경공부반을 인도하던 세실리 선교사와 성서유니온의 권춘자 간사는 여름방학마다 작은 캠프를 열었다. 캠프가 끝나면 학생들은 병동으로 내려가 아기들을 목욕시키고, 환자들과 함께 찬양을 드렸다.

마산의 한일합섬 공장 근로자들을 위한 야간 실업고 학생들도 꾸준히 병동을 찾아와 아이들을 목욕시키며 봉사했다. 학생들은 하나님을 알아가면서 자연스럽게 고통받는 이웃을 돌아보았다.

창신 중·고등학교에서도 말씀을 전했다. 사흘간 매일 한 시간씩 부흥회도 인도했다. 당시 교목은 임한택 목사였는데, 두 사람은 형제처럼 가까웠다. 「매일성경」을 함께 집필했으며, 패티슨 원장은 그가 영국 신학교에 유학할 수 있도록 학비와 하숙비까지 마련해주었다.

패티슨은 이화여대 학생들을 위한 영어 성경공부 모임을 만들기 위해 ESF(기독대학인회, 당시 SBF) 서대문회관을 맡고 있던 이승장 목사와 함께 이대 앞에서 전단지를 돌렸다. 윤종하 총무의 소개로 처음 만난 두 사람은 좋은 친구가 되었다. 훗날 이 목사가 런던으로 유학 갔을 때, 패티슨은 신분을 밝히지 않고 장학금을 보내기도 했다.

첫 성경공부 모임에는 열 명 남짓한 여학생이 모였다. 패티슨은 한동안 말없이 서 있다가 이렇게 말문을 열었다.

"어때요? 답답하지요? 내가 여기서 아무 말 없이 서 있으면, 여러분은 내가 누군지, 무슨 일을 하는 사람인지 모르겠지요? 하나님도 아무 말씀 안 하신다면 어떻겠어요? 하나님이 정말 살아 계신지, 우리 기도를 듣고 계시는지, 어떤 방식으로 응답하시는지 알 수 없겠지요? 그래서 하나님은 우리에게 성경을 주셨습니다. 매일 말씀을 읽고, 하나님과 대화하고, 그 말씀을 따라 하루를 살아가라고요."

패티슨은 늘 고민하며 노력했다. 어떻게 하면 하나님의 말씀을 더 쉽게 전할 수 있을까? 어떻게 하면 성경묵상이 삶의 습관이 되도록 도울 수 있을까?

마산에는 섬유산업의 발전과 함께 수많은 공장이 들어섰고, 열악한 환경에서 일하는 노동자들이 많았다. 패티슨은 자신의 책 『깨닫지 못하는 위기(Crisis Unawares)』에서 이렇게 썼다.

"영국 빅토리아 시대에 비유할 수 있는 한국의 눈부신 산업 성장은 그 이면에 찰스 디킨스의 소설들에 묘사된 비참한 노동자의 현실과 유사한 병폐를 낳았다. 19세기 영국 사회에서 YMCA와 YWCA가 젊은이들의 사회적 요구에 깊이 관여한 것처럼 한국에서도 그러했다. 지난 5년 동안 마산 지역 YWCA 지부가 건물을 매입해 학교 교육을 받지 못한 여공들을 위해 야학을 열었다. 기독 여성들이 주도한 예술과 공예 프로그램도 있었다. 그들은 교사와 의사 부인들로, 마산에서 결성된 성서유니온 위원들이었다. 1977년 윤종하 총무가 마산을 방문해 성경을 가르치는 부흥회를 열었고, 큰 호응을 얻었다. 이를 계기로 마산 지역 의사들의 성경공부 모임이 시작되었다."[1]

마산 시내에서 최내과를 운영하던 최행진 원장은 이 성경공부 모임이 조금 부담스러웠다. 어릴 때부터 교회에 다니긴 했지만, 신앙을 이렇게 솔직히 나누는 자리는 처음이었기 때문이다.

"오늘 말씀을 읽으니 '형제와 화해한 후에 예물을 드리라'고 하시네요. 어제 남편과 다퉜는데 마음이 많이 찔립니다."

"주일 예배만 참석하면 교인인 줄 알았는데, 마음에서 진실한 고백이 먼저 있어야 한다는 걸 알았습니다."

이 모임은 마산 지역의 의사들과 그 아내들, 경남대 교수, 사업가, 기자 등 7-8명이 매달 한 번씩 성서유니온의 묵상 책으로 말씀을 나누는 자리였다. 일방적인 설교 없이 각자 말씀을 묵상하고 신앙을 돌아보며 회개하는 시간이었다. 최행진 원장은 멤버들이 가정 문제와 개인적 어려움, 신앙 상태를 솔직하게 나누는 것에 놀랐다. 십일조, 안식일처럼 교회에서 쉽게 나누기 어려운 주제도 자유롭게 논의되었다.

처음에 최 원장은 단순히 영국에서 온 선교 의사가 궁금해서 모임에 참석했다. 부유한 부모와 의절하고, 한국의 가난한 결핵 어린이들을 돌보러 온 케임브리지 출신 선교사가 어떤 사람인지 알고 싶었다. 어느 추운 겨울, 그가 방문한 패티슨의 사택은 일본식 목조 건물이었고, 난방은 한 줄짜리 히터 하나뿐이었다. 패티슨은 평소에도 낡아 반질반질해진 양복을 입었고, 구멍 난 양말도 기워 신을 정도로 검소했다. 패티슨은 자신의 소신을 어디서나 그대로 말하는 사람이었다. 오해를 받거나 불이익을 감수해야 하는 상황에서도, 그것이 진리라면 어린 학생에게든, 어른에게든, 일반 신자에게든, 목회자에게든 가감없이 전했다. 가까이서 본 그는 진실한 크리스천이었고, 선한 일에는 추진력 있으며 용감한 사람이었다.

패티슨은 한국을 떠날 무렵, 장애인이 된 환자들을 위해 작은 칠보 공장을 세웠다. 최 원장은 기쁜 마음으로 이사진에 참여했다. 그는 패티슨과의 시간 속에서 신앙의 본질을 배웠고, 그것이 평생 흔들림 없는 중심이 되었다.

패티슨은 한국에도 1949년 영국에서 시작된 CMF(Christian Medical Fellowship)와 같은 젊은 기독 의료인과 예비 의료인 모임이 생기기를 오래도록 기도했다. 아직 길은 보이지 않았다. 하지만 하나님은 당신의 속도대로 이 계획을 이끌고 계셨다.

아버지의 두 번째 거절

"홍식아…… 홍식아……"

엄마가 부르는 소리에 의식을 잃고 늘어져 있던 아이가 눈을 반짝 떴다. 아이는 꺼져가는 생명을 붙들고 밤새 엄마를 기다린 모양이었다. 잠깐 엄마를 본 홍식이가 웃는 듯했다. 그러나 다시 힘없이 눈을 감았고, 끝내 뜨지 못했다

"빨리 왔어야 했는데…… 차비가 없어…… 오늘 쌀겨 팔아 겨우 왔는데…… 아이고, 홍식아……"

홍식이 엄마는 죽은 아이를 붙들고 몸부림치며 울었다. 홍식이를 돌보던 이귀옥 간호사도 함께 울고 말았다.

홍식이는 패티슨 원장이 창녕의 작은 교회를 방문했을 때 만난 열다섯 살 소년이었다. 아버지는 뇌졸중으로 누워 있고, 엄마 혼자

생계를 책임지는 어려운 가정 형편이었다. 진료 한 번 받아본 적 없는 아이가 병원에 왔을 때 이미 위중한 상태였다. 패티슨 원장은 홍식이가 심장판막에 이상이 있다고 판단했다. 그의 병원은 골결핵 환자를 치료하는 곳이지만 패티슨 원장은 홍식이를 그냥 돌려보낼 수 없었다.

"죽어도 여서 죽게 해주이소."

홍식이 엄마는 아들을 병원에 두고 떠났다. 당시 한국에 심장판막증을 수술할 의사도 없었고, 집으로 돌아간다 해도 죽을 수밖에 없었다. 홍식이는 패티슨 원장과 병동 직원들의 따뜻한 보살핌 속에서 두 달을 버텼다.

어느 날 홍식이가 숨을 가쁘게 쉬면서 의식을 잃어갔다. 밤새 패티슨 원장과 이 간호사가 아이를 돌보았다. 가족에게 연락을 했지만, 아무도 오지 않았다. 곧 죽을 것 같던 홍식이는 어쩐 일인지 숨을 붙들고 있었다. 다음날 아침, 헐레벌떡 달려온 엄마 얼굴을 한번 본 후 홍식이는 이내 숨을 거두었다.

홍식이가 죽은 후, 이 간호사는 아이가 누워 있던 침상을 정리했다. 침대 옆에는 비닐봉지에 든 검은 운동화 한 켤레가 있었다.

"엄마가…… 나 아픈 거 나으면 이거 신고 집에 오라고…… 주셨어예."

가쁜 숨을 내쉬면서도 홍식이는 그 신발을 품에 꼭 안고 있었다. 하지만 끝내 한 번도 신어보지 못한 채 떠나고 말았다. 꽃 같은 나이에 죽은 아이가 가여워 이 간호사는 또 한번 눈물을 흘렸다.

이귀옥 간호사도 어려운 가정에서 자랐다. 열한 살 때 엄마가 암으로 세상을 떠났다. 어린 나이에 엄마를 간병하며 학교를 다니고, 두 동생까지 돌봐야 했다. 엄마를 떠나보낸 후, 그녀는 간호사가 되기로 결심했다. 하지만 나이팅게일 선서식을 앞두고도 간호복을 마련할 형편이 안 되었다. 그런 그녀를 안타깝게 여긴 스승 김옥배 교수는 자신이 입었던 유니폼을 내어주었다. 독실한 크리스천인 김 교수는 패티슨에게 그녀를 추천했다. 그리고 이 간호사는 정식으로 소아결핵병동에서 일하게 되었다.

"우리 미스 리는 사무실에 의자가 없어요. 앉을 시간이 없으니까요."

패티슨은 그녀를 두고 농담 삼아 말하곤 했다. 병동에는 40-50명의 어린 환자들이 있었다. 매일 드레싱을 하고, 약을 먹이고, 식사를 챙기는 일까지 그녀의 몫이었다. 마산간호학교를 막 졸업한 새내기 간호사는 병원 내 숙소에서 지냈다. 스물을 갓 넘은 그녀는 몇 달씩 병원에서 생활하는 골결핵 환아들의 엄마이자 누나이자 언니 역할을 했다.

선의가 꼭 선의로 돌아오는 것은 아니었다. 어느 날, 패티슨 원장이 열대여섯 살 된 소년을 데리고 왔다. 그 아이는 척추결핵으로 등이 튀어나와 있었고, 소아마비로 인해 왼쪽 다리가 구부러진 채 펴지지 않아 목발을 짚고 걸었다. 패티슨 원장은 아이의 척추결핵을 치료한 후, 애양병원의 닥터 토플에게 보내 소아마비로 굽은 다리를 펴는 수술을 받게 했다. 몇 개월 후, 아이는 병원으로 다시 돌아왔다.

"저 좀 보세요."

아이는 목발 없이 걸어 보였다. 수술로 편 왼쪽 다리가 조금 짧아 절뚝거리는 모습을 보고, 패티슨 원장은 아이에게 키높이 구두까지 맞춰주었다. 아이는 거의 정상적으로 걸을 수 있게 되었다.

아이가 퇴원하는 날이었다. 운전기사 지 씨가 그를 시외버스 정류장까지 태워다주었는데, 아이의 짐보따리가 유난히 커 보였다. 뭔가 이상한 느낌이 들어 아이가 화장실에 간 사이 보따리를 슬쩍 끌러 보았다.

"아이고, 말도 마소. 그 안에 병원서 훔친 약, 가시개(가위), 반창고, 원장님 물건에 이 간호사 방에서 갖고 나온 것까지 없는 게 없습니더."

병원으로 돌아온 지 씨가 혀를 찼다. 패티슨 원장도 실망한 눈치였다.

"아휴, 녀석…… 미스 리 것도 가져가다니."

그렇게 정성을 다해 치료하고 사랑을 주었건만 돌아온 것은 도둑질이었다. 하지만 패티슨 원장이 한 말은 그게 끝이었다.

패티슨 원장은 평소에는 아버지처럼 다정했다. 하지만 일에 대해선 엄격했다. 특히 시간과 약속을 철저히 지켰다. 어느 날 이 간호사가 전화를 받느라 회진에 늦은 적이 있었다.

"미스 리가 5분 전화하는 동안, 나와 물리치료사 이 선생 두 사람이 기다렸으니 총 10분이 지체된 셈입니다."

그는 일에 대한 잘잘못은 당사자 앞에서 정확히 짚었다. 그와 함께 일하던 직원 중 한 명은 크리스천이었고 일에 대한 열정이 넘쳤다. 하지만 일 마무리를 제대로 하지 않은 채 다른 곳으로 떠나려 했다. 패티슨은 조용히 그를 불러 질책했다.

"떠나더라도 몇 가지 빠뜨린 계산은 정확히 보고하고 가야 합니다. 그렇게 하는 것이 예수 믿는 사람으로서 마땅히 해야 할 일입니다."

직원은 가만히 패티슨의 말을 듣다가 한참 후에야 입을 열었다.

"부끄럽고 고맙습니다. 선교사님처럼 저를 바로잡아주는 분이 없었습니다."

그 역시 좋은 크리스천이었다. 그는 결국 돌아와 다시 함께 일하게 되었다.

이귀옥 간호사는 원래 기독교 신자가 아니었다. 간호학교 시절 기독교 서클에 들어가긴 했지만, 별 감동을 느끼지 못했다. 그러나 소아결핵병동에서 패티슨과 함께하며 예수를 믿는다는 것이 무엇인지 눈으로 보았다. 매일 아침, 직원들과 함께 성경을 읽고 나누며 기도하는 가운데 그녀의 신앙도 서서히 깊어졌다. 그녀는 소아결핵병동의 박승원 총무와 결혼했다.

1977년 6월, 영국 대사관에서 한 통의 연락이 왔다. 패티슨 원장이 영국 엘리자베스 2세 여왕으로부터 대영제국훈장(OBE: the Most Excellent Order of the British Empire)을 받게 되었다는 소식이었다. '의학연구 공로'를 인정받은 것으로, 의학연구위원회를 위해 수년간 노력한 것에 대한 감사였으며, 최소한의 인력으로 환자들을 헌신적으로 돌본 소아결핵병동 직원들의 노고를 인정하는 것이기도 했다.

한국의 한 일간지는 다음과 같은 기사를 냈다.

"국립마산병원 아동병원에서 11년째 결핵 아동들을 보고 있는 영국인 의사 피터 패티슨(42, 한국명 배도선)이 지난 11일 우리나라에서의 헌신적인 의료봉사 공로로 모국에서 엘리자베스 여왕이 수여하는 제국훈장(OBE)을 받았다. '하나님의 말씀에 따라 한국에 와서 일하고 있다'는 패티슨 씨는 훈장을 받은 소감으로, '더욱 열심히 제2의 고향인 한국의 병든 새싹들을 위해 제 생을 바치겠다'고 겸손히 말했다."[2]

〈코리아 헤럴드〉는 "그의 진료소에서는 결핵 환자 4,000명을 포함해 25,000명을 치료했으며 현재 3세부터 50대 중반의 외래 및 입원 환자 400명이 자선병원의 혜택을 받고 있다.…… 선교사는 '이웃 사랑은 사회의 빛이지만, 돈을 사랑하면 사회의 짐이 됩니다'라고 말했다"고 썼다.[3]

패티슨 원장은 세 번째 안식년을 맞아 10월에 영국으로 돌아갔다. 그리고 1978년 새해, 버킹엄궁에서 열린 훈장 수여식에 참석했다. 그는 간단한 소감을 남겼다.

"여왕은 내게 무슨 일을 하느냐고 물었습니다. 나는 의료선교사라고 말했습니다. 그날은 마치 30년이 지난 후에 받는 학교 시상식같이 멋진 행사였습니다."[4]

훈장을 받은 후, 그는 두 아들을 데리고 그를 쫓아냈던 부모님 댁을 찾았다. 그러나 아버지는 문을 열어주지 않았다. 세월이 흘러도 부모님의 마음은 여전히 냉정했다. 닫힌 문 앞에서 그는 마음이 무너지는 것 같았다. 그는 아이들의 손을 잡고 눈물을 흘리며 돌아왔다.

깨닫지 못하는 위기

부산의대 예과 학생이었던 양승봉은 세실리 모어 선교사와 함께 마산에 있는 패티슨 원장의 사택을 찾았다. 당시 패티슨 가족은 안식년을 맞아 영국에 머물고 있었다. 세실리 선교사는 가끔 마산을 방문해 OMF와 성서유니온 업무를 처리하고 사택에서 잤다. 양승봉은 부산 삼일교회에 출석하며, 세실리 선교사가 인도하는 대학생 성경공부 모임에 참석하고 있었다.

그날 밤, 한겨울의 마산은 매섭게 추웠다. 일본식 목조 적산가옥은 난방이 되지 않았고, 양승봉은 얼어 죽는 줄 알았다. 하도 웅크리고 잔 탓에 다음날 허리가 끊어질 듯 아팠다. 그제야 그는 OMF 선교사들이 사역지에서 중간 이하의 경제 수준으로 생활한다는 원칙이 실제로 적용되고 있음을 깨달았다. 새삼 선교사들과 그 가족이 겪는 어려움에 눈시울이 뜨거워졌다.

그는 병원을 둘러보았다. 무료로 운영되는 병원은 어린 골결핵 환자들로 가득했다. 양승봉은 한국에서 이토록 많은 아이들이 결핵으로 고통받고 있는 줄 몰랐다. 패티슨 원장은 약물 치료뿐만 아니라 요양, 영양 공급, 그리고 사랑을 통해 아이들을 보살피는 데 중점을 두고 있었다. 1970년대 한국의 시골에는 무의촌이 많았다. 선교사 한 가정이 이렇게 큰일을 감당하고 있다는 사실에 그는 미안함을 느꼈다.

병원 한쪽 작은 창고에는 「매일성경」이 쌓여 있었다. 이곳이 바로 성서유니온에서 나온 「매일성경」을 보급하는 장소였다. 양승봉은 그때 처음으로 「매일성경」의 존재를 알게 되었다. 세실리 모어 선교사와 가까이 지내면서 성경공부를 했는데도 그는 QT의 중요성을 잘 알지 못하고 있었다. 그의 마산 방문은 추운 방에서 웅크리고 자느라 허리 한쪽에 남은 통증, 그리고 만나보지 못했으나 가난하고 병든 아이들을 돌보는 영국 명문 의대 출신의 의료선교사에 대한 잔잔한 감동으로 남았다. 몇 년 후 그는 다시 패티슨 원장을 만나게 될 줄도, 그 만남으로 인해 자신의 앞날에 어떤 일이 벌어질지도 전혀 생각지 못한 채 부산으로 돌아갔다.

세 번째 안식년을 맞은 패티슨 원장은 스코틀랜드에 머물며, 그동안 그가 느낀 한국 교회의 모습을 기록한 책, 『깨닫지 못하는 위기: 한 의사가 한국 교회를 진단하다(Crisis Unawares: A doctor examines the Korean church)』를 집필했다. 마태복음을 바탕으로 28개의 짧은 장으로 구성된 이 책에는 병동에서의 성경공부, 환자들과의 경험, 한국 교회에 대한 관찰이 담겼다.

그는 외형적으로 부흥하는 한국 교회가 성경을 읽지 않고, 삶에서 말씀의 권위를 실천하지 않는 현실을 깊이 염려했다. 주일 성수, 십일조, 새벽예배, 교회 건축 등 민감한 주제들도 정면으로 다루었다. 이 책은 하나님께서 왜 자신과 가족을 한국에 보내셨는지를 성찰한 결과였고, "마치 의사가 환자를 세밀하게 관찰한 후 내린 처방"[5]에 따라 곪은 곳에 메스를 대듯 날카로웠다. 애정 어린 비판이었지만 논란도 피할 수 없었다. 이 책은 1981년, 그의 한국 사역이 마무리될 즈음 OMF에서 영어판으로 출간되었다. 그러나 한국어판은 끝내 나오지 못했다.

패티슨 원장과 가족은 안식년을 마치고 1978년 10월, 다시 마산으로 돌아왔다. 큰딸 마거릿은 영국에 남아 OMF 선교사 자녀들을 위한 기숙사에서 중등학교 학업을 이어가기로 했고, 데이비드와 피터, 막내딸 조이는 일본 나나에 학교로 떠났다. 패티슨 부부는 아이들이 탄 비행기가 푸른 하늘로 아스라이 멀어질 때까지 지켜보았다. 그것은 마치 부부의 심장에 묶인 고무줄 같았다. 비행기가 사라질 때까지 팽팽하게 늘어났던 고무줄은 어느 순간 끊어져 두 사람의 심장을 후려쳤다. 아이들이 떠나는 날은 보통 외래 환자를 보는 화요일일 때가 많았다. 패티슨 원장은 밀려드는 환자들을 늦게까지 진료하며 슬픔을 잊으려 애썼다. 오드리는 정적이 흐르는 집에서 30분쯤 울고 나서 도움이 필요한 사람들을 찾아 나섰다.

선교사에게 가장 힘든 순간 중 하나는 어린 자녀들과 헤어지는

1979년, 패티슨 부부

것이었다. 마거릿은 일곱 살 때 일본 나나에 학교로 떠났다. 마거릿은 처음 보낸 편지에 "나는 웃을 때 울어요"라고 썼다. 방학을 마치고 집을 떠날 때면 이렇게 말했다.

"오늘은 슬퍼해도 소용없어. 갈 시간이 되면, 그때 슬퍼할 거예요."

많은 선교사들이 결국 사역을 멈추고 본국으로 돌아가는 이유 중 하나는 자녀 문제였다. 그러나 패티슨 부부는 하나님과 맺은 약속을 기억했다. 그가 잠들기 전에 가야 할 길이 아직 멀었다.

척추결핵 환자에 대한 MRC의 지원은 1981년에 끝날 예정이었다. 들것이나 리어카에 실려 온 하반신 마비 환자들이 걸어서 병원 문을 나서는 순간을 보는 것이 패티슨 원장에게 얼마나 큰 기쁨이었는지 모른다. 그는 '가난한 환자가 환영받는 병원'이 계속 운영되기를 바랐지만, 병동 사역을 지속할 수 있을지는 오직 주님의 손에 달려 있었다.

1979년 크리스마스, 병동에 입원해 있던 50명의 환자 중 상당수가 신앙을 고백했다. 수년간 병으로 고통받던 이들이 건강을 회복하고, 예수 그리스도를 영접하는 모습을 지켜보는 것은 매번 놀랍고 감동적이었다. 환자 한 명 한 명이 써 내려간 신앙고백은 눈물 겨웠다. 그들은 많이 배우지 못한 사람들이었다. 대부분이 병 때문에 초등학교도 제대로 다니지 못했다. 그런데 어떻게 예수 그리스도를 믿게 되었을까? 그 답은 하나님 은혜로 인한 '회개와 단순한 믿음'이었다. 부자든 가난한 사람이든, 배운 사람이든 그렇지 못한 사람이든, 하나님의 은혜는 모든 이에게 동일하게 임했으며, 성령의 역사는 신비로웠다.

그 가운데 열네 살 청각장애 소녀가 있었다. 소녀는 병원에 입원한 지 2년이 지나고 있었다. 매일 드레싱이 필요할 정도로 심한 부비동염을 앓고 있었다. 소녀의 기도제목은 단 두 가지였다. 가족 모두가 예수님을 믿게 되는 것, 그리고 자신이 들을 수 있게 되는 것이었다. 패티슨은 소녀에게 보청기를 맞춰주었지만 소용없었다. 주님이 어떻게 그녀의 기도에 응답하실는지도 알 수 없었다. 정말로 귀를 치유해주실 수도, 혹은 좋은 청각장애인 학교로 인도하실 수도 있었다. 그는 다만 자신이 할 수 있는 모든 일을 다했다. 프랑스의 외과의사 앙브루아즈 파레는 말했다.

"우리는 치료하고, 하나님이 치유하신다."

병동의 환자들 대부분은 장애를 가지고 있었다. 휠체어나 목발을 짚고 생활하는 그들에게는 앉아서 할 수 있는 일이 필요했다. 병원 총무였던 박승원은 그들에게 칠보공예를 가르쳐 티스푼이나 열쇠고리를 만들어 판매할 수 있도록 돕는 일을 추진했다.

이 무렵 OMF 한국 선교팀의 사역은 서울, 부산, 마산 등으로 확장되었고, 성서유니온의 활동도 전국적으로 퍼져 많은 교회에 영향력을 미치고 있었다. 당시 성서유니온의 총무였던 윤종하는 1년간 안식년을 맞아 신학 공부를 위해 영국으로 떠났다. 그 공백을 메우기 위해 패티슨 원장이 성서유니온의 대표 직무를 대행하게 되었다. 불안했던 재정 상황도 1979년 크리스마스를 앞두고 기적적으로 해결되었다. 그는 감사한 마음으로 이렇게 기록했다.

"이제 우리에게 미결제 부채 없음."[6]

패티슨 원장은 한국 선교사들을 동아시아 지역으로 파송하는 것을 꿈꾸었다. 이를 위해 한국 OMF 본부 이사회(Home Council)를 구성하고, 이 사역을 전담할 한국인 사역자를 찾고 있었다. 또한 그가 오랫동안 기도해왔던 젊은 기독 의사들의 모임도 만들고 싶었다. 당시 한국에는 장기려 박사를 중심으로 한 의료선교회가 있었고, 자신 또한 마산의 몇몇 젊은 의사들과 성경공부를 하고 있었지만, 아직 지역 모임에 불과했고 공적으로 뚜렷한 활동은 없었다. 그런데 작은 물줄기의 시작은 뜻밖에도 서울의 한 대학 의학계열 학생들로부터 시작되고 있었다.

첫 번째
한국누가회 수련회

"첫 수련회인데 누가 주 강사로 오십니까?"

경희대 의대 본과 2학년 안동일이 IVF(한국기독학생회)의 송인규 총무에게 물었다.

"피터 패티슨, 한국 이름 배도선. 마산 소아결핵병동에서 일하는 OMF 소속 의료선교사입니다. 그리고 마르코스 정권 아래서 필리핀 복음운동을 주도한 이사벨로 마갈릿 목사가 오십니다."

1979년 여름이었다. 송인규 총무와 IVF 소속 경희대 의대, 한의대, 치대 기독 학생들은 처음으로 전국 의·치·한 대학생 수련회를 기획하고 있었다. 학업량이 많고 실습, 재시험 등으로 늘 시간에 쫓기는 의학계열 학생들에겐 그에 맞는 복음 활동과 전도 방식이 필요했다. 이러한 고민 끝에 경희대 의대, 한의대 본과 2학년 학생 몇 명이 자발적으로 준비 모임을 만들었다. 그들은 전국 의대, 치대, 한의대 기독학생회장들 앞으로 무작정 수련회 개최를 알리고 기도를 부탁하는 손편지를 보내기 시작했다. 그들은 거의 매일 실험실에 모여 기도하고, 수련회 프로그램을 만들고, 복사하고, 편지를 쓰고, 우편물을 부쳤다. 그 모습을 본 누군가가 웃으며 말했다.

"너희들 독립운동하는 사람들 같다."

서울에 있는 다른 대학 기독 의대생들도 합류했다. 고려대 의대생인 박상은은 각 학교 기독학생회장 앞으로 편지와 복사물을 보내는

1980년 2월, 한국누가회 첫 수련회의 주 강사 패티슨 선교사(가운데), 마갈릿 목사(오른쪽)

우표 비용으로 약 2,400원이 들었다고 계산했다. 우표 한 장이 10원이었으니 약 240통의 우편물을 발송한 셈이었다. "마지막 줄다리기"라는 수련회 최종 안내 편지에 이르기까지, 이름도 모르는 각 대학 의과계열 기독학생회장 한 사람당 적어도 열 통에 가까운 편지와 복사물을 받았다.[7]

당시 한국은 폭풍 같은 정치적 격변기를 지나고 있었다. 1979년 10월 26일, 박정희 대통령이 시해되고 비상계엄령이 선포되었다. 학교에는 휴교령이 내려졌다. 같은 해 12월 12일에는 군사 쿠데타가 일어났다. 이런 상황에서 단지 편지 몇 통을 받았다고 지방에서 수련회장까지 올 학생들이 있을까? 그 누구도 예측할 수 없었다.

1980년 2월 4일 수련회날이 왔다. 과천 구세군 수양관으로 전국 의대, 치대, 한의대생 69명이 모였다. 걱정과 우려를 넘어서는 고무적

7. 청년 의사들의 한국누가회

인 숫자였다. 그렇게 8일까지 열린 수련회의 주제는 "영혼의 의사 예수 그리스도"였다.[8]

녹색 낡은 양복을 걸친 피터 패티슨 선교사가 수련회 아침 단상에 섰다. 그는 또렷한 한국어로 강의를 시작했다.

"누가복음 4장에는 이사야의 글을 인용한 구절이 있습니다. '주의 성령이 내게 임하셨으니 이는 가난한 자에게 복음을 전하게 하시려고 내게 기름을 부으시고 나를 보내사 포로된 자에게 자유를, 눈먼 자에게 다시 보게 함을 전파하며 눌린 자를 자유롭게 하고 주의 은혜의 해를 전파하게 하려 하심이라'(18-19절)."

패티슨은 자신이 경험한 한국의 의료 상황과 마산 소아결핵병동의 이야기를 했다.

"한국에는 많은 크리스천 의사들이 있습니다. 기독병원도 있습니다. 그런데 왜 가난한 엄마들이 어린 결핵 환자들을 업고 기차 타고, 버스 타고, 서울에서 저 먼 마산 골짜기에 있는 우리 병동까지 와야 합니까?"

그가 말하는 복음은 그동안 학생들이 들어왔던 개인의 구원과 천국에 대한 것이 아니었다. 그것은 가난한 자, 병든 자, 눈 먼 자, 눌린 자를 위한 복음이었다.

"예수님은 하나님의 아들로서 많은 특권을 가지셨습니다. 그러나 광야에서 40일을 굶주리셨을 때, 마귀의 유혹을 따라 돌덩이를 떡으로 만들지 않으셨습니다. 우리 의사들은 사회적으로 많은 특권을 가지고 있습니다. 그 특권은 주님의 일을 위해, 가난하고 병든 자들을 위해 써야 합니다. 적은 수입을 각오하고 평생을 바쳐 하나님의 뜻에 순종하는 사람이 없다면, 우리의 신앙이 무슨 의미가 있겠습니까? 보건소장이 되면 어떻습니까? 도립병원, 시립병원에서 일하면 어떻습니까? 이제 저는 한국에서의 사역을 마무리할 시간이 다가오고 있습니다. 처음 한국에 왔을 때부터, CMF(기독의료인 모임)와 같은 단체가 생기기를 쉬지 않고 기도해왔습니다. 이제 여러분 중에서 이 일을 맡을 사람들이 나와야 하지 않겠습니까? 여러분은 돈을 섬길 것입니까, 아니면 주님을 섬길 것입니까?"[9]

학생들의 마음은 깨지고 있었다. 그들이 당연하게 여기던 장밋빛 미래의 계획이 무너졌다. 물질 만능주의와 권위 의식, 그리고 전국 189개 보건소를 외면한 채 수입과 조건이 좋은 직장만을 추구하는 현실 앞에서, 가난하고 병든 이들을 위해 헌신하는 진정한 크리스천 의사가 이 땅에 없다는 지적은 그들의 마음을 뒤흔들었다. 학생들은 두렵고 떨리는 마음으로 자신을 돌아보게 되었다.[10]

이 일을 주관한 학생들은 놀랐다. 자신들이 자발적으로 모여 수련회를 열었다고 생각했지만, 그 모임이 있기까지 누군가의 오랜 기도가 있었고, 모든 것이 하나님의 계획 안에 있었음을 깨달았기 때문이다.

강의가 끝나고 기도 시간이 되자, 학생들은 눈이 통통 부어오를 정도로 울며 기도했다. 그날 그 시간 이후로 마치 외바퀴로 달리는 열차 같던 그들의 삶에 브레이크가 걸렸다. 학생들의 마음에 크고 작은 균열이 생겼다. 그 틈 사이로, 그들이 당연하게 여겨왔던 의사, 치과의사, 한의사의 길 외에도 하나님께서 부르시는 또 다른 길이 있다는 사실이 보이기 시작했다. 그 길은 화려하지 않았다. 많은 수입을 보장하는 의사의 길과는 거리가 멀었다. 오히려 가족과 주변 사람들의 반대와 비웃음을 감수하고 가난을 각오해야 했다. 그것은 해외 선교사, 무의촌 공중보건의, 지방 보건소 의사, 선교병원 의사로 향하는 좁은 길이었다.

부산대 의대 기독학생회장이었던 양승봉도 수련회에 참석했다. 그는 3년 전, 세실리 모어 선교사와 함께 영국으로 안식년을 떠난 패티슨 원장의 집에서 하룻밤을 잔 적이 있었다. 이번 수련회에서는 패티슨이 의사로서 그렇게 해박한 성경 지식이 있음에 놀랐다. 양승봉은 3대째 예수 믿는 가정에서 태어나 누구보다 신앙생활을 잘해왔다고 자부했다. 하지만 한 번도 '선교'에 대해서는 생각해본 적이 없었다. 그런데 패티슨의 강의를 듣고, 필리핀 원시 부족을 복음화한 한 의료선교사의 슬라이드를 보고 나서 생각이 바뀌었다.

'선교사역은 귀한 일이구나. 우리도 선교사로 나가야 하는구나.'

양승봉은 앞으로 자신이 따낼 의학박사와 전문의 모습과, 낮은 자리에서 예수님을 전하는 의사의 모습을 동시에 떠올렸다.

'주님은 어떤 나를 보고 기뻐하실까?'

답은 정해져 있었다. 하지만 다른 마음의 소리도 들렸다.

'그 길을 택하면 넌 가난해져.'

결정을 내릴 때까지 양승봉의 마음속에서 부르심과 현실 사이의

갈등이 시작되었다.[11]

 4박 5일 동안 함께 말씀을 공부하고, 기도하고, 찬양하며 8개 지역, 22개 캠퍼스에서 온 69명의 학생들은 형제처럼 정이 들었다. 그들은 헤어지기가 아쉬웠다. 그래서 1년에 두 차례씩 수련회를 열기로 결정했다. 이제 말씀을 듣기 이전으로 돌이킬 수는 없었다. 학생들은 크든 작든 거룩한 부담감을 품고 각자의 자리로 돌아갔다. 그리고 몇 년 후 그들 중에서 네팔과 알바니아, 아프리카, 필리핀으로 떠난 선교사, 공중보건의, 한국누가회 간사로 헌신하는 이가 나왔다. 이 수련회는 한국누가회(CMF)의 시작이 되었다.

 집으로 돌아가는 패티슨의 마음은 요동쳤다. 수련회에서 울며 기도하던 순수한 한국 젊은 의대생들의 변화를 보며 그는 떨리는 감동을 느꼈다. 그 순간 그는 자신의 젊은 시절을 떠올렸다. 케임브리지 1학년 때 데이비드 셰퍼드의 설교를 듣고 기숙사에 돌아와 무릎 꿇고 신앙을 고백했던 기억, 예수를 믿는다는 이유로 집에서 쫓겨나 거리 난간 옆에서 울며 기도하던 일이 마치 어제 일처럼 생생했다. 그로부터 23년이 흐른 지금, 수련회에 모인 의대생들에게도 똑같은 하나님의 역사가 임하고 있었다. 오랫동안 한국 젊은 기독 의대생들의 연합을 위해 기도해온 것을 신실하신 하나님께서 듣고 응답해주셨다.
 패티슨은 수련회 저녁에 학생들이 준비한 촌극 〈삭개오 이야기〉를 떠올리며 슬며시 미소를 지었다. 삭개오가 예수님을 영접한 후, "주여, 보시옵소서. 내 소유의 절반을 가난한 자들에게 주겠사오며

1980년 2월, 한국누가회 첫 수련회에서 촌극을 보고 있는 패티슨 선교사

만일 누구의 것을 속여 빼앗은 일이 있으면 네 갑절이나 갚겠나이다"라고 외쳤다. 그때 삭개오의 아내가 달려 나와 소리쳤다.

"안 됩니다. 절대 안 돼요! 그럴 수 없습니다!"

수련회에 모인 사람들은 폭소를 터뜨렸다. 패티슨도 함께 웃었다. 이 촌극은 솔직하고 현실적이며 강렬한 메시지를 전했다. 돈은 과거에도, 현재에도, 미래에도 크리스천들에게 가장 큰 걸림돌이었다.

패티슨과 함께 수련회 강사로 온 이사벨로 마갈릿 필리핀 IVF 총무는 필리핀 독재자에 맞서 싸운 복음주의 목사이자 의사, 신학자, 작가였다. 더운 나라에서 온 그는 서울의 매서운 추위에 고생했다.

패티슨은 기도 친구들에게 편지를 썼다.

"최근 고무적인 또 다른 사건은 IVF가 주최한 첫 번째 의대생 수련회입니다. 60여 명이 참가했으며, 앞으로도 계속될 계획입니다. 이는 의대 학생들 사이에 새로운 영적 움직임이 시작되었음을 보여주는 희망적인 일입니다."[12]

1980년 4월 1일, 수련회 이후 첫 번째 한국누가회 회지 「왕국과 의사」가 발간되었다. 첫 페이지에는 수련회에서 패티슨이 강연한 "의사가 쓴 복음"이 실렸다. 한국에서 처음 생기는 의학계열 기독 학생 모임의 명칭을 초창기에 CMF Korea로 정한 것은, 이들이 활발하게 운영되고 있는 국제적 조직 CMF처럼 세계적인 의료선교회가 되길 바라는 패티슨의 바람에 영향을 받았다고 볼 수 있다.[13]

패티슨에게는 또 다른 기도제목이 있었다. OMF 국제본부가 한국에서 선교사를 파송할 한국 OMF 이사회를 구성하기로 결정했는데, 이 일을 전담할 크리스쳔 형제가 필요했다. 패티슨이 보기에 적합한 한 사람이 있었다. 그는 헌신할 마음은 있었지만, 가족의 허락을 받지 못해 망설이고 있었다. 패티슨은 그가 주님의 일에 꼭 필요한 사람이라면, 하나님께서 그에게 결단의 순간을 주실 것이라 믿었다.

한국 OMF 이사회 결성

"예수께서 이르시되 손에 쟁기를 잡고 뒤를 돌아보는 자는 하나님의 나라에 합당하지 아니하니라 하시니라."

그 구절을 읽는 순간, 도문갑은 머리를 망치로 한 대 얻어맞은 것 같았다. 누가복음 9장 62절 말씀이었다. 패티슨은 편지에서 사역과 헌신에 관해서는 영어로 썼지만, 마지막 한 구절만큼은 특별히 한글로 써서 보냈다. 가지런하게 꾹꾹 눌러 쓴 필체였다. 그의 마지막 권면이며 더 이상 도망갈 수 없다는 하나님의 경고 같았다.

"아, 이제 결정해야 할 시간이구나."

도문갑은 회사를 그만두고, 결혼한 지 1년 된 임신한 아내와 함께 패티슨이 있는 마산으로 내려갔다. 1980년 3월 1일이었다.

도문갑은 법대를 졸업하고 항공회사에 다니고 있었다. 그는 모태신앙인으로 말씀묵상과 성경공부를 제대로 하기 전까지는 그저 주일에 교회 가는 청년일 뿐이었다. 하나님을 진심으로 믿게 된 후 그는 성서유니온의 청소년 캠프에서 자원봉사자로, 리더 훈련과 여러 활동에도 활발하게 참여했다.

1979년 초, 성서유니온의 윤종하 대표가 그에게 제의했다.

"앞으로 한국 OMF가 세워지면 이 사역에 헌신해보지 않겠습니까? 이제는 한국도 선교사를 보내야 할 때가 왔어요. 선교사를 세우고 교육하는 일을 맡을 전임 사역자가 필요합니다."

당시 OMF는 한국 OMF 본부 이사회를 구성할 계획을 세우고, 한국인 직원을 물색하고 있었다. 패티슨과 윤종하는 도문갑이 적임자라고 생각했다. 그러나 도문갑의 반응은 부정적이었다.

"선교요? 저는 선교에 관심이 있었던 것도 아니고, 신학교를 다닌 사람도 아닙니다. 게다가 지금 회사에서 큰 프로젝트를 맡고 있습니다. 일상 속에서 잘 섬기는 것도 선교사 못지 않게 중요한 하나님의 일이라고 배웠습니다."

"그건 그렇지요. 하지만 당신은 진심으로 항공사 일이 당신의 평생 소명이라 믿습니까?"

도문갑은 그 질문에 대답하지 못했다. 패티슨은 거의 1년 동안 도문갑을 격려하며 그의 결심을 기다렸다. 도문갑의 마음은 서서히 열렸으나 가족들은 허락하지 않았다. 당시 한국 사회는 선교에 대한 이해가 거의 없던 시절이었다. 권사였던 어머니조차 반대했다. 무엇보다 현실의 장벽이 높았다. 지금 다니는 항공사에 비해 사역자의 월급은 3분의 1 수준이었고, 갓 결혼한 아내를 설득하기도 쉽지 않았다. 그러나 "손에 쟁기를 잡고 뒤를 돌아보던" 그는 패티슨 원장의 편지를 읽고 마침내 '주님만 바라보기로' 결심했다.

마산에 도착한 첫날, 도문갑은 패티슨 원장으로부터 한글로 직접 쓴 손편지를 받았다. 서른셋, 결코 젊다고 할 수 없는 나이에 새롭고 불확실한 사역으로 아내와 함께 뛰어든 도문갑에게 주는 하나님의 말씀이었다.

"도문갑 부부님께,

OMF 가정으로 환영합니다!

예수께서 즉시 이르시되 안심하라, 나니 두려워하지 말라!

베드로가 대답하여 이르되 주여, 만일 주님이시거든 나를 명하사 물위로 오라 하소서 하니 오라 하시니(마 14:27-29).

베드로가 가로되 너희가 믿음으로 말미암아 하나님의 능력으로

보호하심을 받았느니라.……너희 믿음의 확실함은 불로 연단하여
도……믿음의 결국 곧 영혼의 구원을 받음이라(벧전 1:5, 7, 9).
　예수께서 그들에게 대답하여 이르시되 하나님을 믿으라(막 11:22).
1980년 3월 1일 배도선 드림."
　도문갑 부부는 이후 6개월 동안 패티슨 원장의 집에서 함께 생활
했다. 오래된 일본식 관사는 낡고 추웠으며 비가 새기도 했다. 그들
은 패티슨 부부로부터 OMF의 정신과 역사, 선교활동의 이해와 준
비, 업무, 선교현장 방문 등의 교육을 받았고, 소통을 위한 영어도 함
께 배웠다. 패티슨은 이미 선교사 훈련에 필요한 자료와 시스템을 모
두 준비해두고 있었다.
　도문갑은 그들의 깊은 신앙, 검소한 삶, 겸손한 태도를 존경하게
되었다. 특히 재정 문제를 하나님께만 맡기고 사람에게 도움을 구하
지 않는 태도, 그리고 현지인 가운데 들어가 삶으로 복음을 전하는
OMF의 원칙이 그의 마음을 움직였다. 그런 삶은 하나님에 대한 온
전한 신뢰 없이는 불가능한 일이었다. 패티슨 부부와 함께한 6개월
간의 오리엔테이션을 통해 그의 피 속에 조금씩 OMF 정신이 흐르
기 시작했다. 부부의 첫 아이도 그곳에서 태어났다.
　오리엔테이션을 마친 후, 도문갑은 서울 자택으로 돌아와 OMF
한국 사무국의 업무를 시작했다. 모든 것을 내려놓고 하나님만 의지
하자 어려움은 더 이상 두렵지 않았다. OMF 한국 사역의 첫 시작
부터 현장 경험을 쌓아가던 그는, 새롭고 두려운 일 앞에 설 때마다
패티슨이 보내준 편지들을 떠올렸다.

1980년 5월 30일, 한국 OMF가 공식 출범하고 첫 이사회가 열렸다. 김세윤 박사, 전재옥 박사, 이명수 박사, 윤종하 총무, 안병호 목사, 패티슨 선교사 등이 이사로 참여했다. 초대 이사장은 아세아연합신학대학교의 김세윤 박사가 맡았다. 도문갑은 이후 한국 OMF 대표와 한국성서유니온 대표로도 활동했다. 1981년 5월 2일, 이사들과 선교사들은 모여 "한국에서의 OMF 사역 정책과 활동 방향"에 대해 논의하고 다음과 같이 정리했다. 첫째는 한국 선교사 파송, 둘째는 성경묵상 운동의 확산과 효과적인 성경교육, 셋째는 믿음 생활 중심의 선교사 훈련 프로그램 개발 등이었다.[14]

이사회 구성 후, 이전까지 훈련받을 곳이 없어 외국 선교사들을 개인적으로 찾아다니던 선교 지망자들이 OMF에 많이 들어왔다. 이제 그들은 체계적인 매뉴얼에 따라 정식 파송 절차를 밟을 수 있게 되었다.[15] 한국 선교사들은 세계에서 가장 험한 지역은 물론, 서양 선교사들이 더 이상 환영받지 못하는 지역에도 들어갈 수 있었다.[16]

패티슨은 이 모든 과정을 지켜보며 기도 친구들에게 이렇게 편지를 썼다.

"1980년 한 해는 한국 OMF 이사회가 완전히 자리 잡고, 사무국장인 도문갑 씨도 활발히 사역하며, 첫 번째 선교사 후보가 동남아시아로 파견되기를 희망합니다.⋯⋯ 저는 그 어느 때보다 정신없이 바쁩니다. 하지만 한동안 보지 못했던, 그리고 간절히 기다렸던 주님의 손길이 우리 가운데서 구체적인 증거로 나타나고 있다는 것이 매우 고무적입니다."[17]

한국 OMF는 1981년 6월부터 해외 선교사를 파송하기 시작했다.

익투스, 작은 칠보공예 작업장

유난히 하늘이 파란 날이었다.

"또 보입시더."

병원을 나서던 청년이 쓸쓸한 얼굴로 인사했다.

"이제 집에 돌아가면 씩씩하게 살아야 한다."

소아결핵병동 총무 박승원의 말에 청년은 힘없이 웃었다. 박승원은 패티슨 원장 밑에서 총무직, 정식 명칭으로는 '가정생활 담당원'으로 일하고 있었다.

"누가 날 반가워나 하겠십니꺼?"

청년은 결핵에서 완치되었지만, 굽은 등과 절뚝거리는 다리가 후유증으로 남았다. 장기간의 입원으로 학업도 제대로 마치지 못한 그에게 차비를 건네는 박 총무는 마음이 아팠다.

"갈 데도 없꼬…… 병원에 더 있으모 안 되겠습니꺼? 머라도 할께예."

그러나 더 이상 병원에 머물 수는 없었다. 절뚝이며 병원을 떠나는 청년의 그림자는 유난히 길고 어두워 보였다.

얼마 지나지 않아 그가 스스로 생을 마감했다는 소식이 들려왔다. 병원 앞 갈마산 자락에는 그렇게 삶을 포기한 결핵 환자들이 적지 않았다. 보호자가 올 때까지 시신을 안치해두는 나무집까지 있었다. 박 총무는 완치된 환자들이 자립해 살아갈 수 있도록 돕는 직업 교육이 꼭 필요하다고 생각했다.

"마산에 내려와 나를 돕지 않겠습니까?"

패티슨 원장은 박승원을 바라보며 물었다. 원장의 푸른 눈은 정직하고 따뜻했다. 그때 박승원은 성서유니온에서 윤종하 총무를 돕고 있었다. 예산이 없어 월급은 없었다.

"내가 초대하겠습니다. 마산에 있는 우리 집에 와서 지내면서 마음을 정하세요."

승원은 내심 놀랐다. 그는 홀어머니를 모시고 사는 가난한 이십 대 초반의 청년이었다. 그런 자신에게 이렇게 정중하게 대해주는 어른은 처음이었다. 그는 한 사람의 특별한 존재로 존중받는 느낌이 들었다. 정식 일자리를 주겠다는 고마운 제의를 하면서도 패티슨 원장은 승원이 스스로 결정할 수 있도록 기회를 주었다.

마산에서 하루를 지내며 병원을 둘러본 승원은 어린 결핵 환자들을 돌보는 일이 참 좋았다. 그는 어머니와 함께 가포로 내려왔다. 1972년이었다. 가포에는 의외로 북에서 피난 온 사람들이 많이 살고 있었다. 전쟁 통에 결핵에 걸려 마산결핵병원에서 치료를 받고 그곳에 정착한 이들이었다. 마을 사람들은 승원과 어머니를 따뜻하게 맞이해주었다. 승원 역시 황해도가 고향이고, 아버지가 공산군에게 납치된 실향민이었다. 그는 이곳에서 뭔가 좋은 일이 일어날 것 같은 예감이 들었다.

"환자가 어디서 왔는지, 지금 어디서 머무는지, 차비는 있는지를 알아보세요."

패티슨의 지시대로 박승원은 환자가 처음 병원에 오면 가정환경을 조사했다. 가난한 환자에게는 차비를 주어 병원에 꾸준히 올 수 있도록 도왔다. 그는 패티슨과 함께 환자의 집을 찾아가 약을 제대로 복용하고 있는지, 다음 병원 방문 날짜를 잊지 않았는지를 확인했다. 결핵은 최소 6개월 이상 약을 복용해야 완치되지만, 많은 환자들이 3개월쯤 지나 증상이 나아지면 복용을 중단해 재발하거나 사망하는 경우가 많았다.

외래 진료는 매주 화요일에 있었다. 아침 9시 병원 문을 열기 전부터 환자들이 병원 언덕까지 가득했다. 마치 예수님 시절, 갈릴리 호숫가에 병든 자들이 모여들던 광경 같았다.

"예수님 믿고, 어려울 때 기도하세요."

패티슨은 기독교에 관심을 보이는 환자들에게 성서유니온에서 나온 소책자를 건네며 기도해주었다.

아이들은 병원에 입원해 있는 동안 청년이 되었다. 그러나 퇴원 후에는 갈 곳도, 할 일도 없었다. 대부분 구두를 닦거나 노점을 하거나 구걸로 내몰렸다. 패티슨 원장은 이들을 부산 양지직업훈련센터나 여수 애양병원의 직업보도소에 보내 기술을 익히게 했다. 그리고 마침내 가포에도 기술교육 시설을 세우기로 했다. 시계 수리, 전자기기, 양재 등은 비용이 많이 들어 제외하고, 적은 예산으로 쉽게 배워 수입을 낼 수 있는 칠보공예를 선택했다. 박승원은 일본 공항에서 본 칠보 제품에서 아이디어를 얻었다. 그때만 해도 한국을 대표할 만한 공예품이 많지 않았기에 전망이 나쁘지 않았다. 국내에서 구하기 어려운 칠보 재료는 패티슨이 일본 OMF 본부 방문길에 들여왔다.

1980년 4월, 퇴원한 환자 중 여섯 명이 기술을 배우기로 했다. 목발을 짚고도 걷기 힘든 청년과 나이가 많은 환자들이었다. 그들은 박승원의 집 옆 8평 작업장에서 6개월간 칠보공예를 배워 티스푼과 열쇠고리를 만들었다. 백동을 다듬어 틀을 만들고 섭씨 850도의 고온에서 색을 입히는 작업은 쉬운 일이 아니었다. 패티슨은 이 작업장에 '익투스'라는 이름을 붙여주었다. '예수 그리스도, 하나님의 아들, 구원자'라는 헬라어 첫 글자를 따서 만든 이름이었다. 그는 기도 편지에 이렇게 썼다.

"티스푼 하나 만드는 일이 얼마나 복잡한지 믿기 어려웠습니다. 청년들은 느린 진척에 좌절했지만, 이사야 28장 16절, "그것을 믿는 이는 다급하게 되지 아니하리로다"라는 말씀을 읽고 겨우 위로받았습니다."[18]

그들이 머물 숙소가 마땅치 않았다. 걷기 힘든 두 명은 박승원의 집에서 함께 지냈고, 나머지 네 명은 일부러 버스를 타고 오가야 하

1980년, 익투스 칠보공예 자활 사역

는 문화동에 전셋집을 얻어 생활했다. 사회에 적응하는 훈련을 겸한 것이었다. 그러나 골결핵을 앓았던 이들은 엉덩이와 무릎을 자유롭게 굽힐 수 없기에, 본채에서 떨어진 곳에 있는 재래식 화장실을 사용하기가 무척 힘들었다. 이 문제를 해결하기 위해 마산에 거주하는 뜻있는 사람들이 모금해 18평 규모의 목조 슬레이트 건물을 지어주었다.

"박 씨의 직업학교는 이제 여섯 명의 젊은 남자들이 다니는 작은 티스푼 공장이 되었습니다. 우리는 시장을 찾아야 합니다."[19]

선교사는 무엇이든 해봐야 하는 사람들이었다. 패티슨 원장과 오드리는 익투스에서 만든 티스푼과 열쇠고리를 들고 다니며 직접 판매했다. 재한영국부인회 바자회에도 선보여 호평을 받았다.

마산의 암소를 기억하나요?

패티슨은 첫 번째 수련회 때 입었던 하늘색 스웨터에 낡은 초록색 양복 차림으로 왔다. 안경테는 부러진 곳이 테이프로 감겨 있었다. 1980년 12월 28일부터 31일까지 성결회관에서 열린 제3회 한국누가회 수련회의 주제는 "공의가 강물처럼"이었다. 주 강사인 패티슨은 아모스서로 말씀을 전했다. 아모스 선지자는 북이스라엘의 여로보암 2세 시절, 사회적 타락과 공의를 버린 종교인들, 교만한 지도자들에 대한 심판과 무서운 미래를 경고하면서도 끝까지 사랑하시는 하나님을 전했다. 패티슨이 조용히 성경 말씀을 풀어 해석할 때, 학생들은 어떤 부흥회에 참석했을 때보다 마음이 뜨거워지는 것을 경험했다.

밤에는 학생들의 촌극이 있었다. 반짝이는 보석으로 치장한 부인들이 무대에 올라, 의사 남편이 환자들에게서 더 많은 돈을 받아낼 방법을 모의했다. 이는 아모스서 4장에 등장하는 '바산의 암소들'을 패러디한 〈마산의 암소〉였다. 바산은 이스라엘 북동부의 부유한 목축지대이며 윤기 나는 털을 가진 소들로 유명했다.

"그때 무대에 빛이 번쩍이고 주님이 나타나셨습니다. 모두 놀라 바닥에 쓰러졌습니다. 주님은 그들의 목에 욕심쟁이, 강퍅한 마음, 교만함이라고 적힌 명패를 걸어주셨습니다. 잠시 후 그 명패를 벗겨 자신의 목에 거셨습니다. 주님은 무대 뒤편에서 십자가 모양으로 두

팔을 벌린 채 실루엣으로 서 계셨습니다."²⁰

학생들은 웃다가 숙연해졌다. 그 팀은 1등을 차지했다. 패티슨은 이 장면을 잊지 못했다.

"이 촌극은 내가 본 것 중 가장 심오한 속죄의 시연이었고, 학생들에게 깊은 인상을 남겼습니다."

경희대 한의대 본과 2학년 윤채진은 당시 제3회 수련회를 이렇게 기억했다.

"패티슨 원장님이 맑고 진솔한 눈빛으로 우리를 바라보며 군더더기 없이 말씀을 전했을 때, 예수님을 닮고 싶어 모인 순수한 청년들의 영혼에 그 메시지가 그대로 꽂히는 것 같았다. 그것은 말씀대로 사는 삶에서 자신도 모르게 뿜어내는 힘이었을 것이다. 그분은 높은 자리에서 낮은 자에게 베푸는 듯한 봉사와 구제의 차원을 넘어선 듯했다. 자신도 똑같이 가난하게 살면서 의사로서 누릴 수 있는 사회적 지위와 부를 하나님의 공의를 이루는 데 사용했다. 아모스서 강해를 하면서 자매들에게 '바산의 암소'가 되지 말라고 당부하던 말씀이 이후에 나를 그리스도 안에서 겸손하고 정직하며 검소하게 살도록 노력하게 했다."²¹

윤채진은 한국누가회 첫 수련회 준비 때부터 전국 의학계열 기독학생회장들에게 손편지를 보내며 헌신한 한의대생이었다. 졸업 후 한국누가회 간사로 봉사했고, 1990년 외과 전문의인 남편 안정용 선생과 함께 한국누가회 파견 첫 번째 선교사로 태국과 필리핀에서 잠시 사역했다.

그 수련회에는 당시 IVF 총무였던 송인규도 참석해 "성령론" 특강을 맡았다. 그는 패티슨의 아모스서 강해를 처음부터 끝까지 들었다.

'참 대단하다. 신학을 정식으로 공부하지 않았는데도 매일 하나님과 경건의 시간을 갖고 성경을 묵상하며 적용하는 데서 나오는 지혜와 힘이 있구나.'

패티슨의 성경 강해는 조목조목 명확하고, 어렵지 않았으며, 적용 포인트가 명료했다. 성경이 말하는 바를 청중이 바로 자기 삶에 적용할 수 있게 풀어주었다. 송인규 총무는 큰 도전을 받았다. 그는 대학 시절 친구를 따라 IVF 수련회에 갔다가 회심했다. 당시 OMF 한국 개척선교사 중 IVF에서 영어성경을 맡은 존 윌리스와 함께 설악산에서 찬양하며 전도한 경험이 있었다. 그가 회심한 지 겨우 3개월밖에 안 된 때였다. 그는 대학생들에게 수련회가 얼마나 중요한지 알고 있었다. 한국누가회는 IVF 소속 의대, 치대, 한의대 학생들을 중심으로 시작되었지만 수련회가 거듭될수록 다양한 기독교 단체에 소속된 학생들도 많이 모였다. 송인규 총무는 그들이 IVF의 울타리를 벗어나 한국누가회라는 독립된 단체로 나아가는 것이 하나님 나라 확장에 옳은 방향이라고 생각했다.[22]

1980년 12월, 패티슨 원장은 「왕국과 의사」지에 "선교사의 소명과 준비"라는 제목으로 글을 기고했다. 자신의 삶과 선교사들을 훈련시켜온 오랜 경험에서 우러나온 진솔한 충고였다.

"선교사의 소명에는 두 가지 중요한 기본 조건이 있습니다. 첫째,

예수 그리스도에 대한 체험이 있어야 합니다. 선교사는 예수 그리스도를 증거하는 사람이기 때문에 체험 없는 증인은 있을 수 없습니다. 둘째, 예수를 체험한 모든 사람이 선교사가 되는 것은 아닙니다. '부르심'이 있고, 그에 대한 확신이 있어야 합니다. 확신이 없으면 선교사역 중 어려움을 당할 때 실망하고 돌아서게 됩니다.

선교사가 준비해야 할 것은 다섯 가지입니다. 첫째, 가정생활, 교육 수준, 신학 지식, 신앙생활의 체험 등 선교사로서 기본적인 삶의 기반이 준비되어야 합니다. 둘째, 성경 말씀을 밝히 이해해야 합니다. 특히 예수는 누구이고, 구원의 길은 무엇이며, 성령의 역사는 어떤 것인지 확실히 알고 있어야 합니다. 셋째, 환란을 통한 실제적인 훈련을 이겨내야 합니다. 선교사는 재정 문제, 가정 문제, 사회적 갈등 등 많은 어려움을 마주하게 되는데, 이를 믿음으로 통과하면 훌륭한 선교사역을 이룰 수 있습니다. 넷째, 해외 선교사로 나가기 전에 먼저 국내에서 가치 있는 일을 해야 합니다. 사도 바울도 고향 다소에서 10년 동안 숨어서 봉사하며 복음을 전했습니다. 다섯째, 본국에 있으면서도 국제적인 경험을 할 수 있어야 합니다. 특히 한국 사람들은 단일 민족으로서 편견을 갖기 쉬우므로, 여러 나라 사람들과 어울리며 문화의 울타리를 넘어보는 경험을 쌓아야 합니다. 영어를 유창하게 익히는 것도 큰 도움이 됩니다."[23]

패티슨은 한국누가회의 고문으로 섬기며, 자신이 맡은 역할에 대해 이렇게 설명했다.

"내 역할은 의대생과 의사들을 선교에 동원하는 일입니다. 이를 위해 소그룹으로 모여 선교를 공부하고, 회원들이 이 단체에서 파송된 선교사들을 적극적으로 돕도록 격려합니다. 또한 간사들과 학생 리더들을 영적으로 지원하는 지도자를 훈련합니다."[24]

그는 누가회가 믿지 않는 의대생들에게 복음을 전하고, 장차 의료 사역을 감당할 이들을 훈련하며, 졸업생들의 지속적인 성장을 돕고, 선교사를 파송하고 지원하며 그들이 사역에 필요한 자격을 갖추도록 돕는 사명을 잘 감당하길 바라며 기도를 부탁했다.[25]

2005년, 한국누가회 25주년 행사 때 패티슨 원장은 다시 한국을 찾았다. 행사장에는 함께 초대받은 25명의 누가회 출신 선교사들과 그 가족들이 함께했다. 1980년 수련회 때 이십 대였던 의대생들은 어느덧 사십 대 중반에 들어서고 있었다. 패티슨이 그날 밤을 떠올리며 〈마산의 암소〉 이야기를 꺼내자 제자들이 말했다.

"바로 그것이 우리가 선교사가 된 이유였습니다. 하나님의 말씀엔 그런 힘이 있어요. 특히 학생들이 촌극으로 전해 그 힘이 더 크게 작용한 것 같습니다!"[26]

8

―

하나님의 길은 완전하시도다

매일 밤, 총소리와 수류탄 터지는 소리가 고막을 찢듯 들려왔다. 누군가 들이닥쳐 외국인인 그들을 해치더라도 도와줄 이는 없었다.

"일단 집에 머물다가 연락을 받으면 그때 움직이세요."

알바니아선교사연합회(AEP)는 무선기로 지시를 기다리라고 했다. 공산독재로 자본주의 경험이 없던 알바니아에 정부와 다단계 회사가 유착된 금융사기 사건이 터졌고, 국민 60퍼센트 이상이 재산을 잃었다. 경제는 마비되고 전국적으로 반정부 폭력시위가 일어났다. 무장한 폭도와 갱들은 정부기관을 점령하고 무기고를 탈취했다. 불같은 성정을 지닌 알바니아인들은 사적 보복까지 더해 사람들을 죽였다. 항공과 배편은 이미 끊겼다.

1997년 3월, 준내전 상태의 수도 티라나의 숙소에서 심재두 선교사와 그의 아내, 두 아들은 하나님의 보호하심만을 믿고 숨죽이고 있었다. 의료선교사로 알바니아에 온 지 4년 만에 맞은 끔찍한 유혈사태였다.

초등학교 2학년 때 친구의 전도로 교회에 다니기 시작한 심재두는 고

3 때 하나님께 기도했다.

"저를 의대에 붙게 해주시면, 의료선교사가 되겠습니다."

경희대 의대 예과 2학년 때, 그는 선배들을 따라 전국의 의학계열 기독학생회에 수련회 소식을 알리는 편지를 썼다. 1980년 첫 수련회에서 만난 패티슨 선교사와 강사들은 그의 결심을 확고히 하는 계기가 되었다.

인턴과 군의관, 한국누가회 간사를 거친 그는 1993년 선교훈련을 위해 영국으로 갔다. 선교사역을 마치고 펨버리 지역 진료소에서 환자를 보던 패티슨은 한국누가회 출신의 젊은 선교사 가족을 따뜻하게 맞이하며 용기를 북돋아주었다. 닥터 패티슨은 한국누가회 젊은 누가들의 롤모델이었다.

심재두 선교사는 WEC 국제선교회 본부 도서관에서 이탈리아행 난민선에 매달려 탈출하는 알바니아인들의 처절한 모습과 고아원, 병원에서 고통을 호소하는 눈빛을 보고 그곳을 선교지로 정했다. 당시 알바니아는 10대 빈곤국 중 하나였고, 인구의 70퍼센트 이상이 무슬림이었다.

1993년 8월, 그는 가족과 함께 알바니아로 들어가 알바니아국립대학 부속 호흡기병원에서 일했다. 전기, 수도, 난방, 식료품 등 모든 물자가 부족했고, 오랜 공산주의 통치로 견고해진 의심과 거짓말, 권위주의가 더 큰 어려움이었다. 다행히 알바니아가 북한과 맺은 외교관계 덕분에 한국어가 유창한 현지인들의 도움을 받을 수 있었다.

선교지에서 사역한 지 3년이 되었을 때, 닥터 패티슨이 알바니아를 방문했다. 그는 심 선교사의 집에서 4주간 지내며 알바니아의 호흡기결핵병원 등을 둘러보았다. 아마도 제자 같은 한국누가회 출신의 의료선교사가 어떻게 지내는지 궁금했을 것이고, 또한 그의 마음에 동구권 선교에 대한 열정이 여전히 남아 있었는지도 모른다.

"부디 끝까지 계속해요!"

그는 영국으로 돌아가며 심재두 선교사를 축복하고 격려했다. 그로부터 1년이 채 지나지 않아 내전이 일어났다.

"지금 당장 미국 대사관으로 피하세요."

무선기가 울렸다. 선교팀장이었던 심재두 선교사는 아이 넷을 포함한 12명의 팀원을 승합차에 태우고 미국 대사관으로 향했다. 거리에는 군인도 경찰도 아무도 없었다. 어디서 총알이 날아올지 모르는 텅 빈 거리를 그는 손에 진땀을 쥔 채 질주했다.

미국 대사관에 겨우 도착했지만, 태권도 사범인 김용기 선교사 가족은 안으로 들어갈 수 없었다. 여권을 갱신하기 위해 그리스로 보낸 상태였기 때문이었다. 당시 알바니아에는 한국 대사관이 없었다. 대사관 문이 닫히자, 김 선교사는 모두에게 작별을 고하고 가족과 함께 다시 거리로 나서야 했다. 팀원을 전쟁터에 남겨둬야 했던 심재두 선교사에게는 그 순간이 인생에서 가장 고통스러웠다. 다음날, 미국 대사관에 남아 있던 8명은 헬리콥터를 타고 이탈리아로 탈출했다. 김용기 선교사 가족은 하나님의 은혜로 친절한 알바니아 주민의 차를 얻어타고 무사히 피신했다.

한국으로 돌아온 심 선교사는 알바니아 교회 식구들이 걱정되어 견딜 수 없었다. 결국 2개월 후, "시신은 알바니아에 묻어달라"는 유서를 남기고 내전 중인 그곳으로 다시 들어갔다. 거리에는 여전히 경찰은 보이지 않았고, 무장 괴한들이 돌아다니며 약탈과 총격전을 벌이고 있었다. 그러나 신실한 이웃들이 돌봐준 덕분에 집과 물건들은 온전했다. 밤이면 갈 곳 없는 청년들이 그의 집으로 와 함께 식사하고 말씀을 나누며 기도했다. 믿음은 고난의 한복판에서 꽃 피우기 시작했다.

1999년, 심 선교사는 티라나 외곽에 150평 땅을 구입했다. 피와 복수로 물든 곳에 육체와 영혼을 살리는 병원을 세우기 위해서였다. 겉으로는 무료이지만 뒷돈을 받는 현지의 의료 현실 속에서, 가난한 이들은 진료받기조차 어려웠다. 샬롬클리닉은 2001년 3월 22일에 문을 열었다.

빈민 지역 유일의 병원이자 현지 병원에서 고치지 못한 환자들이 모여드는 곳이라 사람들은 이곳을 '마지막 병원'이라고 불렀다. 이곳에선 부자나 가난한 자나 모두 공평하고 따뜻한 진료를 받았다. 좋은 약과 유능한 외국인 의사들이 있다는 소문을 듣고 환자들이 줄을 이었다.

1967년, 공산독재자 엔베르 호자는 "알바니아에는 신이 없다"고 선언했지만, 샬롬클리닉 입구 한쪽 벽에는 알바니아어로 이렇게 쓰인 현판이 걸려 있었다.

"원동교회와 한국누가회가 알바니아 민족을 위하여 하나님께 드림."

안녕,
아름다운 마을 가포

1981년 1월, OMF 해외 선교책임자인 데니스 레인 목사가 서울에서 200여 명의 젊은 목사와 신학생을 대상으로 강해설교 세미나를 열 계획이었다.¹ 그는 강해설교에 탁월했다. 패티슨 원장은 데니스 레인 목사를 하용조 목사(온누리교회, 당시 연예인교회)에게 소개했다. 하용조 목사는 안식년 중 목회자와 평신도 훈련, 문화 사역을 위해 두란노서원을 세웠다. 이곳에서 소규모로 시작된 강해설교 세미나는 인기를 얻어 곧 전국적인 규모로 발전했다.²

당시 한국 교회에서는 주제설교 방식이 주류를 이루고 있었다. 이는 성경 본문을 읽은 후 그 안에서 설교자가 강조하고 싶은 주제나 제목을 선정하고, 성경 전체에서 관련 내용을 발췌해 설교하는 방식이었다.³ 반면 강해설교는 성경 본문을 앞뒤 문맥과 함께 면밀히 살펴 정확한 의도를 찾아내고, 본문을 성경적으로 해석한 후 그 진리를 실제 삶에 적용하는 방법을 취했다.⁴

패티슨은 데니스 레인 목사의 강해설교 세미나가 한국 교회에 큰 유익이 될 것이라고 기도 편지에 썼다.

"이 설교 방법의 목적과 노하우를 파악하면 목회자 사역에 혁명을 일으킬 수 있습니다."⁵

데니스 레인 목사는 이런 편지를 보내왔다.

"만약 준비에 대한 반대가 있다면, 그것은 하나님께서 우리를 축복하시려는 것입니다."

OMF 국제본부는 스코틀랜드 출신의 윌리엄 블랙 목사 부부를 한국 사역을 위해 선발하고, 그들이 싱가포르에서 체계적인 오리엔테이션을 받도록 준비했다. 블랙 목사는 강해설교에 능한 장로교회 안수 목사로, 교파 문제에 민감한 한국 교회에서도 신뢰와 환영을 받을 수 있는 인물이었다. 블랙 목사 부부는 1년간의 준비 기간을 거쳐 한국에 입국할 예정이었다.

패티슨은 다시 병동 업무로 복귀했다. 여전히 전국에서 많은 환자들이 찾아왔으나, 더 이상 새로운 환자를 받을 수 없었다. 영국 의학연구위원회의 재정 지원이 연장되지 않았기 때문이다. 다른 지원이 마련되지 않으면 병원은 1981년 말 문을 닫고 국립마산병원에 흡수될 상황에 놓였다. 패티슨 원장은 가난한 이들이 마지막으로 찾아오는 이 병동을 지키기 위해 애썼으나 뾰족한 해법을 찾지 못했다. 당시 입원 및 외래 치료를 위해 등록된 환자는 250명에 달했다. 그중 절반은 어린 환자였고, 나머지는 성인 척추결핵 환자였다. 당시 한국에는 척추결핵으로 고통받는 사람이 3만에서 4만 명에 이르렀다. 병동 운영에 필요한 영국 의학연구위원회의 연간 지원금은 약 10만 달러 수준이었다. 출산 후 한 달 만에 척추결핵으로 중증 마비를 앓게 된 인천 출신의 한 주부가 치료받지 못하고 되돌아가야 하는 상황을 패티슨은 안타깝게 지켜봐야 했다.

그는 15년간 결핵 환자들을 돌본 공로로 한국 정부가 주는 국민훈장 목련장을 받은 후, 한 신문사 인터뷰에서 이렇게 말했다.

"저는 일반 병원의 높은 진료비를 감당할 수 없는 결핵 환자들을 위해 이러한 형태의 의료 서비스가 계속되어야 한다고 믿습니다. 다시 그 일을 할 수 있다면 정말 좋겠습니다. 치료를 기다리는 환자들이 이렇게 많은데, 진료소 문을 닫는다면 어떻게 복지국가로 간다고 말할 수 있겠습니까?"[6]

한국의 의료보험제도는 1963년 의료보험법 제정을 시작으로 1977년에는 500인 이상 사업장, 1979년에는 공무원과 사립학교 교직원으로 점차 확대되었다. 그러나 아직 전 국민을 대상으로 하는 체계로 자리 잡기까지는 시간이 필요했다.[7]

패티슨 원장은 곧 병동을 떠나야 할 입원 환자들을 돌아보았다. 그들 가운데는 왕 씨 아주머니도 있었다. 그녀는 젊은 시절부터 척추결핵을 앓아왔다. 이 병은 때때로 척수에 압력을 가해 하반신을 마비시키기도 한다. 왕 씨 아주머니 역시 두 다리가 마비되었다. 결혼은 했지만 시댁에서 쫓겨나 패티슨의 병동으로 실려온 것이었다. 그녀는 이곳에서 예수 그리스도를 영접했다. 침상에 누워 있었지만, 누구보다 밝게 찬양을 불렀다.

"초가삼간도 나는 만족하네. 값진 재물도 내겐 없지만, 내게 주어진 하늘나라에 가면…… 순 황금길을 거닐겠네."

그녀의 찬송 소리를 들으며 패티슨은 눈시울이 뜨거워졌다. 그녀는 몇 해 동안 병동에 머물며 치료를 받았지만, 하반신 마비가 끝내 회복되지 않은 몇 안 되는 환자 중 한 명이었다. 어느 날, 그녀는 휠체어를 몰고 폭풍처럼 패티슨의 진료실로 들이닥쳤다.

"원장님, 나 좀 보세요."

그녀는 엄지발가락을 살짝 움직였고, 발목도 조금 흔들어 보였다. 모두가 기대에 찬 눈빛으로 바라봤지만 움직임은 거기까지였다. 더 이상 좋아지진 않았다. 병동이 폐쇄되면 그녀는 새로운 거처를 찾아야 했다. 패티슨은 퇴원 후 갈 곳 없는 결핵 환자들을 위한 무료 기독교 요양원을 알아보고 있었다.

병동 직원들의 앞날도 그의 기도제목이었다. 기술이 있는 사람은 어떻게든 취직이 되겠지만, 단순노동만 하던 나이 든 잡부들은 오직 하나님께 맡길 수밖에 없었다.

"우린 주님의 인도하심에 불평하지도 절망하지도 않습니다."

물리치료사 종섭 씨는 말했다. 그는 병동 성경공부의 첫 회심자이자 성숙한 믿음의 사람이었다.

또 다른 환자, 제용순 자매도 있었다. 그녀 역시 척추결핵 환자로 병동을 찾아왔다. 상태는 비교적 가벼워 척추에 약간의 변형만 남기고 회복되었다. 병동에서 그리스도를 만나고 매일 성경 읽는 기쁨을 알게 된 그녀는 몇 년간 패티슨 원장의 집에서 살았다. 어느 날 그녀는 에스겔서의 잘 알려지지 않은 한 구절을 들고 와 말했다.

"원장님, 이 말씀이 꼭 제 인생에 주시는 하나님의 음성 같아요."

대학 교육을 받지 않은 그녀이지만, 성령의 가르침으로 누구보다 깊이 있는 말씀 해석을 내놓곤 했다. 병동 환자들은 그녀를 "제박사"라고 불렀다. 패티슨 원장은 그런 용순을 마산 성서유니온 직원으로

1981년 10월 소아결핵병동 폐원 전, 닥터 그리피스 환송회에서 인사말하는 닥터 패티슨
(뒷줄 왼쪽부터 이종섭 물리치료사, 애양재활병원 유경운 원장, 영국 MRC 책임자 로이드 그리피스, 복음병원 장기려 박사)

채용했다. 그녀는 젊고 유능한 성경교사가 되었고, 후에 신학을 공부했다.

   10월이 되자 의학연구소의 닥터 그리피스가 마지막으로 마산을 방문했다. 소아결핵병동에서 치료를 받고 퇴원한 환자들이 모두 모여 그의 환송회를 열었다. 그들은 건강해진 몸으로 학교에 다니고, 기술을 배워 생업에 종사하고 있었다. 그중에는 다섯 살 때 전신마비로 엄마 등에 업혀 왔던 지연이도 있었다. 이제는 달리기를 잘하는 초등학생이 되었다. 지연이는 감사 편지와 피아노 대회에 참가한 사진을 패티슨에게 선물로 가져왔다. 목발을 짚고, 손수레에 실려, 들것에 누워 왔던 그들이 병을 이겨내고 예수를 믿으며 두 발로 걸어 나가는 모습을 보는 것은 하나님께서 패티슨에게 주신 상급이자 축복이었다.

한국을 떠나기 전, 패티슨은 한 교단의 연례 목회자 모임에서 마지막으로 말씀을 전했다. 그는 부흥의 열기에 취해 있는 한국 교회의 미래를 염려하며 간곡히 권고했다. 청중의 반응은 호의적이지만은 않았다. 집회가 끝나고 모두 돌아가는데, 그중 한 시골 목사가 그의 손을 잡고 말했다.

"고맙습니다. 당신의 말이 내가 30년 동안 잊고 있던 것을 깨닫게 해주었습니다."

패티슨은 눈물을 흘렸다. 그것으로 충분했다.

패티슨 가족이 살던 가포 사택은 바다와 산이 보이는 아름다운 곳이었다. 그들 부부는 이곳에서 네 명의 아이를 낳고 기르며 살아왔다. 사택 앞마당에는 갖가지 야채를 심은 밭이 있었고, 그 옆에선 돼지와 염소, 닭과 개가 함께 살았다. 아이들은 마당에서 마음껏 뛰놀았고, 때때로 소년소녀들이 찾아와 텐트를 치고 작은 성경캠프를 열기도 했다. 오드리는 그동안 마을 아기 30명 이상을 받아냈고, 수많은 손님에게 식사를 대접했다. 언젠가 이곳을 방문했던 ESF의 이승장 목사가 그에게 말했다.

"아니, 선교사가 이렇게 좋은 곳에서 살아도 되는 겁니까?"

그때 그는 해맑은 얼굴로 웃으며 대답했다

"예수님께서 말씀하셨습니다. 누구든지 나를 위하여 제 목숨을 잃으면 찾으리라!"

　패티슨의 소망은 다시 이곳으로 돌아와 병동을 지키고, 가난한 환자들을 돌보는 것이었다. 그러나 하나님은 응답하지 않으셨다.

　1982년 2월 초, 그의 병동을 찾은 이들이 있었다. 한국누가회 첫 수련회에 참석했던 의대생들이었다. 의사 국가고시를 마치고 졸업여행을 겸해 전주 예수병원, 여수 애양병원, 부산 복음병원에 이어 마지막으로 마산 소아결핵병동을 찾은 것이었다. 그들은 그동안 진지하게 생각해보지 못했던 가난하고 병든 자들 곁에 머무는 선교사의 삶을 눈으로 보고 마음에 새겼다. 그들도 차츰 바뀌어가고 있었다.

　패티슨은 자신이 한국을 떠난 후에도 장애인 작업장 익투스가 계속 운영될 수 있도록 크리스천 의사와 교수, 지역 유지로 이사회를 조직했다. 그리고 자신이 한국 정부로부터 받은 훈장과 감사장 등을 병동 총무 박승원에게 맡기며 혹시 무료 병원과 익투스를 유지하는 데 도움이 된다면 얼마든지 이용하라고 했다. 하지만 안타깝게도 그가 영국으로 돌아간지 얼마 지나지 않아 익투스는 문을 닫아야 했다. 실패처럼 보였지만, 그것이 전부는 아니었다. 장애 청년들은 '기술'로 돈 버는 것이 그들의 자존감을 세워준다는 사실을 알게 되었다. 이후 그들은 시계 수리, 전자기기, 안경 조립, 금은세공 같은 기술을 배우고 자립해갔다.

　익투스를 담당했던 박승원은 오랜 꿈이었던 사진작가가 되기 위해 미국으로 떠났다. 그에게 귀한 카메라를 사다 준 사람은, 사진에 대한 재능을 알아봐준 패티슨 원장이었다.

1982년 2월 12일, 가포교회 성도들과 송별예배를 마치고

이별은 언제나 아프고 힘들다. 가포교회 성도들은 송별잔치를 열어주었고, 한국누가회의 형제들은 감사패를 전달했다. 이로써 1969년 한국 땅을 밟았던 OMF의 개척선교사 다섯 명은 이제 모두 한국을 떠나게 되었다. 그들은 성서유니온을 설립해 한국의 크리스천들에게 성경을 매일 읽고 묵상하는 QT를 가르쳤고, 당시 생소하던 OMF를 "겸손과 헌신, 바른 성경적 삶으로 신뢰할 수 있는 선교단체"로 한국 교계에 깊이 인식시켰다.[8]

떠나기 전날, 패티슨 부부는 마을 길을 걸으며 눈물을 쏟았다. 1967년 3월, 봄꽃이 화사하던 산등성이, 친절한 이웃과 교회, 따스한 봄볕 아래 반짝이던 푸른 바다, 강아지를 보겠다며 개울을 건너오던 마을 꼬마들, 첫 아이를 기대하던 마음, 하나님의 일을 시작한

다는 기대와 흥분으로 들어섰던 동네였다. 그는 눈길이 닿는 곳마다 마음속에 사진을 찍듯 담아두었다. 영원히 잊지 않기 위해.

1982년 2월 말, 닥터 피터 패티슨과 오드리 패티슨 선교사는 아름다운 마을 가포를 떠났다.

우리 주님의 소유, 가난한 사람들

패티슨 부부와 자녀들은 4월 중순, 영국 켄트 주의 조용한 마을 펨버리에 정착했다. 한국을 떠난 뒤 7주간 미국을 여행한 후였다. 그 여정은 단순한 휴가가 아니라, 한국 교회를 소개하고 OMF 선교사 동원 사역을 위한 일정이기도 했다.

그들은 여수 애양병원에서 은퇴한 닥터 토플 가족과 함께 플로리다에서 애틀랜타, 노스캐롤라이나까지 여행했다. 닥터 토플은 한국의 한센병 환자와 소아마비 환자를 치료하고 경제적, 사회적으로도 자립할 수 있도록 헌신한 선교사였다. 그는 패티슨의 환자 중 정형외과 수술이 필요한 이들에게 무료 또는 최소한의 비용으로 치료를 제공했고, 안식년에는 틈틈이 마산을 찾아가 그를 대신해 환자를 돌보기도 했다. 지리산에 위치한 선교사 휴양지에서, 패티슨은 스코틀랜드식 작은 오두막을 지어 토플 가족을 비롯한 여러 선교사들과 함께 지내며 쉼과 교제를 나누었다.

닥터 토플은 노스캐롤라이나 몬트리트에 있는, 한때 빌리 그래함 목사가 살던 집에서 머물 수 있도록 해주었다. 빌리 그래함 부부는 더 한적한 산 위로 이사하며 집을 비워둔 상태였다. 패티슨 가족이 그곳에 머물던 중 큰 폭풍이 불어 전기가 모두 끊겼다. 다음날 아침, 루스 그래함 여사는 뜨거운 음료가 담긴 보온병을 보내며, 직접 그들을 자신의 집으로 초대해 차를 함께 마셨다.

"배려심이 참 깊으세요."

오드리는 깊은 인상을 받았다.

영국으로 돌아온 지 얼마 지나지 않아, 오드리의 어머니가 전이된 흑색종으로 위독해졌다. 패티슨 부부는 그녀의 생에 남은 마지막 몇 주를 곁에서 지키며 돌볼 수 있었다. 선교사로 나가겠다는 딸과 사위가 못 미더워 결혼식도 미루려 했던 그녀는, 결국 용기를 내어 한국 가포의 사택을 방문했고, 동네 아주머니들과 정겹게 어울려 지낸 기억이 있었다. 오드리의 어머니는 9월 초에 돌아가셨다.

친부모에게 절연당한 패티슨을 아버지처럼 지지해주었던 닥터 웹펩플로 박사도 그가 한국에 있는 동안 돌아가셨다. 런던에 살고 있던 친부모는 여전히 아들과 손주들을 만나기를 완강히 거부했다.

한국에서 의료사역을 마무리지으면서, 패티슨은 척추결핵으로 인한 하반신 마비 환자 89명을 치료한 임상 경험을 바탕으로 의학 논문 "Pott의 하반신 마비: 89명의 연속된 환자 치료 사례(Pott's Paraplegia: An Account of the Treatment of 89 Consecutive Patients)"를 썼다. 이 논문은 1975년 10월부터 1981년 10월까지, 총 724명의 척추결핵 환자 중 하반신 마비가 발생한 89명에 대한 치료 결과를 분석한 것이었다. 그중 75명은 화학요법으로 혼자 걸을 수 있을 정도로 회복되었고, 74명은 일상생활이 가능해졌으며, 64명은 신경학적으로도, 기능적으로도 완전히 정상으로 돌아왔다. 이 연구는 영국 의학연구위원회(MRC)가 제시한 바와 같이, 자원이 제한되어 수술이 어려운 환경에서는 화학요법만으로도 충분히 치료 효과를 얻을 수 있다는 중요한 결론을 뒷받침했다. 그는 이 논문을 통해 "복잡하고 비용이 많이 드는 치료법을 사용하는 다른 센터들의 결과와 견주어도 손색이 없다"고 자신 있게 밝혔다.[9]

이후 패티슨은 ICMDA(세계기독의사 및 치과의사회) 사무총장으로 일하는 동안 동아프리카와 남인도 출신의 두 젊은 의사를 만나게 되었다. 놀랍게도 그들은 패티슨의 이 논문을 기반으로 환자 치료 방침을 세우고 있었다. 이는 그와 MRC가 쏟아부은 노력이 결코 헛되지 않았음을 보여주는 증거였다.

패티슨 가족은 정말 오랜만에 고향 집에서 함께 크리스마스를 보냈다. 자녀들은 그동안 성장했고, 자신들만의 삶의 뿌리를 내리고 있었다. 그리고 패티슨에게 하나님의 다른 임무가 주어졌다.

"어때요? 요즘 기운이 나시나요?"

데니스 레인 목사가 웃으며 패티슨에게 물었다.

"싱가포르에 있던 데이비드 엘리스 해외 담당 이사가 갑자기 영국으로 돌아오게 되었어요. 아직 임기가 18개월이나 남았는데, 당신이 이 일을 맡아주시면 어떻겠습니까?"

데이비드 엘리스가 담당하던 자리는 일본에서 인도네시아, 태국, 필리핀까지 아우르며 동아시아 선교회 전체를 총괄하는 막중한 책임이었다. 깊은 숨을 내쉰 패티슨은 이 제안을 하나님의 인도하심으로 받아들였다. 마음 한켠에 두려움도 있었지만, 그는 곧장 기도 동역자들에게 편지를 썼다.

"새로 임명된 관리자 중 한 사람이 이런 말을 전하더군요. 학교 운동장에서 축구 경기가 끝난 후, 한 소년이 심판에게 다가와 말했답니다. '당신이 이 경기에서 세 번이나 실수한 걸 내가 봤어요.' 그러자 심판이 대답했대요. '겨우 세 번? 정말 다행이구나.' 저도 실수할 수밖에 없는 사람이기에, 저의 부족함으로 주님의 일이 방해받지 않으려면 여러분의 기도가 필요합니다."[10]

하지만 OMF의 사역 방식은 모든 중요한 결정을 동료들과 상의해 내리는 구조였다. 패티슨은 이 소중한 안전장치를 믿고, 자신을 '싱가포르팀의 신입생'이라 부르며 제안을 받아들였다.

싱가포르로 떠나기 전, 그는 런던 의료선교사협회가 매년 주최하는 '맥스웰 기념 강연'에 연사로 초청되었다. 그는 강연 제목으로, 파리의 초기 중세 병원인 메종 드 디외(Maison de Dieu)의 사명 선언문에서 따온 문구, "우리 주님, 가난한 사람들"을 선택했다. 오늘날 많은 선교병원이 재정상의 이유로 가난한 사람들에 대한 일차적 책임을 소홀히 하고 있다는 것이 핵심이었다. 이 강연은 이듬해 소책자로 출판되었다. 닥터 패티슨은 1983년 2월, 싱가포르로 향했다.

하나님의 길은 완전하시도다

"저는 900명이 넘는 회원들의 사역 중심에서 끊임없는 영적 전쟁이 벌어지고 있음을 발견했습니다. 여러분이 기도에 동참할 때, 우리는 이 전쟁에서 승리할 수 있습니다."[11]

싱가포르에서 새로운 임무를 시작한 패티슨은 기도 친구들에게 편지를 보냈다. 오드리는 매년 세 차례 발간되는 OMF 소식지 편집 일을 맡았고, 본부 직원과 오리엔테이션 참가자, 그리고 OMF 방문객을 돌보는 간호 업무까지 감당했다.

패티슨은 아시아 곳곳을 다니며 현장 지도자들과 정책 및 실행을 논의하는 사역을 수행했다.

"필리핀, 대만, 홍콩 등을 방문해 OMF 사역자들을 만나는 것은 정말 귀한 시간이었습니다. 그들과 선교사 훈련에 관해 폭넓은 대화를 나눌 수 있었습니다. 저는 항상, 얼굴을 마주한 소통을 대신할 수 있는 것은 없다고 믿습니다."[12]

그는 많은 회의를 주재하면서 자신이 이 일에 능숙하지 않다고 느꼈다. 그의 마음 한 켠엔 여전히 임상의학에 대한 그리움이 있었다. 하나님께서 허락하신다면 다시 병원으로 돌아가 환자들을 돌보고 싶었다. 패티슨과 오드리는 늘 한국과 그곳에 있는 친구들이 그리웠다. 그들은 필리핀에서 열린 성서유니온 회의에서 테리 파이 선교사를 만날 수 있었다. 10월에는 한국으로 파송될 네덜란드 출신

클라스와 이블린 하우징거 부부, 미국 출신 리지와 코니 오어 부부 선교사 후보가 싱가포르에서 오리엔테이션을 받을 예정이었다.

싱가포르에는 그 당시 5천 명이 넘는 한국인이 살고 있었고, 그중 4천 명이 건설 노동자였다. 패티슨 부부는 매주 250명이 예배드리는 한인교회에 출석했다. 패티슨은 종종 설교를 맡았고, 오드리는 매주 여성 성경공부반을 열었다. 패티슨은 월요일마다 마태복음을 가르쳤는데, 그 자리에 아직 기독교 신앙이 없는 몇몇 한국인 부부들도 참석했다. 패티슨은 기독교 100주년을 맞는 당시 한국 교회를 향한 염려와 기대를 이렇게 썼다.

"올해는 한국 기독교가 100주년을 맞는 해입니다. 이는 대규모 집회가 열리는 기회이자 자축이라는 유혹에 빠질 위험이 있는 때이기도 합니다. 우리는 이 시기가 교회 안에서 깊은 마음의 성찰과 진정한 영적 쇄신의 시간이 되기를 갈망합니다. 아직은 작지만, 성서유니온은 이러한 영역에서 핵심 역할을 할 수 있는 잠재력이 있으며, 모든 부서에서 꾸준한 진전이 이루어지는 모습을 볼 수 있어 매우 고무적입니다."[13]

패티슨은 싱가포르에서 관리자로 사역하기보다 의사로 다시 선교현장에 서고 싶었다. 동남아시아 지역에서 의료선교사의 수요는 엄청났지만, 여러 가지 제약으로 OMF가 의료사역을 개설한 곳은 태국이 유일했다. 그는 필리핀과 인도네시아에서 의료사역을 시작할 수 있는 기회를 조사하기 위해 현지를 방문할 예정이었다.

한국에서 데니스 레인 목사의 강해설교 세미나는 큰 호응을 얻고 있었다. 이 세미나는 한국 교회에 깊이 있는 말씀 사역을 일으키는 계기가 되었고, OMF가 한국에서의 사역 기반을 넓히는 데도 중요한 역할을 했다.

1984년 5월, 패티슨 선교사는 한 달간 한국과 일본을 방문했다. 그는 그리웠던 마산 가포를 방문해 가포교회 교인들과 옛 병원 직원들을 만났다. 종섭 씨는 병원 시절의 동료와 함께 안경점을 열어 새로운 삶을 꾸려가고 있었고, 익투스를 떠났던 사람들도 저마다 다른 기술을 익히고 있었다. 부산과 서울의 성서유니온, OMF 동료들을 만나고, 선교대회에도 참석했다. 한국에 있는 OMF 선교사가 15명이나 한자리에 모인 것은 처음 있는 일이었다. 한국 OMF 이사회 사역도 급속히 확장되고 있었다.

그는 한국누가회의 젊은 의대생과 졸업생들도 만났다. 그들의 삶은 눈에 띄게 변화되고 있었다. 그들은 의사, 한의사, 치과의사의 길 대신 한국누가회 간사로 헌신하고, 전국 지부와 해외 선교를 위한 모임도 갖고 있었다. 바쁜 인턴 생활 가운데서도 수련회를 열어 서로 격려하는 젊은 의사들의 열정을 보며 패티슨은 그들의 앞날에 주님의 놀라운 계획이 있음을 알았다. 패티슨 부부가 한국을 떠난 지 2년 만에 그가 사랑했던 한국성서유니온, 한국 OMF, 한국누가회 모든 사역에 하나님의 신실한 인도하심이 있었다. 그는 감사했다.

패티슨은 싱가포르 사역을 마치고 9월 말 영국으로 돌아왔다. 싱가포르에서 보낸 18개월은 동남아 각국의 의료 현황을 접할 수 있는 값지고 풍성한 시간이었다. 하지만 그의 마음속에는 여전히 의사로서의 소명이 있었다. 그는 켄트 주 펨버리의 집 근처 '패덕 우드 진료소'에서 9개월간 연수를 시작했다. 네 명의 의사가 있는 그곳은 기독교 진료소는 아니지만, 지역에서 좋은 평판을 얻고 있었다. 결혼 이후 처음 경험하는 영국 일반 사회에서의 직장 생활이었다.

1985년 초, 패티슨은 중국으로 가는 소규모 의료 탐사팀에 합류해달라는 요청을 받았다. 덩샤오핑 주석 치하에서 개방 정책이 시작된 중국을 직접 볼 수 있는 기회였다. 당시 중국은 아직 개발되지 않았고, 시골은 1960년대 한국과 흡사했다. OMF는 의료사역을 위한 중국 프로그램을 시도하기 위해 그에게 홍콩 파견을 제안했고, 그는 이를 기쁘게 수락했다. 하지만 아내 오드리는 가족과의 이별에 대한 깊은 상처로 주저했다. 이제는 자녀들 곁에 머물고 싶어 했다. 그럼에도 부부는 1985년 11월 말 홍콩으로 향했다. 홍콩에서 그들은 중국어를 배우며 여러 차례 본토를 방문했다. 오드리는 중국에서 자전거에 치여 심한 뇌진탕을 입었으나 하나님의 은혜로 가까스로 회복되었다.

그들의 주요 사역 대상은 홍콩을 거쳐 중국으로 들어가거나, 홍콩에 체류 중인 외국인 학생, 교사, 전문가들이었다. 대부분 젊고 미혼으로, 다문화 환경에 대한 준비가 부족해 패티슨 부부의 상담과 지원이 절실했다. 이들을 위한 사역 기반을 마련하는 데는 많은 시간과 노력이 필요했다. 1986년, 여러 팀이 중국을 방문하며 점차 성과가 나타났다. 이후 패티슨은 이 일을 다른 사람들에게 인계하고, 1987년 6월 18개월간의 홍콩 사역을 마친 뒤 영국으로 돌아갔다.

이 시기는 부부가 함께한 20년 중 가장 어두운 시기로 남았다. 사역은 흥미롭고 의미 있었으나 압박감이 심했다. 그는 아내 오드리가 자녀들 곁에 있기를 얼마나 원했는지 충분히 이해하지 못했다.

오드리와 함께 홍콩을 떠나며 패티슨은 큰 안도감을 느꼈다. OMF에서의 여정이 마무리되고 있었다. 그는 주님이 그들에게 맡기신 아시아 사역이 이제 완성되었다는 느낌을 받았다. 아시아와 OMF를 떠나는 결정은 결코 쉽지 않았다. 특히 자녀들에게는 그들이 태어난 한국이 언제나 '고향'이었다. 패티슨의 나이도 50세가 되었다. 이제는 한 가정의 가장으로서, 아버지와 남편으로서 헌신할 때가 되었다. 이것은 그에게 또 다른 '새로운 도전'이었다.[14] 두렵지는 않았다. 그는 항상 "하나님의 길은 완전하심"을 믿었다.

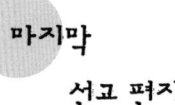

마지막 선고 편지

패티슨은 영국의 집으로 돌아오기 전, 1987년 5월 한국누가회 서울 지역 봄 수련회에 초청받아 말씀을 전했다. 주제는 "기독 의료공동체의 필요성과 해야 할 일"이었다. 수련회를 마치고 그는 대구, 전주, 부산 지역의 누가회를 방문했다. 그는 누가회의 역할을 이렇게 말했다.

"누가회는 교회가 아니며, 교회 다니는 의사들의 클럽도 아닙니다. 특수 목적을 지닌, 팀 스피릿이 있는 코만도 부대입니다."

패티슨은 한국누가회가 해야 할 일을 다섯 가지로 정리했다. 첫째, 회원들의 영적 생활과 신앙 성장을 돕는 일, 둘째, 의대생들의 기독학생운동 활성화, 셋째, 의료 윤리에 대한 연구, 넷째, 기독 의사 단체로서의 사회봉사, 다섯째, 해외 의료봉사였다. 부산대 누가회 모임에서는 경건의 시간의 중요성을 강조하며 한 가지 예를 들었다.

"어느 네덜란드 의사는 이렇게 고백했습니다. '아침마다 경건의 시간으로 마음을 씻지 않으면, 마치 수술 전 손을 씻지 않고 수술하는 것처럼 모든 것이 오염됩니다'라고요."

한국을 다시 찾은 그는 소감을 이렇게 전했다.

"봄의 농촌 경치는 너무나 아름답고, 한식은 여전히 맛있었습니다. 경건의 시간을 갖는 성도들이 늘어나 반갑고, 성경적 기초 위에서 사회적 책임을 서서히 인식해가는 크리스천들의 모습을 보게 되어 기쁩니다. 저에게 큰 위로가 되었습니다."

누군가 그에게 물었다.

"싱가포르 OMF 국제본부에서 행정 책임을 맡으셨을 때는 어떠셨나요?"

그는 웃으며 대답했다.

"아, 그건 재미없었어요. 매일 만나는 사람들이 다 크리스천뿐이라서요. 저는 의사로서 불신자나 환자를 만나야 살맛 나는 것 같습니다."

그는 마지막으로 오스왈드 샌더스의 말을 인용하며 말을 맺었다.

"성령의 권능으로 주님을 위해 한 일 치고 헛되이 버려지는 일은

아무것도 없습니다."¹⁵

　한국에 머무는 동안 그는 OMF 선교사들과 성서유니온 직원들, 마산 소아결핵병동에서 함께 일했던 동료들을 만나 서로 격려했다. 마산의 동료들은 각기 다양한 직업을 가지고 굳건히 살아가고 있었으며, 성서유니온의 「매일성경」은 3만 부가 유통되고 있었다. 그는 큰 기쁨을 안고 한국을 떠났다.

　패티슨은 영국 펨버리의 집으로 돌아와 지역사회와 인근 농촌 지역 5천 명을 대상으로 한 병원에서 일반의로 일하게 되었다. 의사 자리를 두고 경쟁이 치열한 영국 남부 지역에서, 하나님은 신실하게 그의 길을 준비해주셨다. 그는 장애인 시설에 거주하는 30여 명의 장애인을 돌보는 일도 했다. 함께 일하는 두 명의 동료 의사가 은퇴를 앞두고 있어, 그는 젊은 크리스천 의사를 충원할 계획이었다. 오드리는 간호 업무와 더불어 펨버리 근처에 있는 은퇴 OMF 선교사 요양원에서 봉사활동을 이어갔다.

　그는 영국에 정착하면서 그동안 기도해준 친구들에게 마지막 선교 편지를 보냈다.

　"이제 이런 성격의 편지는 더 이상 쓰지 않겠지만, 평생 친구인 여러분과는 계속 연락하기를 바랍니다. 지난 20년간 동아시아에서 사역할 때 기도와 후원으로 함께해주신 모든 분들께 깊이 감사드리고, 이 말씀을 우리의 간증으로 삼고 싶습니다. '여호와께 감사하라. 그는 선하시며 그의 인자하심이 영원함이로다'(시 118:1)."¹⁶

　오랜 세월 아시아에서 살아온 패티슨 부부가 영국 생활에 마음

편히 적응하기까지는 3년이 걸렸다. 그들이 정착한 펨버리의 진료소는 원래 나이 든 두 명의 의사가 운영하던 곳이었다. 그런데 그중 한 명이 손목 골절 사고를 당하면서 패티슨이 그 자리를 대신하게 되었다. 진료소는 주차장조차 없는 복잡한 도로변의 오래된 주택이었다. 진료를 받으려면 가파른 정원 계단을 오르고 다시 2층까지 이어지는 계단을 올라가야 해 '건강한 사람들만' 진료를 보러올 수 있었다. 간호사의 치료실은 식료품 저장실을 개조한 공간이었고, 환자들의 진료 기록은 대기실로 쓰는 홀 주변에 놓인 상자 안에 들어 있었다. 대기 시간이 길어지면 기다림에 지친 환자들은 그 안에 담긴 다른 사람의 기록을 슬쩍 들여다볼 수도 있었다.

두 명의 나이 든 의사가 은퇴한 뒤, 패티슨은 대출을 받아 진료소 건물을 새로 짓고, 마침내 1989년 10월에 개원했다. 영국의 일반 진료소는 NHS(국민건강서비스)에 소속되어 있으며, 일반의 한 명당 평균 2천 명의 환자가 등록되어 1차 진료를 담당하게 된다. 환자는 의사의 진찰을 무료로 받을 수 있고, 약국에서 약값만 부담하면 된다. 어린이, 노인, 만성질환자는 약값도 무료다. 패티슨은 함께 일할 의료진으로, 태국에서 OMF 소속 의사로 사역했던 레이첼 힐리어와 막 수련을 마친 앤디 카메론을 채용했다. 두 사람 모두 실력과 인성을 겸비한 훌륭한 의사였다. 패티슨은 일반의로 현장에서 일하는 것을 진심으로 좋아했다.

'나는 이 일을 정말 즐기면서 하는데, 누군가 이 일을 하라고 내게 돈까지 주다니!'

그는 혼잣말로 중얼거렸다.

평안히 아버지의 집으로 돌아오다

"하나님은 사랑이시라."

김민철 선생이 펨버리에 있는 패티슨 원장의 진찰실에 들어섰을 때, 한국누가회에서 선물한 작은 액자가 먼저 눈에 들어왔다.

1990년 5월 새벽, 전주 예수병원 내과의 김민철 선생은 영국 개트윅 공항에 도착했다. 그는 이탈리아 소렌토에서 열린 학회에 참석한 뒤, 영국의 세인트 토마스 병원과 세인트 크리스토퍼스 병원, 그리고 한국누가회의 탄생에 깊은 영향을 주었던 영국 CMF 본부를 방문할 계획이었다. 닥터 패티슨은 넓은 공항 대기실에서 혼자 그를 기다리고 있었다. 차로 50분을 달려 펨버리의 자택에 도착했을 때는 새벽 세 시가 넘어 있었다. 잠깐 눈을 붙인 후, 김 선생은 패티슨이 운영하는 병원을 방문했다.

마침 병원에서는 작은 바자회가 열리고 있었다. 마을 주민들이 직접 만든 빵이나 쓰던 물건을 가지고 나와 서로 필요한 것을 사고팔았다. 닥터 패티슨은 이웃들과 정답게 차를 마시며 담소를 나누었다.

그의 집에서는 샘이란 이름의 개 한 마리와 돼지 세 마리를 기르고 있었다. 뜰에 심어놓은 토마토와 큰 체리나무에는 잘 익은 열매가 달려 있었다. 마당 한구석에는 한국에서 가져온 김장용 큰 항아리를 두었고, 그 안에 물을 받아놓고 쓰고 있었다.

저녁 식사 후, 패티슨과 김민철 선생은 프라이어리(Priory)라는 양로원을 찾았다. 94세 된 할머니가 돌아가셨다는 연락을 받았기 때문이었다. 양로원은 깨끗하고 좋은 시설과 정원까지 갖추고 있었다. 다음날은 주일이었다. 예배당에 가기 전, 두 사람은 아침 산책에 나섰다. 산책길에서 패티슨은 한국누가회를 위해 진심 어린 기도를 드렸다. 또렷한 한국어였다.

김민철 선생은 전주 예수병원에서 인턴으로 근무하던 시절, 패티슨을 만난 적이 있었다. 누가회 후배들과 함께한 저녁 식사 자리였다. 한식당 방바닥에 그는 양반다리를 하고 앉아 있었다. 누군가 물었다.

"서양 사람들은 한국식으로 앉기 힘든데 괜찮으세요?"

"네, 편안합니다. 한국에 선교사로 오기로 결심한 뒤, 한국식으로 앉는 걸 연습했거든요."

유창한 한국어로 말하며 양반다리로 앉아 정성껏 한식을 먹는 모습에서, 그가 한국과 그 문화를 깊이 사랑하고 존중하는 것이 느껴졌다. 김민철 선생은 그 모습에 깊은 인상을 받았다.

김민철 선생은 패티슨이 출석하는 무려 900년 된 교회에서 예배를 드렸다. 예배 후에는 교회로 연락이 온 천식이 있는 어린이와 장애인의 집에 있는 폐렴 환자, 감기를 앓는 환자의 집을 방문했다. 마지막 감기 환자는 김 선생이 보기엔, 굳이 의사가 왕진할 정도는 아니었다.

"그렇다고 해서 이게 시간 낭비는 아닙니다."

닥터 패티슨이 말했다.

"그 가정이 어떤 위기에 직면했을 때, 오늘처럼 '시간 낭비'로 여겨질 수 있었던 관계 형성이 오히려 가장 귀중하고 결정적인 해결의 열쇠가 될 수 있으니까요."

그는 이곳에서도 의료선교사로 살아가고 있었다. 그는 웃으며 자신을 '펨버리 지역의 선교사'라고 소개했다. 오후에는 다시 프라이어리 양로원에 가서 예배를 인도했다. 대부분 거동이 불편하고 눈도 흐리고 귀도 잘 안 들리는 노인들이었지만, 패티슨은 온갖 제스처를 써가며 성령님이 우리를 돕기 위해 오신 오순절의 의미를 쉽게 설명하려 애썼다. 그 모습을 보는 김 선생은 마음이 뜨거워졌다.

"한국인은 노래를 잘하는 민족입니다."

닥터 패티슨의 말에 넘어가 김민철 선생은 노인들 앞에서 찬송을 불렀다.

다음날 저녁에는 은퇴 선교사들이 지내는 또 다른 양로원을 방문했다. 매주 하루씩 오드리 여사가 숙박하면서 20여 명의 선교사들을 돌보는 곳이었다. 그들은 대부분 중국에서 선교하던 이들이었고, 그중 90세 된 한 분은 50여 년 전 한국 청주에서 사역한 적이 있다고 말했다. 이들의 헌신이 있었기에 우리 민족이 그리스도의 구원의 사랑을 듣고 알게 되었음을 새삼 깨닫는 순간이었다.

김민철 선생은 전주고등학교 3학년 때, 마산 소아결핵병동에 있던 패티슨 원장에게 편지를 보낸 적이 있었다. 1972년이었다. 대학 입시를 앞두고, 그는 어떤 전공을 선택할지 고민하고 있었다. 그러다 교회 학생회에서 패티슨 선교사의 이야기를 듣게 되었다. 영국에서 온 한 크리스천 의사가 마산에서 어린 골결핵 환자들을 무료로 치료하고 있다는 감동적인 내용이었다. 그는 용기를 내어 편지를 보냈다.

"슈바이처 같은 당신처럼 의사가 될지, 아니면 신학을 공부해야 할지 고민하고 있습니다."

답장은 해를 넘긴 1월, 두 달 만에 도착했다.

"나는 또 다른 슈바이처는 아닙니다. 그러나 인생에서 중요한 것은 어디서 무엇이 되느냐가 아니라, 어디서든 무엇이 되든 하나님께서 하라고 하시는 일을 하는 것입니다."

그는 재수 끝에 의대에 진학했고, 내과 의사가 되었다.

세월이 흘러 영국 펨버리에서 만난 패티슨 선교사는 그에게 좋은 기독 의사의 모범을 보여주었다.[17] 10년 후, 김민철 선생은 전주 예수병원을 사직하고, 캐나다에서 선교학 석사 과정과 함께 에이즈, 열대의학, 기생충학 등을 공부했다. 이후 아내인 산부인과 전문의 최금희 박사와 함께 2001년 9월부터 2004년까지 나이지리아의 오지에서 의료선교사로 헌신했다.

1995년 여름이 지나고 있었다. 막내딸 마거릿이 게리와 결혼식을 올린 직후, 패티슨은 형 팻으로부터 전화를 받았다. 외과 의사였던 형은 말했다.

"어머니가 위독해. 임종이 가까운 것 같아."

팻은 동생과 부모님 사이의 관계 회복을 위해 오랫동안 애썼지만, 부모님은 끝내 화해를 거절했다. 그날 저녁, 패티슨은 아내 오드리와 자녀들을 데리고 병원을 찾았다. 결혼식 이후 어머니를 뵌 것은 처음이었다. 어머니는 이미 의식이 없었다. 그는 기도하고 눈물로 어머니에게 작별의 입맞춤을 했다. 며칠 후 어머니는 돌아가셨다. 1995년 6월 25일이었다.

그 후 아버지는 패티슨과 그의 가족에게 훨씬 많은 관심을 보이며, 쉘번의 집으로 초대하기도 했다. 혼자 생활하기가 어려워지자, 이전에는 냉정하게 거절했던 아들의 집 근처 요양원으로 가게 해달라고 직접 부탁했다. 어느 날, 오드리가 요양원을 방문했을 때 아버지가 할 말이 있다고 했다.

"가족 간에 불화해서 미안하다. 우리 잘못이다. 절대 일어나서는 안 되는 일이었다."

자존심 강하고 권위적이었던 90세의 아버지가 쉽게 꺼낼 수 있는 말이 아니었다. 그는 큰 용기를 낸 것이다. 패티슨은 문득 1960년, 부모님의 냉대로 집을 나왔을 때 홀로 올 소울즈 교회 구석자리에 앉아 읽었던 야곱의 서원을 떠올렸다.

"내가 평안히 아버지 집으로 돌아가게 하시오면 여호와께서 나의 하나님이 되실 것이요"(창 28:21).

오랜 시간이 걸렸지만, 하나님은 그 약속을 지키셨다. 그는 아버지의 집으로 평안히 돌아왔다.

2000년 ICMDA 그리스 세계총회에서, 패티슨 부부와 심재두 선교사

1996년, 그는 진료소에서 3개월의 휴가를 얻어 동유럽을 방문해 그곳의 일반진료 현황을 알아보기로 했다. 1990년 봄, 폴란드 의과대학생들을 방문한 적이 있었다. 그것은 그의 첫 동유럽 여행이었다. 베를린 장벽은 바로 전해인 1989년 11월에 무너졌고, 동구권 전체가 변화의 소용돌이에 휩싸여 있었다. 그의 시야에 공산주의에서 벗어났지만 정치적으로 불안한 동유럽의 가난한 나라들이 들어오기 시작했다.

그는 버스를 타고 헝가리 부다페스트를 거쳐 루마니아로 갔다. 기차를 타고 폴란드와 우크라이나를 여행했고, 다시 헝가리를 거쳐 남부 이탈리아를 통해 아드리아해를 건너 알바니아에 도착했다. 알바니아에는 한국누가회 출신의 심재두 선교사가 사역하고 있었다.

심재두는 경희대 예과 2학년 때, 누가회 첫 수련회에서 패티슨의 설교를 들었다. 패티슨은 심재두 선교사의 집에서 4주를 머물며 가난한 알바니아 노동자들의 힘겨운 삶을 직접 보고, 심 선교사가 일하는 호흡기결핵병원 등을 방문했다. 그는 심재두 선교사의 사역을 기쁜 마음으로 축복해주었다.

동유럽을 돌아본 그는 이렇게 고백했다.

"사랑에 굶주리고, 더 나은 것을 갈망하는 세상이 있음을 알게 되었습니다."

그의 심장이 다시 뜨거워지기 시작했다.

9

나의 기쁨이신
하나님께로 가리라

앞사람을 얼싸안고 기도하는데 손에 물컹한 느낌이 들었다. 고름이었다. 순간 전율이 일었다. 젊은 의사 박상은은 자신도 모르게 흐르는 눈물로 범벅이 된 채 나환자를 더욱 힘껏 껴안았다.

'아, 선교지는 전쟁터구나. 하나님과 깊은 교제 없이는 영적으로 버틸 수 없는 곳이구나.'

1990년 2월, 그가 처음으로 나간 의료선교 현장, 태국 프라파데이의 나환자촌에서였다.

한국누가회가 창립된 지 10년 만에 처음으로 해외 단기선교가 이루어졌다. 언어도, 장비도, 프로그램도 미흡했다. 이번 선교는 앞으로 어떤 봉사를 할 수 있을지 모색하는 자리였지만, 책임을 맡은 박상은은 실망하고 자책했다. 그러나 하나님은 친히 부족함을 채워주시며 서툰 초보 선교팀을 기쁨으로 받아주셨다. 무엇보다 열악한 환경에서도 수십 년간 헌신하며 복음을 전하는 현지 선교사들의 삶이 깊은 감동을 주었다.

우물 안 개구리 같던 그의 신앙에 의료선교의 비전을 심어준 이는, 의대생 수련회에 초청된 연사 피터 패티슨 선교사였다. 그를 처음 만난 건

1980년 2월, 의대 본과 2학년 겨울이었다. 낡은 녹색 양복에 빛바랜 가방을 들고 과천 누가회 수련회에 온 패티슨, 아니 한국 이름으로 배도선 선교사는 그때까지 들어본 적 없는 실제적이고 깊이 있는 설교로 박상은의 심령을 쪼갰다.

"어느 날 한 어머니가 아픈 아이를 업고 서울에서 마산에 있는 우리 병원까지 왔습니다. 서울에는 이 가난한 아이를 고쳐줄 기독병원이 없습니까? 크리스천 의사가 없습니까?"

"여러분 중에 이 일을 맡을 의사가 나와야 합니다. 명예, 쾌락, 부의 유혹을 이기지 못하면 진정한 크리스천 의사가 아닙니다. 돈을 섬기겠습니까, 주님을 섬기겠습니까?"

그날 밤, 수련회에 참석한 학생들은 눈이 붓도록 울며 회개했다.

목회자 가정에서 자란 박상은의 신앙은 순수했지만 습관적이었다. 반면 예수의 말씀을 따라 명예도, 돈도, 심지어 부모의 반대도 감수하며 병든 아이들을 위해 헌신해온 패티슨 선교사는 삶과 믿음이 일치하는 신앙인이었다. 그와의 만남은 박상은의 인생을 새로운 방향으로 이끌었다.

2년 뒤, 의대 졸업을 앞둔 박상은은 귀국을 앞둔 패티슨을 만나기 위해 마산을 찾았다. 하룻밤 그의 집에 머물며 진로에 대한 고민을 털어놓았다. 전공, 인턴 병원, 유학지에 관한 질문이 이어졌다. 패티슨은 쏟아지는 질문을 묵묵히 경청했다. 그리고 간결하게 대답했다.

"너희 몸을 하나님이 기뻐하시는 거룩한 산 제물로 드리라고 하셨습니다." 로마서 12장 1절 말씀이었다. "어느 병원으로 인턴을 가느냐, 어느 과를 선택하느냐는 중요하지 않습니다. 의대생으로 사는 지금, 그곳에서 하나님께 당신을 드려야 합니다. 그러면 하나님께서 앞날을 그분의 뜻대로 인도하실 것입니다."

그러고는 말 없이 OMF 선교사들의 사역 영상을 보여주었다. 구체적인 조언을 기대했던 박상은은 아쉬웠지만, 패티슨은 한 가지는 분명히 말했다.

"인턴은 부산 복음병원의 장기려 박사 밑에서 하는 것이 좋겠습니다. 내가 추천서를 써줄게요. 영국 사람은 아무나 추천하지 않습니다."

많은 동기들이 서울의 대형병원을 선호했지만, 박상은은 그 조언에 따라 200병상 규모의 부산 복음병원에서 수련받기로 결심했다. 부산에 살던 친구 양승봉은 어리석어 보이는 그의 결정을 말리기 위해 동행했다가 함께 복음병원에서 인턴을 시작하게 되었다.

박상은은 복음병원의 장기려 박사와 박영훈 원장 밑에서 참된 인술과 강도 높은 훈련을 받았다. 그곳에서 아내를 만나 가정을 이루었고, 뜻을 함께할 친구들과 의료선교의 꿈도 키워갔다. 신장내과를 전공한 그는 전인치유, 생명윤리, 의료선교에 뜻을 두고 미국 세인트루이스 대학에서 의료윤리와 신학을 함께 공부했다.

패티슨과 만나고 나서 25년이 흐른 2007년, 박상은은 샘병원이 설립한 아프리카미래재단의 상임대표가 되었다. 이 재단은 아프리카에 병원을 세우고, 인재를 길러내며, 교육과 빈곤 퇴치에 힘쓰는 비영리 사단법인이었다. 아프리카 스와질란드(현재 에스와티니)로 떠나기 전, 그는 영국 펨버리에 사는 패티슨 선교사를 찾아갔다. 한국누가회 후배 한혁준 선교사와 함께였다. 한 선교사는 WEC 소속으로 감비아 파송을 앞두고 열방기독교대학(ANCC)에서 훈련 중이었다. 박상은은 후배에게 패티슨 선교사를 꼭 소개하고 싶었다.

"반갑습니다. 오랜만이에요."

패티슨 선교사와 오드리 여사는 또렷한 한국어로 반겨주었다.

"나는 고무신이 편합니다."

하얀 고무신을 신은 백발의 선교사는 여전히 건강하고 평안해 보였다. 진로 고민으로 찾아왔던 젊은 의대생에게 토마토케첩 뿌린 밥을 내주며 보여준 따뜻한 미소도 그대로였다. 그때 패티슨이 해준 조언은 옳았다. 주님을 위해 살기로 결심하자 하나님께서 모든 것을 예비하셨고, 한 치의 오차도 없이 그의 길을 인도하셨다.

박상은 원장은 안양샘병원에서 진료부원장, 병원장, 대표원장, 미션원장을 역임하고, 성산생명윤리연구소를 창립해 20년 동안 생명윤리 운동을 이끌며 국가 정책의 기반을 세우는 데 기여했다. 2023년 11월 5일, 베트남 다낭에서 의료선교 중 65세의 나이로 하나님의 부르심을 받았다.

우리 삶에 불꽃이 늘 타오르기를

밀레니엄 해인 2000년이 시작되었다. 패티슨 선교사에게도 중요한 전환의 해였다. 그해 초, 반가운 손님이 그의 집을 찾았다. 한국누가회 출신으로 영국의 선교사 훈련기관 레드 클리프 칼리지에 재학 중이던 박준범 선교사였다. 한국누가회는 어느덧 창립 20주년을 맞았고, 패티슨은 그 놀라운 성장에 감격했다. 10주년에는 첫 해외 단기 의료선교가 이루어졌고, 안정용, 윤채진 부부가 첫 의료선교사로 파송되었다. 이후 OMF, 인터서브 같은 전문 선교단체와 교회의 후원을 받아 한국누가회 출신 15가정의 의사들이 아시아와 아프리카에 협력선교사로 나갔다. 박준범 역시 OMF 선교사인 닉 딘과 제레미 비숍의 영향을 받아 선교사가 되었고, 훈련 후 무슬림 국가인 예멘으로 향할 예정이었다.[1]

하나님께서 왜 자신을 한국으로 부르셨는지에 대한 질문에 패티슨은 이렇게 대답했다.

"첫째, 가난한 사람들을 위한 의사로 특히 척추결핵에 관한 임상 연구와 활동을 하게 하셨고, 둘째, 성서유니온을 세워 한국인들이 성경을 가까이하도록 하셨으며, 셋째, OMF를 통해 한국에서 해외 선교사를 파송하게 하셨고, 넷째, 한국누가회(CMF) 운동을 시작하게 하셨습니다."

그는 마지막으로 이렇게 당부했다.

"매일 하나님의 말씀에 마음을 열고, 부르심에 귀 기울이길 바랍니다. 구약의 제사장들이 단 위의 불을 꺼뜨리지 않았듯, 우리 삶 속에 그 불꽃이 늘 살아 있어야 합니다."[2]

63세의 패티슨은 하나님의 새로운 부르심에 귀 기울이고 있었다.

2000년 3월, 패티슨의 아버지가 돌아가셨다. 용감하고 강인했으며 자부심이 높았던 아버지는, 예수를 믿는다는 이유로 쫓아냈던 아들 닥터 피터 패티슨과 화해했다. 그는 아내가 묻혀 있는 쉘번의 교회 마당에 안장되었다. 두 분 모두 생전에는 복음을 받아들이지 않았으나 마지막 안식처는 교회였다.

그해 4월, 패티슨은 독일에서 열린 기독 학생들을 위한 국제 세미나에 강사로 초청되었다. 이 세미나는 옛 소련권 국가를 포함해 유럽 전역에서 모인 약 2천 명의 학생들에게 국제 사역의 문을 열어주는 장이었다. 이 자리에서 그는 우즈베키스탄, 카자흐스탄 등 중앙아시아에서 온 학생들을 처음 만나게 되었다.

'이렇게 좋은 젊은이들과 함께 일할 수 있으면 얼마나 좋을까!'

그는 ICMDA(세계기독의사 및 치과의사회) 사무총장직을 제안받았다. 이 단체는 복음을 전하고 병자를 고치기 위해 제자들을 보내신 위대한 의사 예수 그리스도의 발자취를 따르는 전 세계 기독 의사와 치과의사들의 사역 공동체였다.[3] 1820년 초 덴마크에서 기독 의사들의 모임이 시작된 후, 1963년 암스테르담에서 15개국이 참여한 국제 기독교 의사대회가 최초로 개최되었다. 1966년 패티슨이 선교지를 찾던 중, ICMDA 회의에 참석했던 닥터 웹 펩플로가 한국에 척추결핵을 연구할 의사가 필요하다는 허버트 세든 경의 연설을 듣고 패티슨을 소개해 그가 한국에 오게 되었던 처음 인연은 이렇게 이어졌다. ICMDA 사무실은 영국 케임브리지에 있었다. 패티슨은 일주일에 3일은 그곳에서, 나머지는 자택에서 근무했다. 임기는 2년이었다.

그는 사무총장으로 유럽과 인도, 아프리카, 미국 등으로 출장을 다녔다. 동아프리카 케냐에서 열린 회의에 참석했을 때, 그는 한국에서 친하게 지냈던 여수 애양병원의 닥터 토플을 만났다. 그는 이제 케냐 키쿠유 병원에서 두 번째 하나님의 사역을 진행 중이었다. 패티슨이 ICMDA 사무총장을 맡으면서 한국누가회의 비전도 세계로 확장되었다. 이에 따라 한국인 의사들이 자연스럽게 ICMDA 실행 이사진에 합류하며 활동 영향력도 커졌다.[4]

2002년 ICMDA 사무총장직에서 물러난 패티슨은 이듬해인 2003년부터 6년 동안 유럽 및 유라시아 지역 사무총장으로 섬겼다. 무급 자원봉사직이었고 재택근무가 가능했기에, 그는 집 차고 위에 작은 사무실을 마련했다. 여름이면 아내 오드리가 가꾼 정원의 아름다운 꽃들을 볼 수 있었고, 선반 위에 책 상자들을 정리해 올려둘 수 있는 작은 서재였다. 그의 생애에서 처음 경험하는 '사치'였다. 한국 가포에서는 오드리의 창고 구석에 서재가 있었다.

그의 활동 지역은 주로 유럽이었고, 그중에서도 발트해 3국에 관심을 가졌다. 우크라이나의 도네츠크는 황무지 같았다. 그곳에서 먹은 음식들은 어딘가 북한의 맛을 떠올리게 했다. 그는 2001년부터 미국의 CFK(Christian Friends of Korea)와 함께 여러 차례 북한을 방문하며 결핵 관리 프로그램을 지원했다. 그들을 위해 계속 일하고 싶었지만 상황이 허락하지 않았다.

크림 반도에서 열린 회의에서는 시베리아 옴스크 출신의 한 동물학 교수를 만났다. 그는 이렇게 고백했다.

"하나님께서 실제로 이 세상과 그 안의 만물을 창조하셨습니다."

소련이 붕괴되고 15년이 흐른 뒤 만난 그는 놀랍게도 정통 기독교 신자였다.

중앙아시아 키르기스스탄, 이식쿨 호숫가 근처에서 열린 세미나에서는 젊은 의사와 학생들을 만났다. 그들은 큰 어려움에 처해 있었다. 크리스천이라는 이유만으로 공산주의자들의 의심과 무슬림 사회의 탄압을 동시에 받아야 했고, 경제적 곤궁뿐 아니라 신앙과 윤리적 갈등까지 짊어진 채 살아가고 있었다.

"경력이 얼마 안 된 저희 같은 의사는 월급이 고작 미화 8달러입니다. 이런 상황에서 어떻게 부패를 피할 수 있겠어요? 환자들이 주는 선물, 아니 뇌물일 수도 있는 그런 것이 생존에 필수적인 상황이라면요? 그런데 선물과 뇌물은 어떻게 구별할 수 있나요?"

그들은 토론하면서 몇 가지 원칙을 정리했다.

"뇌물에는 '제발'이라는 의미가 담겨 있고, 보통 서비스가 제공되기 전에 주어집니다. 반면 선물은 '고맙습니다'라는 의미로, 서비스 이후에 주어집니다. 또 한 가지, 서비스의 질이 선물의 유무나 크기

▲ 2005년, 함께 사역했던 OMF 선교사들
(뒷줄 왼쪽부터 게이와 테리 파이 부부, 닉과 캐서린 딘 부부,
앞줄 왼쪽 캐슬린과 존 월리스 부부, 피터와 오드리 패티슨 부부)

▼ 존 월리스가 쓴 갓은 피터 패티슨이 만들었다.

에 따라 달라진다면 그것은 뇌물입니다. 그러나 선물 여부와 관계없이 동일한 서비스를 제공한다면, 그것은 선물로 받을 수 있습니다."

"일리가 있습니다."

패티슨은 그들의 힘든 처지에 충분히 공감했다. 이식쿨 호숫가에서 돌아오는 길에 그는 오래된 코카콜라 병에 담긴 꿀을 샀다. 아주 맛있는 산꿀이었다.

2005년, 한국누가회 25주년 학생수련회에 참석한 패티슨은 특별한 감동을 경험했다. 그는 해외 선교사로 파송된 25가정을 만났다. 1980년, 첫 수련회 당시에는 어린 의대생이던 그들이 이제는 중년의 전문의가 되어 각자의 자리에서 복음을 위해 헌신하고 있었다. 그들과 함께 25년 전 수련회 때 올렸던 촌극 〈마산의 암소〉를 추억하며 즐거워했다. 누가회 출신 의사들이 선교사, 간사, 공보의, 사회봉사의 길을 걸어가는 것을 보고 패티슨은 "눈물로 씨를 뿌린 자"(시 126:5)에게 주어지는 풍성한 열매의 기쁨을 만끽했다.

나의 기쁨이신 하나님께로 가리라

패티슨은 펨버리 집에서 이사할 결심을 했다. 소유물과 집안일, 그리고 책임지고 있는 주변 일들에서 벗어나야 한다는 생각이 들어서였다. 하나님 나라에 가까워지는 나이가 되어 이제 집안의 잡동

사니를 정리하고, 집을 줄이며, 성인이 된 자녀들이 떠난 캠프를 해체할 때였다. 정리의 시간은 천국으로 가는 첫 단계로 이별의 순간을 가볍게 해줄 것이었다. 2007년 그는 70세를 맞이하고 있었다.

그는 오드리의 고향 스코틀랜드로 갈 생각도 있었지만, 자녀들과 너무 멀어진다는 판단에 뉴 포레스트 국립공원 내 작은 마을 브로큰허스트로 가기로 마음을 굳혔다. 그들은 가구와 책, 잡동사니를 정리하고 8월에 이사했다. 떠나는 것은 서운했지만, 새로운 곳에서 쌓게 될 우정에 대한 기대가 있었다. 새 집으로 옮긴 후 손주들 벤, 해나, 샘과 함께 숲에서 야생 돼지와 조랑말을 보고 게임하며 자전거를 타는 것은 또 다른 기쁨이었다.

시간이 흘러가고 있었다. 패티슨 부부는 캐나다 로키 산맥으로 여행을 떠났다. 밴쿠버에 도착한 그는 처음 가포교회에서 만났던 청년 조 씨를 찾았다. 그는 "나는 당신을 질투합니다"라고 당돌하게 말했던 청년으로, 소아결핵병동 총무로 일했고, 직원 성경공부팀의 첫 번째 팀원이었다. 패티슨은 그의 아버지 장례식에서 함께 울었고, 그의 결혼식에서 서툰 한국어로 축사했다.

성서유니온에서 일하다 형들이 있는 캐나다로 이민 간 그가 너무나 보고 싶어, 패티슨은 무작정 전화번호부를 뒤져 비슷한 이름들을 찾았다. 두 번째 건 전화에서 귀에 익은 걸걸한 목소리가 들렸다. 그들은 그날 저녁에 바로 만났다. 조 씨는 비슷한 나이의 노인이 되어 캐나다 교회의 장로로 있었다. 밴쿠버 호텔 꼭대기 회전식 레스토랑에서 식사한 후, 그의 집을 방문했다. 조 씨는 여전히 성서유니

2007년 6월 19일, 펨버리 자택에서 패티슨 부부

온에서 나온 「매일성경」으로 아침을 시작하고 있었다. 그는 변함없이 신실한 사람이었다. 두 사람은 이 세상에서 마지막 만남이 될 수도 있는 그 순간을 즐겼다. 조 장로는 패티슨에게 커다란 병에 든 최고급 메이플 시럽을 선물했다. 주님 안에서 형제가 다시 만나는 것은 그보다 더 달콤했다.

2013년 말, 패티슨은 아내 오드리의 기억력에 문제가 생겼음을 느끼기 시작했다. 그는 마을 중심에서 가깝고 정원이 더 작은 집으로 이사했다. 이 시기 그는 '영적 공격'을 경험하며 고통스러웠지만, 하나님께서 더 깊은 신뢰를 위해 자신을 가까이 이끌고 계심을 깨달았다. 매일 밤 일어나 성경과 찬송가를 들고 두 시간씩 묵상하고 글을 쓰며 그 부르심에 최선을 다해 응답했다. 옛 찬송가 〈때 저물어 날 이미 어두니〉, 〈주는 나를 기르시는 목자〉, 〈나의 갈 길 다가도록〉을 불렀다. 그 가사와 의미가 새롭고 친밀하게 다가왔다.

그는 시편 43편을 거듭 읽었다.

"나의 큰 기쁨의 하나님께 이르리이다"(시 43:4).

이 묵상의 시간은 앞으로 닥칠 어려움에 대비해 그를 준비시키는 하나님의 은혜로운 방법이었다.

2015년, 오드리는 초기 알츠하이머 진단을 받았다.

"그보다 암에 걸리는 게 더 낫겠어요."

오드리의 눈에 눈물이 흘러 넘쳤다.

그때부터 오드리의 상태는 거침없이 내리막을 달렸다. 패티슨은 오드리와 함께 할 수 있는 모든 일을 하기 위해 간단한 짐을 꾸렸다. 그녀의 고향인 스코틀랜드로 여행을 가고, 아이들과도 자주 만났다. 오드리의 기력은 점점 약해지고 있었다. 2018년 5월, 그는 마지막 여행지로 프랑스 남서부 피레네 산맥의 고브 호수로 향했다. 그곳은 1832년 패티슨의 증조할아버지의 형인 윌리엄이 신혼여행 중 신부와 함께 배를 타고 있다가 갑자기 호수 속으로 빨려 들어가 익사한 곳이었다. 이 미스터리한 이야기는 지금도 이 지역의 전설로 남아 있었다. 그들이 예약한 숙소 주인도 이 이야기를 잘 알고 있었다.

해발 1,725미터의 고브 호수로 가기 위해서는 산 중턱까지 가는 리프트를 타거나 1시간 30분을 걸어 올라가야 했다. 리프트는 6월부터 운행되기 때문에 패티슨 부부가 도착한 5월에는 이용할 수 없었다. 오드리의 상태로는 걸을 수 없어 고브 호수에 갈 계획은 포기해야 했다. 다음날 숙소 주인이 패티슨에게 말했다.

"당신 부부가 그곳에 꼭 가야 한다고 생각했어요. 제 친구가 고브 호숫가 근처에서 작은 식당을 운영하는데, 그 친구는 랜드로버를 타고 그곳까지 갈 수 있는 유일한 사람이에요. 원하신다면 그가 당신을 데리러 올 거예요."

패티슨은 그들의 친절을 고맙게 받아들였다. 이틀 전만 해도 비와 눈이 뒤섞인 악천후였는데, 그날은 햇살이 눈부시게 비치고 놀라울 정도로 날씨가 따뜻했다. 차를 타고 도착한 고브 호수는, 에메랄드빛으로 반짝이는 물위에 흰 눈으로 덮인 비뉴말 산의 정상이 비쳐 절경을 이루고 있었다. 그 멋진 곳에서 30분 가량 머문 후, 패티슨 부부는 다시 길을 내려왔다.

무사히 여행을 마치고 돌아오며 패티슨은 생각했다.

'이 작은 여행도 하나님께서 이토록 세심히 돌봐주시는데, 천국에 이르기까지 우리가 마주할 어려움으로부터 분명 지켜주실 것이다.'

고브 호수에서 돌아온 지 얼마 안 되어 오드리의 상태는 급격히 나빠졌다. 패티슨은 작별 인사할 시간이 왔음을 알았다. 요양원에 가기 전 두 사람은 거실에서 함께 기도했다. 패티슨이 눈물로 드리는 기도에 오드리는 "아멘"으로 화답했다. 마음은 이미 천국에 가 있어 언어적 소통이 불가능했던 오드리는 그때만큼은 맑은 정신이었다.

패티슨에게 오드리는 하나님께서 빌려주신 소중한 존재였고, 이제 그녀를 돌려드릴 시간이 되었다. 요양원에 들어가고 몇 주 후, 오드리는 천국으로 돌아갔다. 2019년 2월 13일이었다.

2월 26일, 추모식에서 손자 벤은 "내 아버지 집에 거할 곳이 많도다"라는 요한복음 14장 2절 말씀을 읽었다.

가포에 있던 시절, 소아결핵병동에서 일하던 박승원은 한국인 특유의 무뚝뚝한 말투로 패티슨에게 이렇게 말했다.

"원장님도 괜찮은 분이지만, 진짜 좋은 사람은 사모님이에요."

오드리는 조용한 헌신과 사랑을 사람들의 마음에 남기고, 이 땅에서 맺은 모든 매듭을 풀어내며 떠났다.

"오드리…… 당신은 나에게 정말 좋은 사람이었어요. 나는 당신을 받을 자격이 없었어요. 그럼에도 삶을 함께 나누자는 내 초대에 '예'라고 답해주어 정말 기뻤습니다."

패티슨은 그녀를 놓아주었고, 오드리는 평안히 안식에 들었다.

주의 말씀은 세세토록 있도다

새벽 다섯 시에 일어난 패티슨은 평소처럼 성경을 읽고 묵상했다. 그는 피상적으로 읽기보다 그 의미를 깊이 파고드는 데 시간을 들였다. 매일 노트 한 페이지 분량의 글쓰기가 주님의 말씀을 명확히 묵상하고 적용하는 데 도움이 되었다. 간단한 아침 식사 후, 개를 데리고 산책에 나섰다. 기온은 영하 5도였다. 집 근처 숲은 마치 결혼식을 위해 단장한 신부처럼 하얀 옷을 입었다. 결혼식 날의 오드리처럼 눈부시게 아름다웠다.

지난주 그는 정원에서 딴 과일로 마멀레이드를 만들었다. 1년 치 아침 식사와 다른 사람들에게 줄 선물이었다. 그의 식사는 햄을 제외하고 대부분 텃밭에서 나오는 것이었다. 오드리가 마산 가포에 있을 때, 일본에 있는 OMF 선교사 자녀 학교로 떠난 아이들이 너무 보고 싶어 눈물로 자두푸딩에 넣을 소금을 대신했던 것이 떠올랐다. 그때 오드리의 아픔을 더 이해했어야 했다. 사랑에 빠졌을 때부터 60년을 함께한 그들이었다. 오드리가 그리웠지만 슬프지는 않았다. 오랫동안 치매로 고생했는데, 이제는 병든 육신을 벗고 온전한 몸으로 천국에서 주님과 함께 있으니 얼마나 감사한가. 그래서 오드

2024년 5월, 브로큰허스트의 집 정원에서

리의 장례식도 감사예배로 드렸다.

그는 옛 물건을 정리하다가 부모님이 1958년에 보낸 고통스러운 편지들을 발견했다. 오래전에 치유된 줄 알았던 상처가 다시 열리는 듯했다. 예수를 믿고 자신의 길을 고집하는 아들에게 부모님은 분노를 쏟아내며 이기적이라 비난했다. 그는 순간 집을 나와 울며 방황했던 의대생 시절로 돌아간 것 같았다. 그러나 주님은 위로자이며 치료자이시기에 그는 지금까지 어머니를 사랑하고 아버지를 존경할 수 있었다. 세상의 모든 부모가 그렇듯 자신들의 생각에 가장 좋은 길로 아들을 이끌고 싶었던 그 마음을 그는 충분히 이해했다.

2022년 6월, 성서유니온선교회가 창립 50주년을 맞았다. 한국 교계에서 소외된 어린이와 청소년에게 복음을 전하고, 성도들이 매일 성경을 읽고 경건의 시간을 갖도록 1972년 6월, OMF 선교사 피터 패티슨과 존 월리스가 윤종하를 총무로 임명해 한국성서유니온을 시작했었다. 패티슨은 브로큰허스트 집 정원의 소박한 나무 의자에 앉아 동영상으로 축하 메시지를 보냈다. 또렷한 한국어로 초기 성서 유니온을 시작할 때 그들에게 특별했던 베드로전서 1장 말씀을 읽었다.

"너희가 거듭난 것은 썩어질 씨로 된 것이 아니요 썩지 아니할 씨로 된 것이니 살아 있고 항상 있는 하나님의 말씀으로 되었느니라. 그러므로 모든 육체는 풀과 같고 그 모든 영광은 풀의 꽃과 같으니 풀은 마르고 꽃은 떨어지되 오직 주의 말씀은 세세토록 있도다 하였으니 너희에게 전한 복음이 곧 이 말씀이니라"(23-25절).

젊고 열정적이었던 그와 동역자들은 못자리에서 기른 어린 모들을 논에 옮겨 심었고, 하나님께서 무럭무럭 자라게 하셨다. 그가 씨를 뿌리고 물을 준 또 다른 단체인 한국 OMF 선교회는 세계로 한국인 선교사들을 파송하고 있었고,[5] 기독 의료인 모임인 한국누가회의 사역도 힘차게 성장하고 있었다. 그는 축복으로 말을 마쳤다.

"여러분을 위해 기도하겠습니다. 주님을 위해 복음 전하는 일을 멈추지 마십시오. 안녕히 계십시오. 하나님의 축복을 빕니다."

스물아홉, 갓 결혼한 아내와 한국 땅에 왔던 피터 패티슨은 여든다섯 백발 할아버지가 되었다. 마산 소아결핵병동에서 수많은 척추결핵 어린이들을 치료하고, 희망 없는 환자들을 '부드러운 사랑의 보살핌'으로 낫게 했던 그의 이름은 서서히 잊혀졌다. 언젠가 소아결핵 병동 직원들이 한 해의 표어로 요한복음 말씀을 정한 적이 있는데 그대로 된 것이다.

"그는 흥하여야 하겠고 나는 쇠하여야 하리라"(요 3:30).

닥터 패티슨은 신랑의 음성을 듣는 친구처럼 한국에서 들려오는 사역 소식에 기쁨으로 충만했다. 그의 환한 얼굴 뒤로 한국에서 가져온 커다란 항아리가 보였다. 그 위 화분에 핀 예쁜 꽃들이 바람에 흔들렸다.

2024년 8월부터, 패티슨은 증조부모가 남긴 오래된 편지들을 정리하고 편집하는 일에 몰두했다. 증조부모는 1870년대 뉴질랜드 크라이스트처치 동쪽, 남태평양 채텀 제도에서 양을 기르며 살았다. 150년 전 그들은 그곳의 생활을 흥미진진하게 기록한 긴 편지를 영국의 가족들에게 보냈다. 그중에서 1881년, 증조모가 자신의 친정어머니께 쓴 편지의 한 구절이 그의 마음을 끌었다.

"그분은 천국에 가장 적합한 사람들을 일찍 데려가십니다. 저는 아직 갈 길이 먼 것 같아요."

이 편지를 보낸 지 얼마 지나지 않아, 증조모는 아기를 낳고 31세 젊은 나이로 하나님의 부르심을 받았다. 패티슨은 150년 전 증조부모의 삶 속으로 들어가는 시간이 무척 즐거웠다. 그들이 남긴 편지 곳곳에서 하나님을 향한 믿음이 빛났다. 그는 이 편지들을 정리해 출간할 계획을 세웠다.

그는 가족을 위해 자신의 삶 역시 글로 남겼다. 제목은 "긴 인생의 짧은 이야기(A Short Account of a Long Life)". 어린 시절과 청소년기, 대학생이 되어 처음 하나님을 인격적으로 만난 순간부터 선교사로서 감당한 마지막 사역에 이르기까지 그의 글에는 '하나님의 살아 계심과 인도하심', 그리고 '오직 주의 말씀에 귀 기울이며 따라간' 그의 삶이 담겨 있다. 그의 자녀들은 영양사, 엔지니어, 사진작가, 대학교 직원으로 각각 훌륭하게 성장했다. 그는 후손들에게 "하나님은 누구신가"라는 질문에 답하기 위해 자신의 일생을 회고하며 증거했다.

"자전적인 이 글에 크리스천인 나의 신앙 이야기가 많이 담긴 것은 당연합니다. 이것이 내 삶의 틀이고 의미였습니다."

의사로서 그는 가난한 이들이 환영받는 무료 병동에서 환자들을 치료했고, 선교사로서는 매일 주님 안에서 하루를 시작하는 QT의 씨앗을 뿌렸다. 한국 기독교의 열정과 가능성을 보고 한국 OMF를 설립해 해외 선교의 문을 열었고, 젊은 의사들이 자신의 능력을 병들고 가난한 이들을 위해 사용하도록 한국누가회의 시작을 도왔다. 피터 패티슨, 한국 이름 배도선 선교사는 회고록을 마무리하며, 야곱이 요셉을 축복하며 고백했던 말씀을 인용했다.

"'나의 출생으로부터 지금까지 나를 기르신 하나님'께 깊이 감사드립니다."

에필로그

다섯 살 때 척추결핵으로 전신이 마비되어 소아결핵병동으로 업혀 왔던 이지연은 성서유니온선교회 50주년 축하 영상에서 패티슨 원장을 보고 댓글을 달았다.

"어릴 때 척추결핵으로 선교사님께 치료를 받았습니다. 선교사님을 늘 기억하고 찾고 있었는데 이렇게 뵐 수 있어 너무 기쁘고 반갑고 감사합니다. 그때는 제가 꼬맹이였는데 지금은 오십 대 아줌마가 되었으니 선교사님도 많이 늙으신 모습이지만 항상 건강하시길 기도합니다."

그녀는 건강하게 성장해 수필집 두 권을 낸 작가가 되었다.

한국전쟁 참전 학도병 출신이며 패티슨을 라브리에서 만나 한국행을 권했던 김진경은 자신에게 총을 쏘던 공산주의자들에게 복음을 전하겠다는 주님과의 약속을 지켰다. 그는 연변과학기술대학교와 평양과학기술대학교를 세웠다.

패티슨의 첫 성경공부팀이었던 병동 직원들도 소천한 운전기사 지 씨를 제외하고 모두 잘 지내고 있다. 패티슨이 마산을 방문하면

늘 그의 집을 내어주었던 물리치료사 이종섭은 아내와 함께 행복하게 살고 있다. 캐나다로 이민 간 조 씨는 장로가 되었고, 여전히 「매일성경」으로 아침을 열고 있다. 미국으로 간 박승원 총무는 사진작가가 되었고, 아내 이귀옥 간호사와 함께 각각 장로와 권사의 직분을 받았다. 김동식 목사는 연변 선교 중 북한에 납치되어 순교했고, 윤영옥 간호조무사는 가포교회 권사가 되었다.

패티슨의 손수레를 밀어주었던 가포동 동장 한두찬은 가포교회 은퇴 장로가 되었다. 개에 물려 경기를 일으켰던 소년의 가족은 가포교회 교인이 되어 큰딸 하성란은 목사 사모, 성미는 권사, 막내 성혜는 영국에서 패티슨과 지금도 가까이 지내고 있다. 가포교회는 지방의 작은 교회이지만 1994년부터 베데스다 의료선교부를 세워 해외 단기선교와 국내 의료봉사를 계속해오고 있다. 2025년 1월에는 일주일간 미얀마에서 통증 치료와 페인트칠 등의 봉사 활동을 했다.

패티슨 선교사의 친구이며 동료인 윤종하 장로는 성서유니온의 초대 총무를 지냈으며, OMF와 IVF 이사를 역임했다. 이후 미국에서 말씀 사역에 헌신하다가 2007년 주님의 품으로 돌아갔다. 재수생 시절, 패티슨을 도와 지방 교회 중·고등부에서 QT를 가르쳤던 박은조 목사는 현재 글로벌 문도하우스 원장이자 한동대학교 교목실장으로 섬기고 있다. 그의 사역에 함께했던 이승장 목사와 임한택 목사는 각각 시무하던 교회에서 은퇴했다. 송인규 IVF 총무는 합동신학대학원대학교 교수직에서 은퇴하고, IVF 내 한국교회탐구센터

소장으로 조직신학 집필에 매진하고 있다.

세실리 모어 선교사는 한국에서 25년간 사역한 후 호주로 돌아가 은퇴했다. 의대생 때 세실리와 함께 패티슨의 사택을 방문해 감동받았던 양승봉은 외과 의사로 네팔에서 15년, 베트남에서 10년간의 의료사역을 마치고 돌아왔다. 그는 패티슨이 한국에서 했던 것처럼 네팔과 베트남의 ICMDA, CMF 탄생에 기여했으며, 현재 부산외국어대 보아스 클리닉에서 일하고 있다.

한국 OMF 이사회 설립 총무인 도문갑 목사는 성서유니온선교회 대표를 역임하고, 현재 국내외 기독교 사역자들을 지원하고 연결하는 한국선교사멤버케어 네트워크 컨설턴트로 있다.

패티슨의 소아결핵병동에서 그의 생애 가장 아름다운 회진을 목격한 안동일은 WHO에서 21년간 일한 후, 현재 연세대 보건대학원 교수로 재직하며, NGO인 글로벌케어의 보건의료 프로젝트 기술 지원과 자문역할을 하고 있다.

원동교회와 개척선교부(GMP) 소속으로 알바니아에서 사역한 심재두 선교사는 한국누가회 이사장과 한국로잔위원회 전문인사역위원장을 맡고 있다. 그는 2006년부터 2010년까지 ICMDA 실행 이사를 지냈다.

닥터 패티슨이 치료하던 척추결핵은 신생아 BCG 예방접종이 실시된 이후 한국에서 사라졌다. 소아결핵병동 자리는 국립마산병원에서 새 건물을 지어 난치성 결핵 환자 병동으로 사용했으나 현재는 비어 있다. 국립마산병원은 84년간 결핵 치료와 연구에 힘써왔으며, 결핵 환자들이 진료비나 간병비 부담 없이 전문적인 치료를 받을 수 있는 국내 최고의 결핵 전문병원이 되었다.

한국성서유니온은 모든 연령층이 성경과 기도를 통해 하나님과 인격적인 관계를 맺고 변화된 삶을 살도록 세대별 13종의 묵상집과 신앙 도서를 출판하고 있다. 현재 독자는 20만 명 이상이며, 전국 12개 지부에서 70명의 간사들이 150여 명의 자원봉사자들과 함께 사역하고 있다. 특히 어린이와 청소년을 위한 다양한 캠프와 활동, 그리고 교도소, 군부대, 농어촌, 개척교회와 선교지에 「매일성경」을 보내는 사역에 힘쓰고 있다.

한국 OMF는 현재 약 80명의 선교사가 동아시아 여러 지역에서 사역 중이다. 비자 발급이 가능한 곳에서는 교회를 개척하고, 그렇지 않은 곳에서는 교수, 엔지니어, 의사 등 전문 분야 사역을 한다. 한국 선교사들은 대부분 목사 신분으로 신학과 교회 사역 경험을 가지고 선교지로 파송되기 때문에 서구 출신 선교사들보다 풍성한 열매를 맺고 있다. 현재 의료 분야 선교사로 세 가정이 있다.

한국누가회(CMF)는 의사, 치과의사, 한의사, 간호사, 학생들로 구성되어 있으며, 2025년 현재 1만여 명의 졸업생 회원과 2,800여 명의 학생들이 참여하고 있다. 그동안 선교사로 나간 장기 사역자가 100여 가정에 이르고, 현재 23가정 37명이 사역 중이다. 2025년 1월, 겨울 학생수련회에서는 105명의 학생들이 장·단기 선교사로 헌신하기로 결단했다. 창립 45주년을 맞은 한국누가회 회원들은 교회와 사회 곳곳에서 주어진 은사에 따라 섬기며 우리동네건강연구회, 북녘사랑, 생명윤리연구회, 이주민건강연구회, 장애인건강연구회 등 여러 선한 일에 참여하고 있다.

　서재에서 보이는 패티슨의 작은 정원에는 여름꽃 사이로 두 살배기 다네츠카가 뛰어다녔다. 아이 엄마와 할머니는 집안을 청소하고, 아이 아버지는 마당을 치웠다. 아이 아버지는 개와 함께 노는 다네츠카를 바라보면서도 이 평화로운 장면이 믿기지 않는 듯했다. 다네츠카 가족은 러시아의 침공을 피해 온 우크라이나 난민이다. 변변한 일자리를 구하지 못한 그들에게 연로한 패티슨의 집안일을 돕고 받는 급여는 생계에 큰 보탬이 되었다. 얼마 전 60세가 되어 병역에서 면제된 할아버지 올렉도 패티슨의 후원으로 영국에 들어왔다. 덕분에 전쟁으로 헤어졌던 가족이 다시 한자리에 모일 수 있었다.
　"이것 좀 보세요."
　올렉은 패티슨에게 러시아 미사일 공격을 받은 고향 드니프로의 사진을 휴대폰으로 보여주었다. 그들은 함께 눈물을 흘렸다. 패티슨 역시 어린 시절 독일군의 미사일 공격을 경험했다. 그러나 세상이 강대국과 그 지도자들의 뜻대로만 흘러가지 않음을 그는 알고 있다.
　"결국은 전능하신 하나님, 평강의 왕 예수 그리스도가 승리할 것입니다."
　다네츠카 가족은 하나님을 믿지 않았지만, 패티슨이 우크라이나에 평화가 오길 기도할 때 "아멘"으로 화답했다.

이 세상의 선교단체와 국제기구에서 은퇴했지만, 주님의 부르심을 받을 때까지 닥터 패티슨은 가난하고 소외된 이웃들 옆에서 '부드러운 사랑의 보살핌'을 처방하는, 아직 임무가 끝나지 않은 의사이자 선교사로 살아가고 있다.

다네츠카가 패티슨을 향해 활짝 웃었다. 그 아이 옆에 그를 지켜보는 천사가 함께할 것이다. 마산 소아결핵병동에 누워 있던 어린 환자들 곁에 있었던 것처럼. 그도 다네츠카를 향해 미소 지으며 손을 흔들었다. 그와 오드리가 함께 가꾸었던 정원 가득 따뜻한 햇살이 은총처럼 내려앉았다.

2025년 4월,
브로큰허스트의 집 거실에서

감사의 글

닥터 피터 패티슨 선교사의 일생을 엮으며 보낸 시간은 주님이 제게 주신 부흥회와 같았습니다. 그분의 회심과 갈등, 소명과 헌신의 순간마다 개입하시는 하나님의 살아 계심을 볼 수 있어 큰 감동이었습니다.

제가 처음 당신의 선교 사역을 책으로 내고 싶다는 메일을 드렸을 때, 패티슨 선교사는 제게 하나님을 믿게 된 신앙의 이력서를 보내달라고 했습니다. 그분에게는 제가 얼마나 많은 책을 썼는지는 중요하지 않았습니다. 저는 솔직하게 제 신앙의 이력서를 써서 보냈습니다.

메일을 받은 후, 패티슨 선교사는 당신의 책 『Crisis Unawares(깨닫지 못하는 위기)』와 자전적 회고록인 "A Short Account of a Long Life(긴 인생의 짧은 이야기)", 사진 자료, 동역자들에게 보낸 선교 편지 등을 보내주었습니다. 그 안에는 마산 소아결핵병동 환자들이 종이 쪽지에 서툰 글씨로 쓴 신앙고백이 들어 있었습니다. 그는 40여 년이 넘도록 그것들을 보물처럼 간직하고 있었습니다. 이 자료들은 그의 사역을 사실에 기초해 진실하게 엮을 수 있는 바탕이 되었습니다.

저는 패티슨 선교사를 한국의 가난한 척추결핵 어린이들을 무료로 치료한 의사로만 알고 있었습니다. 그러나 그는 단지 의사의 역할을 넘어 한국성서유니온을 세워 QT 운동과 어린이·청소년 사역을 시작했으며, 한국 OMF를 설립하여 우리나라 선교사들이 해외로 나갈 수 있는 길을 열었습니다. 또한 하나님을 믿는 의학계열 학생들이 '가난하고 병든 사람'을 돌아보도록 한국누가회의 기초를 놓았습니다.

그는 1970년대 한국 기독교의 현실을 정확하게 진단하고, 적절한 처방을 내렸으며, 효과적으로 치료했습니다. 그 결과 우리가 지금 당연하게 받아들이는 경건의 시간, 어린이·청소년 사역, 해외 선교사, 그리고 의료봉사와 가난한 나라에 선교사로 나가는 의료인들을 만날 수 있게 되었습니다. 이 모든 것은 아침마다 성경을 묵상하고 기도하며 눈물로 씨를 뿌린 닥터 패티슨과 OMF 선교사들, 초기 동역자들의 헌신 덕분입니다.

패티슨 선교사를 절대 잊어선 안 된다고 추천해주신 백은성 목사님(예수비전교회, 전 글로벌케어 사무총장), 안타깝게도 선교 중 소천하신 박상은 원장님(안양샘병원 미션원장), 이 책의 집필을 격려하고 원고를 감수해주신 한국누가회 심재두 이사장님, 안동일 교수님, 사진과 귀중한 자료를 보내주신 로뎀북스 최태희 대표님, 국립마산병원 황수희 원장님, 그리고 성서유니온선교회, 한국 OMF 관계자 여러분께 진심으로 감사드립니다. 마산 사투리 표현을 정감 있게 고쳐주신 가포교회 한성희 집사님, 사진을 제공해주신 이종섭 선생님, 윤영옥 권사님, 한두찬 장로님, 이창우 장로님, 그리고 흔쾌히 인터뷰에 응해주신 모든 분들께도 깊은 감사를 전합니다. 한국의 선교 역사를 기록하는 일에 아낌없는 후원을 보내주시는 임영국 원장님(미래한국병원)께도 고마움을 전합니다.

  이 책은 우리가 함께 써내려간, 하나님께 드리는 보고서입니다. 피터 패티슨 선교사의 수고가 잊히지 않도록 이 일의 정리를 제게 맡겨주신 주님께 감사드립니다.

이기섭

연표

1937. 3. 19	영국 런던 출생
1945~1950	윈체스터 하우스 스쿨(WHS) 기숙학교 재학
1950~1955	럭비 스쿨 재학
1955~1957	군복무
1957	케임브리지 대학교 입학
1957. 11	예수 그리스도를 영접하고 신앙을 고백
1959	해외에서 봉사하는 의사가 되기로 결심
1960	스위스 라브리에서 한국인 청년 김진경을 만남
1963	케임브리지 의과대학 졸업
1963~1964	인턴 수료
1964~1965	짐바브웨 음팔로 병원에서 정부의사로 근무
1965. 9. 8	오드리 다우와 결혼
	의학연구위원회(MRC)의 척추결핵 임상연구 프로그램 수행 의사로 한국 파견 결정
1966. 7	아동구호기금(SCF)와 임상연구 프로그램을 하나님의 인도하심으로 받아들임
1966. 11	홍콩행 독일 화물선 MV 홀사티아호 탑승
1966. 12. 17	한국 김포공항 도착
1967. 3	국립마산결핵요양소 소아결핵병동 의사 부임
1967. 6. 2	첫째 자녀 마거릿 출생
1968. 10. 3	둘째 자녀 데이비드 출생
1969	영국으로 돌아와 SCF 탈퇴, OMF 선교사로 전환
1969. 8	OMF 초기 한국 선교사들과 함께 한국 재입국
1970. 4	병동 직원들과 마태복음 성경공부 시작
1970. 10	셋째 자녀 피터 출생
1972. 4	넷째 자녀 조이 출생

1972. 6. 28	한국성서유니온 출범, 윤종하 총무 취임
1972. 6. 30	한국성서유니온 설립 예배
1973. 1~2	「매일성경」 창간, 안식년으로 영국 귀국
1974	한국 입국, 마거릿과 데이비드는 일본 OMF 선교사 자녀학교로
1977. 6	'의학연구 공로'로 대영제국훈장(OBE) 수훈, 안식년으로 영국 귀국 『깨닫지 못하는 위기』(Crisis Unawares) 집필
1978	마산으로 복귀
1980. 2	제1회 한국누가회 수련회 주 강사(누가복음으로 말씀 증거)
1980. 5. 30	한국 OMF 이사회 출범
1980. 12	제3회 한국누가회 수련회 주 강사(아모스서 강해)
1981. 3	『Crisis Unawares』 홍콩에서 발간
1981. 6	한국 OMF 이사회에서 첫 한국 선교사 일본 파송
1982. 2	소아결핵병동 폐원, 가족과 함께 한국을 떠남 국민훈장 목련장 수훈
1983. 2~1984. 9	싱가포르 OMF 본부 해외 담당 이사
1984. 10	영국 펨버리로 귀국
1985. 11~1987. 6	홍콩에서 중국 선교사역
1987. 5	한국누가회 서울 지역 봄수련회 강의 "기독 의료공동체의 필요성과 해야 할 일"
1987. 6	OMF 선교사 은퇴
1989. 10	펨버리에서 진료소 개원, 영국 국가의료서비스(NHS) 가입
1990	한국누가회 창립 10주년 컨퍼런스 참석
1995. 6. 25	어머니 소천
2000. 3. 9	아버지 소천
2000~2002	세계기독의사 및 치과의사회(ICMDA) 사무총장
2002~2008	ICMDA 유럽/유라시아 지역 사무총장
2005	한국누가회 25주년 컨퍼런스 참석
2019. 2. 13	아내 오드리 패티슨 소천
2025. 2~	영국 브로큰허스트에서 평안한 시간을 보내며 다양한 글쓰기 활동 중

인명 찾아보기

권춘자 164, 190-193, 203
그레이엄 윈저(Graham Windsor) 54
김동식 120, 163, 170, 295
김민철 266-269
김용기 244
김의환 96, 106
김진경 38-41, 51-55, 57, 69, 71, 100, 147, 173, 294
김행권 145, 146
노만 블레이크(Noman Blake) 151
닉·캐서린 딘(Nic & Kathryn Deane, 임익선, 임경혜) 165, 173-174, 278
대프니 로버츠(Deaphne Roberts) 172-173
데니스 레인(Denis Lane) 246, 256, 259
데이비드 스튜어트 셰퍼드(David Stuart Sheppard) 31, 224
데이비드 챈(David Chan) 115, 145, 146
도문갑 227-230, 296
로버트 브루스(Rober Bruce) 149
로이드 그리피스(Lloyd Griffiths) 78, 170, 250
로이스 린튼(Lois Linton, 인애자) 87, 193
마거릿 로버트슨(Margaret Robertson) 99, 100, 104, 109, 146, 149, 150
마이클 그리피스(Michael Griffiths) 97
마틴 로이드 존스(Martyn Lloyd-Jones) 137
머레이 웹 펩플로(Murray Webb Peploe) 46-50, 53-55, 62-63, 255, 280

박상은 219, 274-277
박승원 151, 162, 170, 183, 194, 210, 218, 231-235, 252, 288, 295
박은조 120-123, 295
박준범 278
빌리·루스 그래함(Billy & Ruth Graham) 255
사라 배리(Sarah Barry) 144
세실리 모어(Cecily Moar, 모신희) 158-160, 164-165, 190-193, 203, 213-214, 223, 296
송인규 219, 238, 295
스탠리 토플(Stanley C. Topple, 도성래) 89, 188, 209, 254-255, 280
심재두 242-245, 272, 296
안동일 198-201, 219, 296
안정용 238, 276, 278
앙브루아즈 파레(Ambroise Paré) 217
양승봉 213-214, 223, 276, 296
오스왈드 샌더스(Oswald Sanders) 263
웨델(J. M. Weddel) 20, 76, 77, 93-95
윌리엄 블랙(William Black) 247
윤봉기 69, 71, 145, 147
윤영옥 131, 152, 295
윤종하 69, 120, 145, 147, 149, 151, 191, 204, 205, 218, 227, 230,232, 291, 295
윤채진 237, 278
이귀옥 194, 207, 209, 295

이사벨로 마갈릿(Isabelo Magalit) 219, 220, 225
이승장 204, 251, 295
이종섭 18, 76, 92-95, 103, 111, 112, 113, 116-117,
  124, 126, 136, 138, 140, 155, 156, 170, 171, 176-
  177, 183, 185, 249, 250, 260, 295
이중수(스티븐 리) 106, 145, 149, 150
이지연 16-18, 250, 294
임한택 204, 295
장기려 88, 115, 218, 276
제용순 249
제임스 노블 맥켄지(James Noble McKenzie,
  매견시) 79, 159
조나단 차오(Jonathan Chao) 142
조시아 스파이어스(Josiah Spiers) 47, 143,
조일선 86-87, 193
조지 스토리(George Storey) 54-55, 57, 173
존·크리스틴 루이스(John & Christine Lewis)
  164
존 브라운(John Brown) 88-89
존 스토트(John Stott) 58, 111, 164, 175
존·캐슬린 윌리스(John Wallis, 원의수 & Kath-
  leen Wallis) 54, 99, 100-101, 105, 107, 109, 132,
  139-140, 142, 145, 146, 149, 151, 161, 172, 238, 291
존 웨슬리(John Wesley) 33
존 폴락(John Pollock) 45
존·주디 프라이스(John & Judy Price) 144, 146
짐 브룸홀(Jim Broomhall) 99
최행진 205-207
캐서린 맥켄지(Catherine Mackenzie, 매혜영)
  159-160
테리·게이 파이(Terry & Gay Pye) 174-176, 258
톰 키트우드(Tom Kitwood) 31, 32
패커(J. I. Packer) 175

패티슨 가
  월터 메리먼 패티슨(Walter Merriman Pattis-
    son, 증조부) 21, 292
  리차드 패티슨(Richard Pattisson, 아버지) 20-
    21, 23, 26, 34-35, 43, 50, 213, 270, 279
  페기 패티슨(Peggy Pattisson, 어머니) 20-21,
    23, 28, 34-35, 61, 270
  팻(Pat, 형) 21-23, 26, 61, 270
  오드리 패티슨(Audrey Pattisson, 아내, 오드리
    다우 Audrey Dow) 54-62, 69-71, 73, 79,
    89-90, 96, 100, 105-107, 108, 110, 115, 129,
    131-135, 140, 145, 155, 158-160, 161, 165,
    177, 189, 190, 215, 235, 251, 255, 258-262,
    264, 268, 270, 280, 282, 284, 285, 286-290
  마거릿 패티슨(Margaret Pattisson, 첫째 자
    녀) 79, 89, 102, 105, 113, 154-155, 161, 165,
    189, 215, 216, 270
  데이비드 패티슨(David Pattisson, 둘째 자
    녀) 90, 113, 149, 155, 161, 165, 215
  피터 브루스 패티슨(Peter Bruce Pattisson,
    셋째 자녀) 115, 133, 149, 155, 158, 177, 215,
    290
  이본느 조이 패티슨(Yvonne Joy Pattisson,
    넷째 자녀) 110, 141, 155, 215
프란시스 쉐퍼(Francis A. Schaeffer) 38, 40, 51, 54
프레이저(J. O. Fraser) 135
한두찬 81-82, 83-85, 295
허드슨 테일러(Hudson Taylor) 45, 96
허버트 세든(Herbert Seddon) 148
헬렌 맥켄지(Helen P. Mackenzie, 매혜란) 79,
  159
해처(L. H. Hatcher) 20, 75, 76, 94, 95, 151

미주

1장

1. 척추후만증. '꼽추'는 척추장애인을 낮춰 부르던 말이지만, 당시에 흔히 쓰이던 상황을 반영해 그대로 인용했다.
2. 『국립마산병원 76년사』, p.126
3. 위의 책, p.100-101, 〈동아일보〉 1962년 11월 16일자 기사 참조
4. 피터 패티슨의 자전적 회고록, "A Short Account of a Long Life"

2장

1. 허련순, 『사랑주의』, 홍성사, 2012년, pp.17-23 재구성
2. 위의 책, pp.43-47
3. 위의 책, pp.54-56
4. 존 폴락, 『케임브리지 7인』, OMF/ESP, 1987
5. 황성주, "젊은이는 교회 떠나는데…복음 가르치기 위해 몸부림쳤는가", 〈국민일보〉 2024년 1월 4일자 기사
6. 스가랴 3장 2절
7. 캐서린 딘(임경혜) 선교사는 남편 닉 딘(임익선) 목사와 함께 1975년 OMF 선교사로 한국에 왔으며, 1989년까지 신학교와 성서유니온의 QT 사역을 하고 돌아갔다.
8. 1962년 설립되어 패티슨이 OMF 선교사가 된 1969년까지 한국을 위해 기도하고 후원했다.
9. Bible Training Institute, 미국의 부흥사 드와이트 무디와 샌키가 글래스고를 방문한 데서 시작된 성경훈련기관. 위키피디아 참조.
10. MRC 홈페이지 참조

3장

1. Peter Pattisson, *Crisis Unawares*, Hong Kong by OMF Communications, 1981, p.37
2. 기도 동역자들에게 보낸 편지, 1967년 4월 11일
3. 위의 편지
4. 『국립마산병원 76년사』, p.126
5. 1967년 4월 11일 편지
6. 위의 편지
7. 가포교회 피택자 교육 자료에 수록된 한두찬 장로의 "가포교회 역사적 사실에 대한 증언"
8. 『국립마산병원 76년사』, p.109
9. 위의 책, p.121
10. 위의 책, pp.100-101. 1965년 전국결핵 실태조사에서 발표된 결핵 환자 수는 주로 흉부 X선에 나타난 활동성 폐결핵

11. 위의 책, p.123
12. 한두찬 장로의 증언
13. 1967년 4월 11일 편지
14. 1968년 3월 편지
15. 위의 편지
16. 위의 편지
17. 위의 편지

4장

1. Peter Pattisson, *Crisis Unawares*, pp.61-62
2. 1969년 3월 편지
3. Peter Pattisson, "A Short Account of a Long Life" 재구성
4. Peter Pattisson, *Crisis Unawares*, pp.66-68 재구성
5. 당시 정치적 상황과 선교사의 입장에 대한 저자의 질문에 이메일로 보내온 패티슨 선교사의 답변이다.
6. Peter Pattisson, *Crisis Unawares*, p.16
7. 위의 책, p.16
8. 위의 책, p.32
9. 1970년 8월 25일 편지
10. Peter Pattisson, *Crisis Unawares*, pp.36-38

5장

1. Peter Pattisson, *Crisis Unawares*, pp.19-25 재구성
2. 위의 책, pp.64-66 재구성
3. 1970년 11월 20일 편지
4. 위의 편지
5. 1972년 2월, 「Korea Calls」(한국에 파송된 OMF 선교사 소식지)
6. 1972년 1월 20일 편지
7. 1971년 2월 28일 편지
8. Peter Pattisson, *Crisis Unawares*, pp.66-67
9. 1970년 12월, 「Korea Calls」
10. 『한국을 사랑한 선교사들』, 로뎀북스/OMF, 2015, p.37
11. 성서유니온선교회 홈페이지
12. Peter Pattisson, *Crisis Unawares*, p.154
13. 1972년 4월 27일, Far East Prayer Meeting, Korea
14. 1970년 12월, 「Korea Calls」
15. Peter Pattisson, *Crisis Unawares*, p.71
16. 1972년 1월 19일 편지
17. Peter Pattisson, *Crisis Unawares*, pp.127-128 재구성, 한국성서유니온은 1998년 2월, 성서유니온선교회로 명칭을 변경했다.
18. 성서유니온 편집부 엮음, 『광야의 소리, 윤종하』, 2017년, p.85
19. Peter Pattisson, *Crisis Unawares*, p.127
20. 1972년 3, 4월, 「Korea Calls」
21. Peter Pattisson, *Crisis Unawares*, pp.130
22. 1972년 12월 1일 편지
23. 1972년 7월 27일 편지
24. 1973년 1월 편지

6장

1. 세실리 모어, 『한국에서 경험한 하나님의 신실하심』, 로뎀북스/OMF, 2016년, p.10, 저자의 메일
2. 위의 책, pp.11-14

3. 위의 책, p.44
4. 1974년 4월 5일 편지
5. Peter Pattisson, *Crisis Unawares*, pp.99-100, 이후 김동식 목사는 연변 지역에서 탈북자를 돕고 선교 및 자원봉사를 하던 중 북한에 납북, 2001년 2월 정치범 수용소에서 순교했다.
6. 1974년 11월 22일 편지
7. Peter Pattisson, *Crisis Unawares*, pp.75-76 재구성
8. 위의 책, pp.73-83 재구성
9. 1974년 11월 22일 편지
10. Peter Pattisson, *Crisis Unawares*, p.195
11. 1975년 1월 21일 편지
12. 『한국을 사랑한 선교사들』, 로뎀북스/OMF, 2015, pp.136-137
13. Peter Pattisson, *Crisis Unawares*, pp.86-87
14. 위의 책, pp.89-92 재구성
15. 위의 책, pp.88-89 재구성
16. 위의 책, pp.85-86 재구성
17. 위의 책, p.92
18. 위의 책, p.196
19. 위의 책, pp.84-85
20. 위의 책, pp.269-271

7장

1. Peter Pattisson, *Crisis Unawares*, pp.55, 재구성
2. 〈한국일보〉 1977년 6월 16일자 기사
3. 〈코리아 헤럴드〉 1977년 7월 5일자 기사
4. Peter Pattisson, "A Short Account of a Long Life"
5. 송인규 목사의 인터뷰
6. Peter Pattisson, "A Short Account of a Long Life"
7. 윤채진, "첫 CMF 수련회가 있기까지", 1990년 12월, 「누가들의 세계」
8. 안동일, "CMF의 태동을 되새기며", 『한국누가회 20년』, pp.15-17 재구성
9. 피터 패티슨, "의사가 쓴 복음", 1980년 4월, 「왕국과 의사」 제1권 제1호
10. 『한국누가회 20년』, p.18
11. 양승봉 선교사의 인터뷰
12. 1980년 3월 편지
13. 『한국을 사랑한 선교사들』, p.54
14. "한국오엠에프 40년을 걸어오면서", 공베드로 대표선교사, 「동아시아기도」 2020 여름호, p.12
15. 『한국을 사랑한 선교사들』, pp.57-58
16. 위의 책, p.117
17. 1979년 11월 30일 편지
18. 1980년 6월 편지
19. 1980년 11월 편지
20. 피터 패티슨 선교사의 메일(2024년 3월 22일)
21. 윤채진 선생이 저자에게 보내온 메일
22. 송인규 목사의 전화 인터뷰
23. "선교사의 소명과 준비", 「왕국과 의사」, 1980년 12월
24. 『한국을 사랑한 선교사들』, p.56
25. 위의 책, p.56
26. 피터 패티슨 선교사의 메일(2024년 3월 22일)

8장

1. 1981년 1월 20일 기도 편지
2. 『한국을 사랑한 선교사들』, pp.50-51
3. 위의 책, p.49
4. 위의 책, p.52
5. 1981년 1월 20일 편지
6. 〈코리아 타임즈〉 1982년 2월 26일자 기사
7. 1988년 5인 이상 사업장과 농어촌, 1989년 도시 지역으로 확대되어 1989년 7월 1일, 전국민대상 의료보험으로 발전했다. 국가기록원 자료.
8. 『한국을 사랑한 선교사들』, p.44
9. 1983년 1월 27일 편지
10. 위의 편지
11. 1983년 4월 17일 편지
12. 1983년 8월 22일 편지
13. 1984년 2월 4일 편지
14. 1987년 2월 편지
15. 서재석, "누가 누가인가? 배도선 선교사님 지방 순방기", 「누가들의 세계」, 1987년 7-8월
16. 1988년 부활절 기도 편지
17. 김민철, "유럽에서 만난 신앙의 선배들", 「누가들의 세계」, 1990년 7-8월, pp.18-20

9장

1. 박준범 선교사는 예멘에서 빈민들을 위한 자선병원 두 곳을 세웠으나 내전으로 인해 2012년에 철수했고, 현재 국내에서 암병원을 운영하고 있다.
2. 박준범, "한국누가회 창립 20주년 기념 특별 인터뷰", 「누가들의 세계」, 2000년 1-2월호, pp.8-15
3. ICMDA 비전과 사명, ICMDA 홈페이지
4. 『한국을 사랑한 선교사들』, p.165, 캘빈마의 글
5. 1969년 패티슨 부부를 선교사로 파송했던 OMF의 한국 필드 사역은 2004년에 마감되었다.

참고문헌

국립마산병원 76년사 편찬위원회, 『국립마산병원 76년사(1941-2017)』, 국립마산병원, 2017

민요섭, 최정규, 심재두, 양승봉 지음, 『의료선교의 길을 묻다』, 좋은씨앗, 2015

성서유니온 편집부 엮음, 『광야의 소리, 윤종하』, 2017

세실리 모어, 『한국에서 경험한 하나님의 신실하심』, 로뎀북스/OMF, 2016

이상규 편, 『사랑해요, 세실리』, 카리타스, 2018

이지연, 『꽃길보다 내 인생』, 마음세상, 2017

존 폴락, 『케임브리지 7인』, OMF/ESP, 1987

『한국누가회 20년』, 한국누가회출판부, 2000

『한국누가회 30년사』, 한국누가회, 2012

『한국을 사랑한 선교사들』, 로뎀북스/OMF, 2015

허련순, 『사랑주의』, 홍성사, 2012

Peter Pattisson, *Crisis Unawares*, Hong Kong by OMF Communications, 1981

"A Short Account of a Long Life", 닥터 피터 패티슨의 자전적 회고록

닥터 패티슨의 특별한 처방전

초판 1쇄 발행   2025년 5월 25일
초판 2쇄 발행   2025년 6월 10일

지은이 이기섭
펴낸이 신은철
펴낸곳 좋은씨앗
출판등록 제4-385호(1999. 12. 21)
주소 서울시 서초구 바우뫼로 156(MJ 빌딩), 402호
주문전화 (02)2057-3041 주문팩스 (02)2057-3042
이메일 good-seed21@hanmail.net
페이스북 www.facebook.com/goodseedbook

ISBN 978-89-5874-418-4 03230

이 책은 저작권법에 따라 보호받는 저작물이므로 무단전재와 무단복제를 금합니다.
이 책에 쓰인 사진은 닥터 패티슨과 로뎀출판사의 허락과 제공을 받아 사용했습니다.